História do Português Brasileiro

VOLUME III

MUDANÇA FÔNICA DO PORTUGUÊS BRASILEIRO

A publicação teve apoio financeiro do Programa de Pós-Graduação
em Letras da Universidade Federal do Rio Grande do Sul (PPGLetras-UFRGS) e,
indiretamente (Taxa de Bancada de três dos autores), do CNPq.
As opiniões, hipóteses e conclusões ou recomendações neste material são de responsabilidade
dos autores e não necessariamente refletem a visão do PPGLetras-UFRGS e do CNPq.

História do Português Brasileiro

Ataliba T. de Castilho
(coordenador geral)

VOLUME III

MUDANÇA FÔNICA DO PORTUGUÊS BRASILEIRO

Dermeval da Hora
Elisa Battisti
Valéria Oliveira Monaretto
(coordenadores)

editoracontexto

Programa de Pós-Graduação
em Letras da UFRGS/CNPq

Montagem de capa e diagramação
Gustavo S. Vilas Boas

Preparação de textos
Lilian Aquino

Revisão
Daniela Marini Iwamoto

Dados Internacionais de Catalogação na Publicação (CIP)

História do português brasileiro : mudança fônica do português brasileiro / Célia Marques Telles... [et al.] ; coordenador geral: Ataliba T. de Castilho ; coordenadores: Dermeval da Hora, Elisa Battisti, Valéria Monaretto. – São Paulo : Contexto, 2019.
304 p. (História do português brasileiro ; 3)

Bibliografia
ISBN 978-85-520-0085-3

1. Língua portuguesa – Brasil – História 2. Fonética
3. Fonologia I. Telles, Célia Marques II. Castilho, Ataliba T. de
III. Hora, Dermeval da IV. Battisti, Elisa V. Monaretto, Valéria Oliveira

19-0165 CDD 469

Angélica Ilacqua CRB-8/7057

Índices para catálogo sistemático:
1. Língua portuguesa – Brasil

2019

EDITORA CONTEXTO
Diretor editorial: *Jaime Pinsky*

Rua Dr. José Elias, 520 – Alto da Lapa
05083-030 – São Paulo – SP
PABX: (11) 3832 5838
contexto@editoracontexto.com.br
www.editoracontexto.com.br

SUMÁRIO

APRESENTAÇÃO

Valéria Oliveira Monaretto

Este volume sobre mudança fônica faz parte do material produzido para a construção de uma obra de referência sobre a história do português brasileiro, proposta no VIII Seminário do projeto Para a História do Português Brasileiro (PHPB), em maio de 2010, na Universidade Federal da Paraíba, em João Pessoa.

É composto pela "Introdução" e por dez capítulos, que trazem levantamentos e discussões de aspectos de variação e de mudança fonológica da língua portuguesa, com base em *corpora* escritos. Sete desses tratam de pesquisas com dados do *corpus* comum mínimo do PHPB das diferentes regiões que compõem o referido Projeto.

Outros *corpora* de língua escrita em sincronias passadas também são analisados em alguns dos trabalhos deste volume, com o objetivo de se ampliar o número escasso de dados, buscando-se uma melhor representatividade de hipóteses e de conclusões em material de difícil interpretação linguística. Produções individuais dos membros das equipes regionais do Projeto, em forma de livros, partes de teses e de dissertações, integram o quadro teórico tipológico-textual do PHPB nacional à disposição da comunidade científica. Sobre o *corpus* do PHPB, ver o volume 1 desta série.

Ouvir o inaudível é o maior desafio nas investigações que ora se apresentam neste volume. Os dados de escrita são complexos. Recuperar o som a partir de letras e sinais gráficos para interpretar variação e mudança linguística, em especial a fonológica, exige cuidados e estratégias especiais. Por isso, os dados obtidos pelos *corpora* analisados são tratados como *indícios* ou *pistas* de pronúncias de ocorrências de alguns processos fonológicos, presumivelmente auscultadas. Os fenômenos abordados são: variação em vogais médias pretônicas, monotongação; ditongação; apagamento e vocalização em consoantes em final de sílaba e em sequências mediais de obstruintes; transposição de róticos; junção de palavras com clíticos e acentuação.

Ao longo dos últimos cinco anos, aproximadamente, foram realizados encontros para discussão do desenvolvimento dos trabalhos deste volume na Universidade Federal de Uberlândia, em Minas Gerais, em 2014, sob condução de José Magalhães, e na Universidade Federal da Bahia, em Salvador, em junho de 2015, organizado por Célia Telles, contando com a presença de palestras, de debatedores e de público em geral. Os autores aqui reunidos, pesquisadores de diferentes universidades do país, renomados na área de descrição e análise fonológica do português brasileiro, trazem suas contribuições para um dos objetivos principais do PHPB: o de se construir a história do português brasileiro. As questões linguísticas abordadas são pertinentes, atuais e ilustram possibilidades e alternativas de análise teóricas da Fonologia moderna, o que se espera de uma obra de referência.

Este volume foi organizado como segue.

A "Introdução", de autoria de Dermeval da Hora e de Elisa Battisti, apresenta uma visão geral e panorâmica de teorias e linhas de análise de mudança fônica desde os fundadores da Linguística Histórica no século XIX até os dias atuais, trazendo referências bibliográficas clássicas de destaque no meio acadêmico científico, proporcionando ao leitor uma contextualização sólida e ampla do desenvolvimento de estudos na área.

O capítulo "Pressupostos básicos para uma caracterização fonológica do português brasileiro", de autoria de Silvia Figueiredo Brandão e Dinah Callou, mostra de um lado a coexistência nessa variedade de processos que indicam a continuação de fenômenos variáveis registrados no português europeu, e, de outro, as inovações decorrentes de múltiplos fatores de cunho estrutural e social. Assim, são quase certos exemplos de conservação as vogais pretônicas /e/ e /o/ e dos ditongos /ei/, /ai/ e /ou/. São aspectos fonéticos inovadores as vogais pretônicas, no que diz respeito ao timbre e à abertura, os processos de ditongação, o cancelamento da coda silábica externa e o desfazimento de sequências de obstruintes. Entre os casos duvidosos, as autoras inscrevem a comutação da lateral pelo tepe e a metátese.

O capítulo "Vogais pretônicas", de autoria de José Sueli Magalhães, aborda os principais processos variáveis atuantes nas vogais médias /e/ e /o/ em posição pretônica, por meio de um levantamento de dados em uma série de documentos de natureza variada. Os fenômenos abordados confirmam a complexidade do sistema vocálico pretônico do português brasileiro, como uma de suas características, em oposição ao sistema do português europeu, atestando a variabilidade constante ao longo da história da língua.

O capítulo "Monotongações e ditongações", de Maria Bernadete Marques Abaurre, contempla, em um grande conjunto e variado de documentos, dois processos envolvendo a supressão e a inserção de vogais assilábicas (*glides*), como ocorre, por exemplo, em palavras como *caxa* por *caixa* e *meis* por *mês* respectivamente. O texto traz as principais referências da literatura acerca da origem e desenvolvimento dos ditongos do português desde o latim, assim como os estudos sobre variação e discussões modernas pertinentes em relação à representação e a comportamento fonológicos.

Juliene L. R. Pedrosa e Rubens Marques de Lucena consideram, no capítulo "Apagamento e vocalização em coda silábica", esse tema e levantam indícios do comportamento variável da coda silábica em cartas de cunho pessoal, bilhetes e documentos oficiais escritos em português brasileiro (PB) entre o início do século XIX e início do século XX. Destacam-se especificamente dois processos que atuam na coda silábica na oralidade do PB atual e atestados por diversas pesquisas com base em um recorte sincrônico da língua (Callou, 1987; Paiva, 1996; Monaretto, 2000, entre outras): o apagamento da vibrante (*se**r**viço ~ se[Ø]viço, ama**r** ~ ama[Ø]*); do /S/ (*me**s**mo ~ me[Ø]mo, doi**s** ~ doi[Ø]*); ou do /l/ pós-vocálico (*so**l**dado ~ so[Ø]dado, ma**l** ~ ma[Ø]*) e a vocalização da lateral (*so**l**dado ~ so[w]dado, ma**l** ~ ma[w]*). Constatou-se que o apagamento do /R/ foi o fenômeno mais recorrente. Os casos de apagamento do /S/ e do /l/, menos frequentes, corroboram tendências do estágio atual do PB. Os casos de vocalização foram insuficientes para sustentar generalizações. Verificou-se comportamento diferenciado da coda final e da coda medial: tanto no que se refere ao apagamento de /R/ quanto ao de /S/, a coda final mostrou-se consistentemente uma posição mais débil e, por essa razão, mais propícia à supressão de segmentos, o que sugere um tratamento diferenciado dessas duas posições silábicas.

O capítulo "Sequências mediais de obstruintes", de autoria de Valéria Oliveira Monaretto, trata igualmente de consoantes, mas em contextos linguísticos e tipo de consoantes (obstruintes) diferentes do capítulo anterior. Na passagem do latim para as línguas românicas, muitas sequências de consoantes adjacentes formadas por obstruintes no interior de palavras (C_1C_2) foram modificadas. A história do português mostra que o ditongo /ei/ (*nocte* > *noite*, *regnu* > *reino*, *aceptu* > *aceito*) foi criado pela vocalização da primeira consoante. O processo de simplificação de C_1C_2 não agiu uniformemente em todas as palavras. Algumas dessas mantiveram a sequência de consoantes, como em *óbvio*, *técnica, admirar, amnésia, afta* etc. Outras perderam a primeira consoante da sequência, como em *sinal* (< *signale*) e em *fato* (< *factum*), por exemplo. Há registros de variações de grafia de palavras com a presença e a ausência dessas consoantes, evidenciando flutuações e instabilidade. Casos como *assignatura* ~ *assinatura*, *subtil* ~ *sutil* e *corrupto* ~ *corruto*, entre outros, são comuns na escrita do português desde muitos anos. Com base em um exame grafológico dos *corpora* do projeto PHPB, esse capítulo procura observar que sequência medial de obstruinte é mais frequente e se esse contexto ainda é bastante utilizado no português brasileiro atual.

O capítulo "Metátese", de autoria de Dermeval da Hora e Stella Telles, trata desse fenômeno na história do PB. Os casos analisados em diferentes variedades da língua e em diferentes séculos (XVII-XX) indicam que a metátese é diacrônica e não aleatória ou irregular. O estudo se fundamentou nos trabalhos de Hock (1985), Blevins e Garrett (1998, 2004) e Hume (2001, 2004). A recorrência do fenômeno em textos históricos oficiais, os quais são presumivelmente representantes de variedade de prestígio, fortalece a hipótese de que a metátese no passado ocorria largamente como regra variável, não condicionada socialmente. Os dados sinalizam também que, diferente do que é largamente assumido nas descrições contidas em gramáticas históricas, o fenômeno da metátese no processo evolutivo do PB, pelo menos considerando as variedades observadas, não se restringia entre os séculos XVII-XIX a variedades menos cultas, e não correspondia a "erros/lapsos" de fala. Apesar disso, não se pode considerar a metátese como um fenômeno tipicamente regular, uma vez que sua ocorrência é variável num mesmo texto e sua frequência depende do autor. A avaliação diacrônica associada ao comportamento sincrônico da língua evidencia, por fim, que fatores de natureza sociolinguística são relevantes para alcançar uma explanação satisfatória do fenômeno de metátese no PB.

O capítulo "Hipossegmentação de sequências com clíticos", escrito por Elisa Battisti, trata de um tipo de segmentação não convencional de palavras escritas, a hipossegmentação (ausência de espaço em branco), em sequências que envolvem ao menos um clítico (*medisse, damesma, eas pessoas*). Examinam-se documentos redigidos em português por brasileiros nos séculos XIX e XX com o objetivo de verificar se a hipossegmentação obedece a algum padrão e se esse traz indícios da organização prosódica envolvendo clíticos em vigor na língua desde o século XIX. Verifica-se que a hipossegmentação tende a ocorrer (a) nas sequências de um clítico e hospedeiro, predominantemente com hospedeiros paroxítonos dissilábicos ou monossílabos tônicos iniciados por consoante; (b) nas sequências de dois clíticos e hospedeiro, predominantemente com os próprios clíticos; (c) com clíticos situados à esquerda do hospedeiro (adjunção do clítico para a direita). A adjunção à direita afeta tanto clíticos pronominais quanto não pronominais e parece consolidada no século XIX. O emprego de maiúscula no início do hospedeiro em sequências hipossegmentadas revela que os escreventes percebem o limite de palavra (*naEuropa, oBarão, deSanto Amaro*). A hipossegmentação entre clíticos sugere que essa se relacione a uma exigência de minimalidade binária na concepção de palavra.

O capítulo "Acentos em nomes", de Gladis Massini-Cagliari, pretende dar uma visão diacrônica do percurso da acentuação dos nomes e demais categorias não verbais no português brasileiro. Consideram-se as origens desse fenômeno prosódico, sua realização no português registrado em documentos do Brasil dos séculos XVIII e XIX e a localização do acento nas palavras, em sua forma atual, nas variedades de português faladas no Brasil. Adota-se uma metodologia baseada na comparação dos padrões existentes em períodos anteriores e posteriores com os padrões localizados nos textos contidos no *corpus* do PHPB. Analisam-se documentos de menor formalidade e, portanto, mais próximos à materialidade da fala: cartas, atas de uma associação e outros textos escritos por mãos "inábeis", segundo Oliveira (2009). Constata-se que nenhuma pauta acentual diferente das que já ocorriam no português arcaico e das que atualmente ocorrem no PB foi localizada. Pelo menos em termos de tendências gerais, o posicionamento do acento dos nomes e demais itens lexicais não verbais já se apresentava estabilizado no período oitocentista/novecentista, tendo um comportamento semelhante ao atual.

As vogais pretônicas voltam à discussão neste volume, por meio dos próximos dois capítulos.

O capítulo "Representação das vogais pretônicas nos *Livros do Tombo*" foi escrito por Célia Marques Telles. Em continuidade ao estudo da grafia das vogais átonas que se vem fazendo na *scripta* dos *Livros do Tombo* do Mosteiro de São Bento da Bahia, e assumindo-se que o escrito não pode representar globalmente todo o fonético, avaliam-se indícios da realização das vogais em posição pretônica. Busca-se identificar e classificar os diferentes processos aí documentados. As variações gráficas mostram uma interferência da fala na escrita. A análise da distribuição contextual das vogais átonas, considerando-se a sua posição na sílaba, é apenas satisfatória pela quantidade de dados registrados. Acredita-se estar diante de um fenômeno linguístico em processo, como se pode comprovar pelos fatos gráficos, mas que se apresenta, ainda, como variação livre.

Em sequência, o capítulo denominado "Harmonização vocálica como indício de uma mudança Histórica", de Leda Bisol, focaliza esse processo de assimilação comum às línguas humanas, que tem por contexto a pauta pretônica, a exemplo de *menina ~ minina, coruja ~ curuja*, e que esteve presente no português europeu desde sua infância a seus tempos áureos, que se iniciam com Camões, incrementando-se junto à língua com o andar dos tempos até meados do século XVIII, declinando a partir daí para desaparecer do português europeu no século XIX, continuando, todavia, no português brasileiro. Desde então, ela se impõe como um divisor de águas: o português brasileiro que a preserva, de um lado, e o português europeu que a negligencia, de outro, dois dialetos da mesma língua.

Finalizando, as descrições e interpretações dos processos fonológicos do português brasileiro, investigados de forma diacrônica por meio do *corpus* mínimo do PHPB, não têm a intenção de serem exaustivas e definitivas. Os fenômenos fonológicos, discutidos neste volume sobre mudança fônica, continuam presentes na língua com perspectiva de desenvolvimento lento, como uma das características de sua natureza. Os dados dos *corpora* do PHPB demonstraram ser de extrema valia para hipóteses e suposições acerca do comportamento fonológico diacrônico do português brasileiro. Eis, pois, parte da história aqui contada.

INTRODUÇÃO

Dermeval da Hora
Elisa Battisti

Investigar aspectos fonológicos a partir de textos manuscritos de séculos passados implica uma viagem que pode ter muitos percalços, mas também muitas gratificações.

Não é fácil lidar com textos escritos para deles depreender processos que se manifestam na fala. Além disso, quando se trata do aspecto fônico, a escassez de dados também atua como um complicador. Há processos que são mais produtivos, com uma quantidade de dados que permite análises mais generalizadoras. Há, porém, aqueles pouco produtivos, que acabam dificultando a análise.

A história do português brasileiro tal qual se conhece hoje resulta de uma variedade de fontes. Adequadamente tratados, os dados podem nos dizer muita coisa, contribuindo, sobretudo, para a compreensão de processos que se revelam, na maioria das vezes, universais.

RELAÇÕES ENTRE PORTUGUÊS EUROPEU E PORTUGUÊS BRASILEIRO

Quais são as consequências da mudança linguística passadas gerações, séculos? Línguas faladas em qualquer área territorial significativa sofrem fragmentação regional: uma mudança que emerge em um lugar não necessariamente se espalha a todos os demais. O conjunto das diferenças – gramaticais, de vocabulário e pronúncia – faz surgir os dialetos regionais, as chamadas variedades diatópicas.

Noll (2008: 42) entende que as diferenças entre português europeu (PE) e português brasileiro (PB) caracterizam esse último como uma variedade diatópica da língua portuguesa. Se, para o autor, o PB tem esse *status*, então (a) as mudanças ocorridas são entendidas como *diferenças* relativamente ao PE, não como traços de uma outra/nova língua; (b) essas diferenças derivaram de características presentes no PE transplantado para o Brasil no século XVI, já marcado por distinções regionais.

Essa última hipótese é, nas palavras de Ilari (2004), internalista: explica as peculiaridades do PB como derivadas de tendências da dinâmica interna da língua. Outra linha de investigação explora a hipótese crioulista, segundo a qual as origens e o desenvolvimento do PB foram marcados pelo longo período de contato entre o português e as línguas dos escravos africanos trazidos para o Brasil do século XVI ao XIX, para o trabalho no cultivo comercial de açúcar. Guy (2005) examina características atuais do que chama português popular brasileiro – reduções morfológicas, perda de pronomes átonos, falta de concordância, redução de codas silábicas – e afirma que, se apareceu um "*crioulo*" (grifo do autor) no Brasil colonial, esse *"não foi tão divergente do português padrão* [...] *nunca foi tão 'basilectal' quanto, por exemplo, o guianês ou o jamaicano*" (Guy, 2005: 35).

Voltando à classificação de Noll (2008), e seguindo a linha internalista, pergunta-se: que diferenças fônicas surgiram entre o PE e o PB que contribuem para a caracterização desse último como uma variedade diatópica da língua portuguesa?

Teyssier (2007) afirma que, no Brasil, generalizou-se a variedade de PE seiscentista da região centro-sul de Portugal. Na deriva do latim ao português, essa variedade caracterizava-se, à época, (a) por ter eliminado os encontros vocálicos resultantes da queda de consoantes intervocálicas, o que se deu com o surgimento de consoantes entre as vogais, como o de [ɲ] entre vogais em hiato, a primeira delas um [ĩ] (*vĩ-o* > *viɲo*), ou com contrações vocálicas (*leer* > *ler*), de que resultaram a nasalização vocálica (*queente* > *quẽnte*); (b) pelo sistema tônico de sete vogais e (c) pela redução do número de fonemas vocálicos nas posições átonas. Em certos hiatos, as vogais em sequência deram origem a ditongos orais (*ma-o* > *mao* > *mau*) e nasais (*mã-o* > *mão*). Também eram características do PE do centro-sul de Portugal a convergência de *-an (-am)* e *-on (-om)* para *-ão*, a redução do ditongo *-ou* a *-o*, e, em alguns casos, sua passagem a *-oi* (*ouro* > *oro* ou *oiro*). Na pauta pretônica, a realização de /e/ e /o/ podia ser a das vogais elevadas [i] e [u]. Quanto às consoantes, manteve-se nessa variedade a distinção entre /b/ e /v/ (*cabo* diferente de *cavo*), houve a evolução do sistema das sibilantes, de /ts/ e /dz/ para /s/ e /z/ (em *cen* e *cozer*, por exemplo) e de /tʃ/ para /ʃ/ em início de sílaba (*chamar*).

No Brasil, o português seguiu sua deriva. Conforme Teyssier (2007), o PB tem se mostrado, em relação ao PE, conservador em certos aspectos, inovador em outros. São traços conservadores a realização anterior de /s/ e /z/ em final de sílaba na maior parte do Brasil; a não centralização de /e/ e /a/ átonos em [ə] (*passe, cadeira*), o não abaixamento de /e/ no ditongo *-ei-* (*primeiro*) e antes de consoante palatal (*espelho, vejo*). São inovadores a realização exclusiva de vogais médias fechadas /e/ e /o/ antes de nasal, quando tônicas (*vênia, Antônio*); a elevação e até mesmo redução /e/ em clíticos (*me, te, se, de*), a vocalização da lateral em final de sílaba (*anel, filtro*), a ditongação em sequências v/S/ (*mesmo, luz, atrás, três, pés*), a epêntese em certos grupos consonantais (*rit[i]mo, ab[i] sorver*), a palatalização das oclusivas alveolares antes de /i/ (*sentir, pedir*), a posteriorização ou até mesmo o apagamento da vibrante pós-vocálica (*fazer, pegar, doutor*). Noll (2008) acrescenta a esse quadro a vocalização da lateral palatal (*folha > foia, mulher > muier*) e a assimilação total de /d/ após /N/ (*fazendo > fazeno*), traços populares do PB.

Em termos estruturais, no nível fonológico, não se pode dizer que os cerca de 500 anos de português no Brasil tiveram consequências significativas. Mas há hoje realizações, preferências de uso e, principalmente no que se refere às vogais, restrições a certas ocorrências que nada têm de aleatórias e que contribuem para o distanciamento entre PE e PB. Desenhou-se, portanto, um percurso evolutivo até o estágio atual, capítulo importante da história do português brasileiro.

Pesquisas diacrônicas têm sido feitas na tentativa de traçar esse percurso, mas, em razão da escassez de documentos, de um lado, e da natureza dos dados disponíveis – escritos –, de outro, a tarefa tem-se constituído um desafio. Em outras palavras, as investigações sobre a história e evolução do PB em seu nível fonológico, principalmente os que têm sido feitos no Brasil, têm os contornos conformes ao tipo de dado com que lidam.

DESAFIOS PARA A FORMAÇÃO DE *CORPORA*

Lass (1997) explica que, na impossibilidade de ter acesso aos falantes de um estágio remoto da língua, ou na inexistência de registros sonoros desse período, o pesquisador necessita tomar registros escritos como base de sua investigação em lugar da fala. Mas o que a escrita representa? É possível obter, de registros escritos, dados válidos para análise fonológica diacrônica, se a obediência a convenções ortográficas filtra peculiaridades de pronúncia, não permitindo que se represente a fala exatamente como ela é?

Em geral, os alfabetos são tomados como uma representação razoavelmente fonêmica da língua, mas há distância entre registro ortográfico e pronúncia – "*ortografias decentes não são fonéticas*" (Lass, 1997: 57). Para esse autor, a escrita alofônica pode ser uma fonte útil de informação histórica, mas previne, dado o conservadorismo da ortografia, que:

> as mudanças sonoras (se de fato registradas) aparecem primeiramente nos registros, de modo típico, como desvios menores e variáveis das normas [de estágios] anteriores, e a suposição usual de trabalho é a de que a primeira ocorrência de um emprego de letras indica um longo período de mudança precedente.[1] (Lass, 1997: 58)

Essa mudança, segundo o autor, é registrada porque se tornou saliente para um dado escritor:

> De fato, muito do que nós sabemos sobre as datas de mudanças particulares (ou às vezes a única evidência de que tenha havido uma mudança) vem de empregos de letras ocasionais: "lapsos" de convenções admitidas e representação variável de dadas categorias em textos.[2] (Lass, 1997: 61-62)

Lass (1997) alerta para o fato de que nem toda a variação no emprego de letras é igualmente significativa, sugerindo que se distingam (a) "lixo", ou empregos de letras tão ruins que só possam ser erros, de (b) variação gráfica pura (como o emprego de SS por Ç, em português) e (c) empregos de letras fonologicamente significativos, esses assim avaliados se representarem "*desenvolvimentos historicamente prováveis ou possíveis, de um ponto de vista etimológico ou de naturalidade do processo*" (Lass, 1997: 62).

Fazer essa distinção tem ainda maior peso na preparação de um *corpus* histórico a ser analisado quantitativamente, na linha da variação e mudança linguística. Montgomery (2007) afirma que documentos pessoais redigidos por pessoas com pouco domínio de normas gramaticais e ortográficas – aqueles, portanto, mais suscetíveis a interferência dos padrões de fala – trazem uma escrita que se mostra inicialmente errática e pouco sistemática, dificultando a detecção da variação ordenada. Supor que o que aparece na escrita reflete a fala, mesmo que indiretamente, e abordar filologicamente os dados possibilita contornar tal dificuldade. Isso requer verificar, segundo o autor, se as flutuações ortográficas apresentam um padrão estrutural numa variedade particular de língua falada (*minino* por *menino* e o registro inverso, *menuto* por *minuto*, sugerem elevação de /e/ por harmonização vocálica); se ocorrem na escrita de mais de uma pessoa; se corroboram, de forma plausível, a pronúncia de outras fontes e variedades da língua.

Na linha de Lass (1997), isto é, com a preocupação de distinguir, em documentos antigos, os casos de emprego equivocado de letras e variação gráfica pura daqueles fonologicamente significativos, Monaretto (2005) examinou cartas oficiais e anúncios de jornais brasileiros dos séculos XVIII e XIX, tendo assim identificado pelo menos 16 tipos de alterações ortográficas. Quatro deles não foram considerados significativos, como o caso de representação múltipla de fonemas (*doiz* por *dois*) e do ditongo nasal *-ão* (*estimão* por *estimam*, *tam* por *tão*). Os demais, fonologicamente relevantes, foram reagrupados em oito tipos que, como a autora reforça, é uma proposta preliminar de categorização de alterações ortográficas para estudo de variação fonológica e mudança em textos antigos, a ser discutida e, eventualmente, revista. São eles: (a) atonicidade vocálica: elevação (*fonti*) e harmonia (*ligítimo*); (b) substituição segmental: entre lateral e *glide* em coda (*auguns*), entre líquidas em grupo consonantal (*simpres, plazer*); (c) omissão de segmentos: no ataque (*poblema*), no núcleo (*suprior*), na coda (*meno, ropa*); (d) epêntese: ditongação (*fais*), inserção de segmento (*adequerir*); (e) metátese (*perciso*); (f) grupos consonantais impróprios: *assignatura*; (g) alteração da palavra com clíticos: proclíticos (*ioscompanheiros*), segmentação (*tam bem*, por *também*); (h) outros: *meos, doiz autos*.

Segundo Montgomery (2007), a preparação do *corpus* requer, além de critérios de categorização das alterações ortográficas, cuidados para a seleção dos textos. O autor sugere que se teste sua validade e representatividade respondendo a questões distribuídas em cinco dimensões. São elas (Quadro 1):

Quadro 1 – Questões para a preparação do *corpus* em cinco dimensões

Dimensões	Questões
Textual	Qual é o tipo do texto? Ele se aproxima da fala? Quanto? Qual é seu registro e estilo?
Temporal	Quando o texto foi produzido? Que período da língua ele representa?
Social	Quem produziu o texto? De quem é a língua representada no texto?
Espacial	De onde se origina o texto? Qual é a nacionalidade do autor ou sua origem regional?
Da representatividade	De quantos indivíduos os textos se originam? De que porção da sociedade eles são típicos? Quão generalizáveis são os padrões de língua que eles evidenciam?

Fonte: Adaptado de Montgomery (2007).

Respostas claras a essas questões, bem como o acesso a textos manuscritos inalterados, contribuem para validar os dados e, consequentemente, dar credibilidade à análise feita.

Analisar dados requer assumir pressupostos teóricos e adotar modelos, com seus procedimentos metodológicos. Antes do que contingência, seguir uma ou outra linha pode ser opção do analista.

TEORIAS E LINHAS DE ANÁLISE DA MUDANÇA FÔNICA

Na análise da mudança fônica, pode-se assumir a visão de que ela seja regular, ou, opostamente, de que ela *não* seja regular.

A segunda visão é, conforme Trask (1996), a dos fundadores da Linguística Histórica, os comparatistas do século XIX. Esses abordavam as mudanças fônicas como tendências e aceitavam que essas se aplicassem a algumas formas, mas não a outras. Jacob Grimm, por exemplo, ao tratar da *first germanic consonant shift* e formular aquela que ficou conhecida como a Lei de Grimm, mostrou que os processos de transformação das consoantes consistiam, na maioria dos casos, em mudança condicionada pelo som vizinho. Porém, a Lei não se aplicava a todos os contextos, restavam exceções.

Nos anos de 1870, o trabalho de estudiosos como o dinamarquês Karl Verner contribuiu para exercitar a ideia de que a mudança fônica fosse regular, atingisse todas as formas com mesmo contexto. Esse linguista confirmou que o desenvolvimento histórico de uma mudança fônica pode depender do ambiente em que ocorre, mas acrescentou que o ambiente não são apenas os segmentos vizinhos, são também aspectos suprassegmentais como o acento. Essa hipótese, a da mudança regular, conhecida como Hipótese Neogramática, deu conta das exceções que a Lei de Grimm não cobria e acabou, assim, influenciando aquela que viria a ser a ciência Linguística. Explicitado o ambiente, formulavam-se regras de mudança fonética, com que se explicava a mudança e, dada a regularidade de aplicação da regra, previam-se desenvolvimentos futuros. Se houvesse exceções, seriam poucas e apenas aparentes, superficiais. A tarefa do linguista histórico era então, além de formular regras de mudança, buscar explicações para as exceções aparentes.

Essas visões têm influenciado, em termos de método ou linhas de análise, o fazer dos linguistas dedicados ao estudo histórico de línguas. O empreendimento da reconstrução comparada, mais especificamente, da reconstrução interna de línguas, por exemplo, beneficia-se da hipótese de mudança regular para, na proposição de estágios anteriores da língua, supor que até as formas excepcionais originalmente conformavam-se a um padrão.

Atualmente, a atenção que os linguistas dão à variação linguística fornece-lhes uma ideia das mudanças em andamento. O controle da variável etária aponta tendências à mudança (abordagem de tempo aparente). A indagação que daí surge é sobre o caminho da mudança: como ela se propaga?

O caráter gradual da propagação da mudança fonética a todas as formas com contexto de aplicação, concepção conforme à hipótese neogramática, tem-se comprovado nos estudos variacionistas quantitativos labovianos realizados a partir da segunda metade do século XX. No entanto, há alguns processos em que essa gradualidade não se comprova, e fica saliente o fato de que nem todas as formas com contexto para aplicação são afetadas. Apenas algumas formas, geralmente bastante frequentes, são afetadas a cada período, mecanismo a que se dá o nome de difusão lexical.

A existência dessas diferentes visões e linhas de análise sugere-nos aprofundar a própria noção de mudança fônica, o que se fará a seguir.

MUDANÇA FÔNICA

Os neogramáticos

No passado, as explicações acerca da mudança linguística, para alguns, tiveram respaldo em crenças que foram da Torre de Babel a influências climáticas. Para outros, a mudança linguística estava associada à decadência da língua, vista como um organismo, que nasce, cresce, fica velho e morre.

No final do século XIX, com o surgimento da Teoria da Evolução, a ciência tornou-se uma busca legítima e excitante. O mundo era visto como um lugar ordenado e governado por leis. Um grupo de estudiosos procurou mostrar que essa regularidade se estendia à língua, formulando princípios e hipóteses metodológicas sobre a mudança linguística e procurando ver a mudança fônica cientificamente. Esse grupo foi constituído por estudiosos alemães denominados neogramáticos, dentre os quais se destacam Hermann Paul, Karl Brugmann, Hermann Osthoff, August Leskien e Berthold Delbruck.

Com o conhecimento das línguas indo-europeias, os neogramáticos perceberam que as línguas, apesar de, às vezes, perderem elementos, não entravam em decadência. Supuseram, então, que a mudança linguística deveria ter uma ordem, o desenvolvimento da língua seria governado por regras aplicadas a certos aspectos universais da própria língua. Visto que a língua é essencialmente uma atividade humana, defendiam que os princípios que guiariam o estudo de sua evolução poderiam ser observados dentro das regras gerais que governam o comportamento humano.

Os neogramáticos buscavam explicar as semelhanças que existiam de forma regular entre línguas relacionadas. Sua metodologia, encorajada pela reconstrução comparada, objetivava descobrir palavras cognatas que compartilham sons e significados similares. A hipótese da regularidade, que os orientava, pode ser resumida na afirmação de que a mudança fônica é regular e sem exceção. Um exemplo de Bynon (1977: 28) é o da mudança fônica ocorrida com o fonema /k/ inicial do latim, que passou ao francês como /s/ ou /ʃ/, ou permaneceu como /k/. O que determina a mudança ou a manutenção da consoante na deriva é a natureza do contexto fonológico seguinte, conforme ilustram os exemplos em (1):

(1) Deriva de /k/ do latim ao francês

Latim		Francês
costa /ˈkosta/	"*costa*"	*cote* /kot/
corpus /ˈkorpus/	"*corpo*"	*corps* /kɔr/
clavis /ˈkla:vis/	"*chave*"	*clef* /kle/
crux /ˈkruks/	"*cruz*"	*croix* /krwa/
cantare /kanˈta:re/	"*cantar*"	*chanter* /ʃãˈte/
carus /ˈka:rus/	"*cadeira*"	*cher* /ʃɛr/
cera /ˈke:ra/	"*cera*"	*cire* /sir/
centum /ˈkentum/	"*cem*"	*cent* /sã/
civitas /ˈki:vita:s/	"*cidade*"	*cité* /siˈte/

Fonte: Bynon (1977: 28).

Quando /k/ em latim está antes de uma vogal posterior ou consoante, resulta [k] em francês; quando está antes de /a/, torna-se [ʃ]; quando está antes de qualquer outra vogal anterior, torna-se [s].

Na concepção neogramática, a mudança fônica opera cegamente, sem levar em conta suas consequências gramaticais. Se uma mudança fônica desencadeava alguma alteração na gramática da língua, isso não podia ser evitado e poderia ser, mais tarde, resolvido por alterações em outro aspecto da língua (McMahon, 1994). As condições que governam a mudança fônica são puramente fonéticas. Por implicação, (a) a direção em que um som muda é a mesma para todos os membros da comunidade linguística; e (b) todas as palavras com o mesmo contexto fonético serão afetadas da mesma forma.

Conforme os neogramáticos, as regras que governam a mudança fônica são independentes das funções morfológicas, sintáticas e semânticas da palavra a cujos segmentos elas se aplicam. Além disso, não admitem exceção, o que significa que todos os dados que caírem no escopo de uma regra são afetados. Se algum dado violar a regra e puder ser explicado por algum outro princípio linguístico, ela será invalidada.

McMahon (1994: 21) afirma que os neogramáticos viram todas as mudanças fônicas regulares como motivadas mecânica e fisiologicamente, justificadas, por exemplo, pela facilidade de articulação. Hermann Paul, um dos neogramáticos mais influentes, utilizou muitas vezes explicações psicológicas como sendo causa da mudança. Para ele, na produção dos sons, são usados músculos e nervos motores e isto produz uma sensação motora. A sensação é física, mas, depois que a atividade do músculo cessa, um som residual mental permite repetir o mesmo som, usando o mecanismo da sensação motora. A fim de analisar, de forma sistemática, os fenômenos envolvidos na mudança linguística, os neogramáticos postularam, além da mudança fônica, a analogia. A mudança fônica lida com processos que operam no nível fonológico, enquanto que a analogia lida com os processos do nível gramatical (morfológicos e sintáticos). A mudança fônica opera independentemente das consequências na gramática ou no significado. Havendo desalinhamento entre esses níveis, a analogia é o processo que, embora esporádico, efetua o realinhamento.

Segundo Hale (2003: 343), hipóteses auxiliares, como a analogia e o conceito de mudança fônica esporádica, permitiram que os neogramáticos restringissem o uso do termo "mudança fônica" àqueles eventos que são regulares e foneticamente condicionados, como a assimilação e o enfraquecimento. Mudanças como metátese, haplologia e dissimilação tendem a violar a hipótese da regularidade, uma vez que são esporádicas e se aplicam em algumas palavras, mas não em outras com o mesmo contexto, e são também observáveis: uma troca entre dois sons dificilmente pode acontecer de forma gradual e imperceptível.

Hock e Joseph (2009: 146) afirmam que o problema básico das propostas dos neogramáticos está no fato de elas serem deduzidas, não observadas, já que ocorrem ao longo de grandes períodos de tempo.

Estruturalismo e funcionalismo

Ainda no final do século XIX, houve posições contrárias à proposta neogramática. Uma delas, bastante contundente, foi a de Schuchardt (1885), que, dentre outras coisas, criticou a proposição de que as leis fonéticas operam sem exceção. Na verdade, para o autor, não são as leis fonéticas que operam sem exceção, mas a "mudança fônica" é que ocorre de acordo com leis sem exceção.[3] Suas críticas não tiveram grande repercussão, mas outras propostas, com base em teorias que marcaram o início do século XX, levaram os estudiosos a buscar alternativas para explicar a mudança fônica.

A aplicação dos princípios de análise linguística defendidos pelos estruturalistas e funcionalistas representou uma dessas alternativas. De um lado, está a proposta da Escola de Praga, que teve, como principais representantes, Jakobson e Trubetzkoy; de outro, a proposta funcionalista de Martinet.

Jakobson (1971a: 110) se opõe, principalmente, à abordagem "mecanicista" dos neogramáticos de mudança implicada por uma causalidade eficiente e mecânica. Para Trubetzkoy (1933), conforme Saussure (1916), após o primeiro momento de implementação da mudança, ela obedece a uma lógica interna da língua.

Para os estruturalistas, a língua deve ser vista como um todo integrado, ou seja, um sistema em que cada unidade é definida pelo seu lugar no conjunto de oposições. O fato novo, não explicitado pelos neogramáticos, é a observação de que cada língua tem sua própria estrutura independente. Com isso, a mudança fônica passa a ser analisada separadamente da mudança gramatical, pois, na perspectiva estruturalista, a língua é estruturada independentemente em diferentes níveis de análise.

A noção de fonema passa a incorporar a descrição da mudança. Na proposta neogramática, ficou obscuro o fato de que cada estado da língua tem seu próprio sistema de sons funcionalmente distintivos ou fonemas. É a origem de novos sistemas fonológicos como resultado de mudanças individuais que será agora considerado.

Nessa proposta, a mudança fônica pode afetar o inventário de fonemas, causando ou aumento, ou redução no seu quadro. O aumento é resultado de sua divisão em um ou mais fonemas independentes; já a redução, da fusão de dois ou mais fonemas em um só.

No estruturalismo, os sistemas fonológicos são concebidos como espaços, e seus integrantes, os fonemas, como feixes de traços distintivos alocados em uma área específica do espaço total coberto pelo sistema. A mudança fônica é vista como alteração na especificação de traços dos fonemas dentro desse espaço.

Para Bynon (1977: 99), a aplicação da teoria estruturalista aos problemas da mudança fônica permitiu que eles fossem estabelecidos e resolvidos com um grau de explicitude que não foi possível usando a proposta dos neogramáticos. Quando se analisa algum fato linguístico a partir dessa proposta, procura-se impor algum tipo de coerência interna aos eventos analisados. Tais análises dependem da hipótese de que um sistema fonológico reage à mudança como um todo estrutural e, portanto, de forma sistemática, e assume-se que tais mudanças sejam condicionadas ou restringidas pela estrutura do sistema fonológico.

De acordo com Martinet (1955), um dos principais representantes do funcionalismo à época, a mudança fonológica é governada por duas forças que se opõem: as exigências da comunicação e a inércia humana. A primeira é refletida na estrutura simétrica do sistema fonológico; a segunda se manifesta de duas maneiras: na forma dos processos de assimilação e na decadência geral das palavras, e na forma de algumas limitações fisiológicas da percepção e produção da fala. Segundo Bynon (1977: 89), se essas e outras limitações fisiológicas são fatores relevantes na inércia humana, a evolução fonológica de uma língua pode ser vista como esforço contínuo para manter um estado equilibrado entre a inércia, de um lado, e as necessidades comunicativas, de outro. Isto é, essencialmente, o que Martinet entende por "economia" da mudança fonológica.

Tanto estruturalistas quanto funcionalistas se interessam por uma parte bem determinada das mudanças fônicas, aquelas que têm impacto sobre o sistema das oposições distintivas. No que concerne à explicação da mudança, os dois modelos, ao tratarem da prioridade de uma lógica interna, se assemelham. No caso de alguma influência interna ser admitida, é o sistema receptor que determina a direção que toma a mudança. No entanto, há uma nítida diferença entre os dois modelos quando se trata da razão subjacente da prioridade dos fatores internos. Para os estruturalistas, a língua é concebida como uma totalidade orgânica que tem suas leis de desenvolvimento interno, e esse desenvolvimento não pode ser contrariado por qualquer fator externo. Para Martinet, ao contrário, a prioridade dos fatores internos é uma escolha metodológica, inspirada pela prudência do linguista, que deve examinar todas as hipóteses linguísticas antes de recorrer às explicações externas, às vezes fantasiosas.

Estruturalistas e funcionalistas rejeitam o caráter cego da mudança, defendido antes pelos neogramáticos. Os estruturalistas negam-se a concebê-la como um processo aleatório, desprovido de sentido. Os funcionalistas defendem que a mudança seja regida por um certo número de fatores passíveis de identificação, mesmo se o resultado da operação desses fatores não seja sempre previsível, em razão da natureza contraditória de certas tendências. Ambos os grupos se recusam a interpretar a evolução linguística como gradual. O princípio da economia invocado pelos funcionalistas garante um equilíbrio permanente, embora vulnerável, entre a tendência à inércia e consequente diminuição do potencial distintivo da língua, e a tendência à satisfação das necessidades comunicativas, que multiplicaria as distinções, e as entidades, exigindo um esforço muito grande por parte do falante. Na concepção dos estruturalistas, existe um equilíbrio permanente: no caso de uma mutação destrutiva, a língua reagirá, reestabelecendo o equilíbrio perdido.

Gerativismo

Enquanto o estruturalismo insistia que a mudança fônica era principalmente física por natureza e própria para o estudo da fala, a Gramática Gerativa, da segunda metade do século XX, defende que a mudança fônica é essencialmente mentalista, e sua investigação significa estudar o sistema linguístico em si mesmo. Da mesma forma que a Gramática Gerativa sincrônica dominou a Linguística americana nos anos 1960 e início de 1970, esse modelo forneceu os fundamentos teóricos e metodológicos para a maioria dos trabalhos feitos na Fonologia diacrônica na década de 1970.

Na sua proposta original, o gerativismo defendeu que uma língua é um sistema finito de regras que o falante aplica para produzir uma infinidade de enunciados, e, além disso, a fonologia é estruturada de forma similar à sintaxe, com regras para derivar formas de superfície a partir de formas subjacentes.

O texto de Kiparsky (1975), *Phonological Change*, é base para os estudos das décadas de 1960 e 1970, que testaram e elaboraram as premissas básicas da Gramática Gerativa aplicadas a uma proposta diacrônica.

Kiparsky (1968) tem como preocupação a questão da ordem das regras na Fonologia Gerativa histórica. Ao lidar com o reordenamento das regras e sua tendência unidirecional, fornece orientação sobre a natureza das regras gramaticais e os efeitos que sua ordem tem na gramática de uma língua. Kiparsky (1971) trata do problema da ordem de alimentação e sangramento das regras, e seus efeitos sobre a direção do ordenamento. É aqui que ele introduz a noção de opacidade de regra. Através desse conceito, ele tenta explicar alternâncias não automáticas e contradições de superfície das regras fonológicas. Ele afirma que, quanto mais opaca for uma regra, mais difícil será aprendê-la. Isso o leva ao princípio geral de que as regras tendem a ser ordenadas de forma que elas se tornem maximamente transparentes, e, portanto, maximamente aplicáveis. Eventualmente, isso acarreta uma simplificação total da gramática.

Com base nesses pressupostos, a mudança na língua é mudança nas próprias regras. Como afirma Postal (1968: 270), "*o que muda não são os sons, mas as gramáticas. E as gramáticas são objetos abstratos – conjuntos de regras presentes nos organismos humanos*".

A mudança fônica, segundo King (1969), como concebida pela Gramática Gerativa, difere radicalmente da proposta Neogramática. Primeiro, porque mudança significa mudança na competência, refletida por alterações na gramática. O papel do desempenho permanece o mesmo, causando os mesmos tipos de flutuações depois que a mudança acontece na competência. Segundo, nada na Gramática gerativa exige ou sustenta que a mudança seja necessariamente gradual. King (1967) observa que o falante de uma língua não tem habilidade para, conscientemente, evitar possíveis mudanças linguísticas, como defendeu Martinet, e refuta a alegação deste de que há uma interdependência entre mudança fônica e necessidades comunicativas.

Presentes na competência, as mudanças podem ser de diferentes tipos: adição e perda de regras, reordenamento, simplificação. As mudanças nas regras não são causadas por pequenas variações no desempenho, embora sua motivação deva, provavelmente, ser vista fora da gramática, no desempenho.

Como nos modelos anteriores, o gerativismo toma como ponto de partida a hipótese de que a mudança fonológica pode ser abstraída de uma comparação das sucessivas gramáticas sincrônicas de uma língua. Em um modelo linguístico que opera com um conjunto de representações subjacentes e com séries ordenadas de regras fonológicas que geram as formas de superfície, as gramáticas sincrônicas sucessivas podem potencialmente diferir uma da outra em seus inventários de regras, nas formas e nos ordenamentos de suas regras e nas formas das representações subjacentes dos itens lexicais correspondentes.

Para Halle (1962), o tipo básico de mudança fônica, a chamada mudança inovadora, se reflete no modelo gerativista pela adição de uma nova regra fonológica no final do componente lexical. A adição de uma nova regra tem o efeito de, sistematicamente, modificar as representações fonéticas geradas pela gramática, de forma que elas difiram daquelas geradas pela gramática anterior em que a regra está faltando. A diferença no *output* deve, obviamente, ser menor, o suficiente, para não quebrar a comunicação entre possuidores da velha regra e possuidores da nova regra. Tal mudança pode ser atribuída a falantes adultos, que são capazes de modificar sua fala ilimitadamente. O *output* dessa gramática modificada servirá, então, como dado para o aprendiz da língua da geração seguinte, que tem, como qualquer criança, a capacidade inata de construir a partir dos dados aos quais é exposto a gramática "ótima" e a mais simples possível. Isso significa que a regra adicionada será retida na gramática da próxima geração apenas se uma gramática mais simples não puder ser construída que gerará o mesmo *output*. Se, contudo, isso for possível, a gramática será reconstruída. De forma mais ampla, a nova regra permanecerá como uma regra na gramática da geração seguinte se ela resultar na alternância morfológica de outra forma. Seu efeito será absorvido pelo léxico, causando reestruturação das representações subjacentes relevantes.

O modelo, portanto, alega: (a) que a gramática de uma língua pode sofrer reestruturação lexical como a consequência da mudança fônica inovadora; (b) que tal reestruturação, tipicamente, ocorre durante o curso da transmissão da língua de uma geração para a próxima; e (c) ela constitui uma simplificação da gramática. A simplificação é, em si mesma, definida dentro da teoria e consiste essencialmente em uma redução no aparato exigido para a descrição.

Na concepção de Fairbanks (1973), estruturalistas e gerativistas veem as mudanças ou processos de mudanças da mesma forma. Os resultados é que são parcialmente diferentes, porque a estrutura dos fonemicistas e a gramática dos gerativistas são diferentes.

A partir da última década do século XX, houve um crescente aumento na insatisfação com a abordagem derivacional da Gramática Gerativa. As críticas dizem respeito ao fato de não termos evidência de que a gramática seja mesmo uma série de regras. Para Holt (1997: 9), o que se tem é apenas a evidência do que se produz – o *output* – e só indiretamente do *input*. Uma alternativa que tem sido utilizada nos últimos anos é a possibilidade de se pensar na atuação de restrições universais que se hierarquizam de forma diferenciada, dependendo da língua.

A perspectiva de se avaliar a mudança fônica no modelo da Teoria da Otimalidade (Prince e Smolensky, 1993)[4] significa re-hieraquizar as restrições, o que daria origem a novos *outputs*.

Em termos formais, talvez seja essa uma das últimas propostas, a partir do modelo gerativo. São novos desdobramentos para o que se pensou na década de 60 do século XX. De outro lado, considerando a mudança fônica não apenas como resultado de aspectos estruturais, mas buscando correlacioná-los com sociais, a proposta variacionista tem sido uma alternativa bastante promissora, como se verá na seção a seguir.

Sociolinguística Variacionista

Se uma das grandes falhas dos neogramáticos foi o fato de terem considerado a mudança linguística como algo que não podia ser observado, as propostas teóricas formais subsequentes não fundamentavam a investigação da mudança em progresso. Isso só pôde ser pensado a partir dos trabalhos pioneiros de Labov sobre a mudança fônica em Martha's Vineyard (1963) e na cidade de Nova York (1966).

De acordo com Guy (2003: 369), o foco na variação abriu novas áreas de investigação para os estudos da mudança linguística. O estudo da mudança nas comunidades a que se tem acesso facilita a busca por evidências com vistas ao trabalho descritivo acerca da mudança, à compreensão dos mecanismos e motivações sociais para a mudança linguística. Como consequência, as investigações variacionistas passam a oferecer uma perspectiva completamente nova sobre os mecanismos de mudança.

O estudo da mudança fônica sob a perspectiva da Sociolinguística Variacionista se baseia, essencialmente, no conceito de heterogeneidade estruturada da comunidade linguística, nos moldes de Weinreich, Labov e Herzog (1968). Eles afirmam que a mudança linguística é a consequência inevitável da atividade linguística normal, caracterizada por uma variabilidade intrínseca.

Ao contrário da perspectiva gerativa sobre a mudança linguística, que parte de um conceito monolítico da gramática individual, a Sociolinguística admite a coexistência de vários subsistemas na comunidade linguística. A língua é concebida como um diassistema muito complexo para que possa ser reduzida a um estilo particular de um indivíduo particular, como queriam os estruturalistas americanos ou a Gramática Gerativa.

Essa abordagem multidimensional reconhece vários níveis (estilos, registros) que se caracterizam essencialmente por dois traços. Em primeiro lugar, eles devem ser funcionalmente distintos. Isso quer dizer que eles devem estar em competição e não serem complementares. Os diferentes estilos devem, pois, representar as diferentes formas de dizer a mesma coisa. Em segundo lugar, o conjunto desses registros ou estilos deve estar disponível para os locutores. Caso essa restrição não seja capaz de ser sempre respeitada em nível da produção, ela é imperativa em nível da recepção: todo membro de uma comunidade linguística é, em princípio, capaz de interpretar todo enunciado produzido por um outro membro da comunidade.

A onipresença da variação no seio da comunidade, postulada pela Sociolinguística, nos leva à questão da relação entre sincronia e diacronia. A abordagem laboviana de mudança linguística difere dos outros modelos, à medida que ela reconhece que não há teoria sincrônica explícita que sirva de ponto de partida para o estudo da mudança fônica. Weinreich, Labov e Herzog (1968) defendem claramente uma sincronia do tipo dinâmico. A mudança está no mesmo pé de igualdade da variação. Ela é tão provável quanto a variação, mesmo que toda variação possa não resultar em mudança.

O estudo da mudança em curso repousa no princípio apresentado em Labov (1975), denominado princípio do uniformitarismo, segundo o qual as forças que agem sobre a língua no passado são idênticas àquelas que se observam hoje. A utilização do presente para explicar o passado abre uma gama de possibilidades para os estudiosos da diacronia, que, tradicionalmente, são confrontados com problemas de acesso a dados antigos. Ao estudar a mudança em curso, o linguista pode tentar formular princípios gerais que se aplicam igualmente a estados de línguas diferenciados, em virtude do princípio do uniformitarismo.

O princípio do uniformitarismo decorre logicamente do espírito metodológico e epistemológico da Sociolinguística laboviana. Afirma Labov (1975: 826-827), "*os problemas à longa distância da Linguística Histórica podem ser resolvidos apenas se estamos dispostos a usar princípios gerais extraídos da pesquisa fonética e sociolinguística*".

A aplicação dos resultados de análise das mudanças contemporâneas a estados de línguas mais antigos, contudo, pode enfrentar desafios. O problema fundamental é que não se pode saber em que medida o passado é diferente do presente. Isso dá lugar a um novo paradoxo com o qual se confronta o linguista, a saber, o paradoxo histórico, explicitado por Labov (1994: 21): "*A tarefa da Linguística Histórica é explicar as diferenças entre o passado e o presente; mas se o passado foi diferente do presente, não há como saber quão diferente ele foi*".

A única regularidade que Labov parece poder afirmar é que a língua não pode, jamais, estar isolada da realidade social. A configuração sociocultural desempenha um importante papel na mudança linguística e sua difusão através da comunidade linguística.

No texto programático de 1968, Weinreich, Labov e Herzog identificam cinco questões maiores, às quais deve responder uma teoria de mudança linguística. Essas questões, que não serão detalhadas aqui, dizem respeito aos seguintes problemas: restrições, transição, encaixamento, avaliação e implementação. Tais problemas têm sido objeto de estudo dos variacionistas, e o grau de dificuldade para sua resolução tem sido um grande desafio. Um deles é definir como se dá a transição em um processo de mudança.

A explicação neogramática, vista como não satisfatória por alguns, deu origem à proposta da difusão lexical, sobre a qual se tratará a seguir.

A hipótese da difusão lexical

Ao longo de muito tempo, a pergunta relativa ao que acontece durante um processo de mudança fônica, considerando seu início e seu resultado, teve como resposta aquilo que um dia pensaram os neogramáticos, ou seja, que a mudança progredia gradualmente, afetando (de forma abrupta) todos os contextos relevantes. O incremento da mudança era impossível de ser observado.

Em torno de 1970, retomando a ideia do que se considerava, ainda no início do século XX, como contraproposta ao defendido pelos neogramáticos, Wang (1969, 1977) e Chen e Wang (1975) sistematizam a visão alternativa de que a mudança fônica não necessariamente afeta todas as palavras relevantes numa língua simultaneamente. Rotulam essa visão de difusão lexical. Assim, a difusão lexical, em si, não é algo novo, mas sua denominação e a sistematização da proposta, sim. Para os autores, como para os linguistas que se contrapunham aos neogramáticos já no início do século XX, a mudança fônica não precisa ser foneticamente gradual. Ela pode acontecer através do léxico, difundindo-se de um item para o outro.

Wang (1969) defende que as exceções à mudança fônica regular podem ser o resultado de uma operação de superposição de duas regras em uma relação de alimentação. Pensando no que defendiam os neogramáticos, essa é uma proposta nova, tendo em vista que a mudança linguística deve resultar de duas mudanças fônicas regulares, e não da competição entre a mudança fônica e a analogia.

Na concepção de Chen e Wang (1975: 256), as dimensões temporal e lexical são muito importantes para os processos fonológicos envolvidos na mudança fônica. Os autores defendem que uma regra fonológica opera em boa parte do léxico, e esse processo se amplia até que todos os itens sejam atingidos. Com isso, a inovação fonológica torna-se regular, mas só depois de afetar todos os itens lexicais. Essa visão é incompatível com a defendida pelos estruturalistas, pois, na perspectiva de Bloomfield (1933), a mudança fônica tem a ver com a mudança dos fonemas, com suas ocorrências em palavras individuais ou morfemas. Também para Saussure, a noção de difusão lexical é incompatível, pois ele excluiu o parâmetro lexical envolvido na mudança fônica, defendendo que a mudança fonológica afeta apenas os sons, independentemente da palavra em que ocorram.

O mesmo é sentido em relação aos gerativistas, quando se trata do conceito de mudança fônica se espraiando, gradualmente, através do léxico. Para Halle e Keyser (1967: 102-103), o único sentido em que se pode falar de mudança fônica gradual é se considerarmos aspectos sociogeográficos, pensando na possibilidade de a propagação ocorrer de um falante para outro, quando eles ocupam posições sociais diferenciadas ou quando vivem em localidades diferentes.

Com base em dados do chinês, Wang e Cheng (1977) mostraram que as palavras mudam suas pronúncias por incrementos discretos perceptíveis, isto é, de forma foneticamente abrupta, mas lexicalmente gradual, não afetando todas as palavras ao mesmo tempo.

Um dos mais completos estudos comparativos entre a proposta neogramática e a proposta difusionista foi o desenvolvido por Labov (1981), denominado de *Resolving the Neogrammarian Controversy*, cuja controvérsia é centrada na questão fundamental acerca da mudança linguística: "*na evolução dos sistemas de sons, a unidade básica de mudança é a palavra ou é o som?*" Ele discute, de um lado, os dois aspectos mais salientes da proposta neogramática: a questão da regularidade da mudança, que foi de forma categórica apresentada por Osthoff e Brugmann (1978) e o fato de a mudança fônica ser condicionada apenas pelo ambiente fonético, ignorando fatores gramaticais ou semânticos; de outro lado, procura apresentar os resultados dos estudos difusionistas que respaldam a nova visão.

Para Labov (1981), tanto a proposta neogramática quanto a proposta da difusão lexical podem ser atestadas a partir dos resultados de suas análises. Em sua concepção, a mudança fônica foneticamente gradual ocorre quando apenas as propriedades fonéticas estão envolvidas, enquanto a difusão lexical ocorre quando a mudança acarreta uma modificação fonologicamente distintiva. Em sua conclusão acerca do paradoxo, ele afirma que não faz muito sentido ficar preso a certas questões, tão discutidas na literatura pertinente. Deve-se, a partir do que se fez até então, dar início a um programa de pesquisa que responda a uma outra questão: qual é o conjunto de propriedades que nos permitirá resolver o problema da transição? Ou seja, como prever com alto grau de certeza a forma como o sistema fonológico se comporta e como ele mudará?

É claro que a difusão lexical é uma das formas de implementação da mudança fônica, mas outros modelos podem ser explorados. Tais modelos devem incluir o conceito de variação. O importante trabalho de Weinreich, Labov, Herzog (1968) estabelece que "*toda mudança envolve variabilidade e heterogeneidade*". A verdade disso tem sido amplamente comprovada nos últimos anos por trabalhos realizados por Labov e também por outras contribuições.

CONSIDERAÇÕES FINAIS

A revisão dos modelos em seus pressupostos revelou que a proposta neogramática, muito criticada ao longo dos anos, teve o mérito de desencadear atividade reflexiva nas propostas subsequentes. Algumas concordantes, outras discordantes. Ver a mudança fônica como algo regular e cego a exceções foi uma noção repudiada, mas também incorporada por alguns teóricos. O mesmo aconteceu com a noção de gradualidade da mudança.

Aspectos puramente linguísticos, aspectos funcionais, aspectos sociais ou, ainda, a conjugação de alguns deles acabaram por fazer parte das propostas que aqui se apresentaram. Tem-se consciência de que os modelos abordados são os mais discutidos na literatura que trata não só da mudança fônica especificamente, mas da linguística em geral. São eles a base para possíveis explicações sobre como entender a língua e seus múltiplos processos.

NOTAS

1 "Sound changes (if they are recorded at all) tipically first appear in the record as minor and variable deviations from earlier norms, and the usual working assumption is that the first occurrence of an innovative spelling indicates a long period of preceding change".

2 "Indeed, much of what we know about the dates of particular changes (or sometimes the only evidence that there has been a change at all) comes from occasional spellings: 'lapses' from assumed conventions, and variable representation of given categories in texts".

3 Mais informações podem ser obtidas no texto publicado por Theo Vennemann e Terence H. Wilbur (1972).

4 A literatura a esse respeito é bastante diversificada. Uma consulta à seguinte página pode oferecer uma visão ampla sobre como a mudança fônica tem sido tratada nos moldes da Teoria da Otimidade: http://roa.rutgers.edu/. Acesso em 23/07/2016.

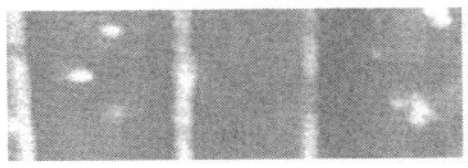

PRESSUPOSTOS BÁSICOS PARA UMA CARACTERIZAÇÃO FONOLÓGICA DO PORTUGUÊS BRASILEIRO

Silvia Figueiredo Brandão
Dinah Callou

SUMÁRIO

APRESENTAÇÃO

Alguns dos fenômenos analisados neste volume implicam a coexistência, no português brasileiro (doravante PB), de variantes ou de processos que, de um lado, constituem uma continuação de fenômenos variáveis registrados no português europeu (doravante PE) ou já delineados ao longo da passagem do latim ao português e, de outro, consistem em inovações decorrentes de múltiplos fatores de cunho estrutural e social, dentre os quais, certamente, o significativo contato multilinguístico que marcou os primeiros séculos da história brasileira e que acabou por dar origem às especificidades da variedade dele decorrente.

A variação das línguas resulta, principalmente, da flexibilidade inerente ao próprio código linguístico e da multiplicidade de usuários que dele se servem. Para conhecer melhor a realidade linguística do Brasil, seria necessário remontar à história de nossa língua, à sua origem, à sua evolução, até chegar aos dias de hoje. A tarefa não é simples e já vem sendo cumprida, através dos anos, em maior ou menor profundidade, por muitos estudiosos, de um ponto de vista estritamente linguístico e/ou de um ponto de vista sociocultural, sem que seja possível responder a maioria das questões que vêm à tona. Como, quando, por que e em que nível se deu o afastamento entre o PE e o PB? Que aspectos se entrecruzam? Qual a forma como se deu a colonização no Brasil? Com que línguas o português entrou em contato, qual a natureza desse contato, uma vez que a implementação da língua portuguesa no Brasil se deu segundo as características do próprio desenvolvimento do país, características essas que não são as mesmas em todas as regiões?

Ao considerar os três séculos de vida colonial, deve-se, de um lado, lidar com questões gerais como a do processo de aculturamento das populações africanas – que determinou, a despeito de uma minoria branca, o português tornar-se a língua materna da maioria – e, de outro, com questões localizadas dentro dos próprios grupos étnicos. Esse vem a ser o caso, na etapa final da era colonial, da convivência entre duas comunidades de falantes do português, já com normas distintas, na oralidade e na literacidade (Barbosa, 1999). A esses dois grupos – os descendentes de portugueses fixados no Brasil, os reinóis *brasileiros*, e, de outro, tanto os portugueses que viviam na colônia quanto os portugueses *transitórios* –, possuidores de normas distintas, corresponde *grosso modo*, ao que se convencionou chamar *português **do** Brasil* e *português **no** Brasil*.

O crescimento do número de brancos ao longo de todo o século XVIII tornou-se um fator decisivo para o avanço do uso da nossa língua, crescimento intensificado, com maior ou menor velocidade, de província para província, durante o século XIX. Além disso, vários estudos levados a cabo permitem levantar a hipótese de que a maioria das mudanças ocorridas no PB foram implementadas e consolidadas a partir do final do século XVIII.

Ao focalizar essa questão, que opõe não só as normas do PE às normas do PB, mas também as chamadas normas cultas locais às populares ou vernáculas, deve-se insistir na ideia de que essas normas se consolidaram em diferentes momentos da nossa história. Na norma *brasileira* da época estariam incluídos os *pardos* integrados, falantes do português,[1] e só no início do século XIX se pode começar a pensar na bifurcação das variantes continentais, ora em consequência de mudanças ocorridas no Brasil, ora em Portugal, ora, ainda, em ambos os territórios (Révah, 1958).

CARACTERÍSTICAS FONÉTICO-FONOLÓGICAS

Em estudos de Hart (1955), Révah (1958, 1959), Teyssier (1966, 1982), Carvalho (1969), Naro (1973), Silva Neto (1963, 1970), Melo (1975), entre outros, desenvolvidos entre as décadas de 1950 e 1970, começou a esboçar-se a preocupação em interpretar ou justificar as divergências e convergências mais salientes entre o PE e o PB atuais, sobretudo no que respeita à variação no âmbito da Fonologia. Tais preocupações acabaram por ser sintetizadas e complementadas por Cunha (1986), que procurou, com toda a cautela, indicar os fenômenos que poderiam ser caracterizados como conservantismos e inovações, comentando, ainda, aqueles cuja inserção nesta última classe seria de difícil determinação:

> Atendo-nos apenas aos fatos fonéticos mais difundidos no português do Brasil, vemos que é possível estudá-los – e alguns já o fizeram – dividindo-os em dois grupos: a) os que representam a conservação de pronúncias atualmente de nula ou escassa vitalidade na Península; b) os que, à falta de sua documentação nos falares portugueses de qualquer época, devem ser considerados inovações americanas. (Cunha, 1986: 204)

Neste livro – em que se procuraram possíveis indícios de variação e mudança no PB em textos escritos de natureza diversa, produzidos entre os séculos XVIII e XX – contemplam-se variáveis já largamente focalizadas no âmbito da Sociolinguística Variacionista[2] secundada por outros modelos teórico-metodológicos. Buscaram-se vestígios dos processos de alteamento das vogais médias pretônicas (capítulos "Vogais pretônicas", "Representações das vogais pretônicas nos *Livros do Tombo*", "Harmonização vocálica como indício de uma mudança histórica"), de apagamento e vocalização de R e L em coda silábica (capítulo "Apagamento e vocalização em coda silábica"), de monotongações e ditongações (capítulo "Monotongações e ditongações"), de epênteses em sequências de obstruintes (capítulo "Sequências mediais de obstruintes"), havendo, ainda, observações relativas ao acento (capítulo "Acentos em nomes"), à metátese (capítulo "Metátese") e à hipossegmentação de sequências com clíticos (capítulo "Hipossegmentação de sequências com clíticos").

Para melhor refletir sobre tais questões, optou-se, como ponto de partida, pela classificação de Cunha (1986), relativa a fatos conservadores e inovadores do PB, à luz das observações de alguns dos filólogos/linguistas anteriormente citados e de pesquisas na linha variacionista.

EXEMPLOS QUASE CERTOS DE CONSERVAÇÃO

As vogais pretônicas /e/ e /o/

Dos 15 fatos fonéticos arrolados por Cunha (1986) como conservadores (9 "quase certos" e 6 "prováveis"), dois que concernem às vogais médias em contexto pretônico interessam em particular no que respeita ao que é apresentado por Magalhães (capítulo "Vogais pretônicas"), Telles (capítulo "Representações das vogais pretônicas nos *Livros do Tombo*") e Bisol (capítulo "Harmonização vocálica como indício de uma mudança histórica") neste livro:

> a) A realização fechada [e̥] e [o̥], que era – tudo faz crer – a do *e* e *o* pretônicos não originados de crase, até o século XVIII em Portugal, e que permanece nas regiões Centro e Sul do Brasil: [pe̥'gar], [ko̥r'tar]
>
> [...]

> d) a alternância polimórfica das pretônicas e̥/i e o̥/u que a língua dos séculos XVI e XVII conhecia: [ẽ̥'trar]/[ĩ'trar], [me̥'nin^{u}]/[mi'nin^{u}], [ko̥s'tum^{i}]/[kus'tum^{i}]. (Cunha, 1986:204)

A questão era controversa, haja vista que Cunha julgou prudente incluir uma longa nota (1986: 217-218), em que procurava sintetizar as diferentes opiniões sobre o que indicou em (a), afirmando, de início, que o primeiro a preconizar a pronúncia médio-alta para /e/ e /o/ pretônicos no PE até a primeira metade do século XVIII fora Jules Cornu em estudo publicado, pela primeira vez, em 1888,[3] acrescentando que o seu parecer se tornou "*dogma de fé entre os estudiosos do idioma*" (1986: 217), embora tenha recebido críticas de Gonçalves Viana (1892), e, mais tarde, de Révah (1958).

Révah (1958),[4] para quem as vogais pretônicas constituíam "*o ponto de diferenciação essencial entre as pronúncias portuguesa e brasileira da língua comum*" (1958: 395), discorda de Cornu quando este afirma que o enfraquecimento das vogais *e* e *o* não seria antigo, "*pois, na primeira metade do século XVI, elas ainda se pronunciavam como ê e ô*" (apud Révah, 1958: 395).

Com apoio em gramáticas do século XVIII, Révah (1959) afirma que a tese de Cornu estaria correta quanto a [e], que teria sido corrente ainda no primeiro terço desse século, mas não quanto a /o/, cuja passagem a [u] já seria registrada desde o século XV ou mesmo em época anterior. Dentre outros testemunhos, ele cita a passagem da gramática de Fernão de Oliveira (1536), em que este comenta que entre *u* e *o* pequeno ([o]) "*há tanta vezinhança que quase nos confundimos, dizendo uns somir e outros sumir, e dormir ou durmir, e bolir ou bulir, e muitas outras partes semelhantes*" (apud Révah, 1959: 290).

Hart (1955), em texto mais voltado para aspectos do sistema consonantal, depois de concluir que o quadro das vogais tônicas no século XVI era praticamente idêntico ao do português falado na atualidade em Lisboa e que era "*bastante seguro dizer*" (1955: 408) que as vogais átonas finais já seriam pronunciadas no século XVI como [i], [ɐ] e [u], afirma que "[...] *o mais difícil de todos os problemas relacionados à reconstrução da pronúncia portuguesa do século XVI é certamente o das pretônicas <u>e</u> e <u>o</u>*" (1955: 409). Reportando-se à passagem da gramática de Fernão Oliveira anteriormente transcrita, julga não ser essa uma fonte confiável para comprovar a pronúncia de /o/ como [u], pelo fato de não se poder discernir se esse gramático estaria se referindo à pronúncia ou à grafia. No entanto, admite ser a grafia *u* para a pretônica *o* frequente nos manuscritos portugueses antigos, o que

> é geralmente tomado como evidência de que o *o* pretônico (do latim *Ō U*) e *u* (do latim *Ū*) tinham confluído no português antigo. Mas o *u* e *o* pretônicos não tinham se misturado em todos os dialetos; em muitos lugares do Brasil, o pretônico *o* é completamente distinto do *u*. Além do mais, o uso de *u* pretônico em nossos manuscritos é paralelo ao uso mais frequente ainda de *i* para *e* pretônico e nesse caso temos não somente evidências do português do Brasil, mas também do português moderno de Lisboa, que preserva a distinção entre *e* e *i* em sílabas pretônica (cf. *legar* [lə'ɣar]: *ligar* [li'ɣar]). A explicação simples seria admitir que *e* e *o* se juntaram a *i* e *u* no português antigo e que a distinção foi reintroduzida por analogia com outras formas da mesma palavra nas quais o acento se move do final para a raiz, como na primeira do singular do presente do indicativo *lego* ['lƐɣu]. Mas essa explicação que serve bem para os verbos não dá conta da preservação da distinção em substantivos, pois aí não há movimento do acento. Talvez se pudesse ver na distinção entre as pretônicas *e* e *i* (e, no Brasil, da mesma forma, de *o* e *u*) uma ultracorreção comparável à adoção no espanhol do século dezoito de tais pronúncias gráficas como *digno*, *solemne* para o antigo *dino, solene*, ou a tentativa de alguns hispano-americanos de hoje de pronunciar o *p* da escrita de certas palavras, tais como *psicologia, septiembre,* e pronunciar como *ks* o *x* da escrita de texto, exclusivo, que o castelhano culto pronuncia simplesmente como *s*. (Hart, 1955: 409-410)[5]

Teyssier (1966), com base em levantamento estatístico do modo como são grafadas as vogais orais (especialmente *e*, *a*, *o*) em obras de João de Barros editadas entre 1539 e 1563,[6] busca esclarecer o "*problema da pronúncia das vogais portuguesas na metade do século XVI*" (Teyssier, 1966: 127). Ele conclui que, nesse período, em posição pretônica, haveria oito fonemas vocálicos orais, e acrescenta – quanto a *e*, *a*, *o* átonos – que o português já se caracterizava pela redução desses segmentos, embora não fosse possível indicar, de forma precisa, seus pontos de articulação:

> Para "a pequeno" a resposta é segura: era um [ɐ], idêntico ao [ɐ] tônico diante de *m, n* e *nh.* Para "o pequeno" era um [o] fechado, que ficava indistinto de [u] sem que se possa ainda precisar seu grau de fechamento. Para "*e* pequeno", era uma vogal indistinta de [i], mas é impossível saber se seu ponto de articulação era um [e] fechado, ou

antes, desde essa época, uma vogal aparentada com o [ə] moderno. No que concerne a "*ę* grande" e "*ó* grande", tratava-se, respectivamente, de [ɛ] e de [ɔ], ficando entendido que o grau de abertura não pode ser precisado em grande detalhe, pois se baseava nas realizações de "*e* pequeno" e "*o* pequeno". Quanto a *i* e *u*, eles eram, respectivamente, [i] e [u].[7] (Teyssier, 1966: 197-198)

Em outro texto (1982), Teyssier, ao tratar da evolução fonética do PE do século XVI à atualidade, comenta o quadro das vogais pretônicas, observando que, em início absoluto de vocábulo, havia, desde muito cedo, a tendência à passagem de /e/ a /i/ nos contextos (a) vogal + /N/ + consoante (***en****trar* → *intrar*) e (b) *est-* (***es****tar* → *istar*). Sua preocupação, no entanto, volta-se para casos como os de *pegar* e *morar*, em que, atualmente, se verifica a redução vocálica.

No que respeita à passagem de /e/ a [ə] (atualmente interpretado como [ɨ]), Teyssier (1982) ressalta a dificuldade de caracterizar essa mudança por falta de indícios gráficos que a possam assinalar e se pergunta se teria havido – como, em sua opinião, teria ocorrido no contexto postônico final – uma fase intermediária com [i], uma vez que "*nos textos do século XVIII há exemplos de grafia* i *em lugar de* e *pretônico*" (Teyssier, 1982: 62). No entanto, faz uma ressalva caracterizando tais formas como marcadas, populares, uma vez que são citadas quer como características de falares meridionais, como os do Algarve e do Alentejo (*pidaço* por *pedaço*, *arrinigado* por *arrenegado*, *vilhaco* por *velhaco*), quer como representativas da fala de uma personagem lisboeta num auto de natal publicado em 1772 (*pissoa* por *pessoa*, *diclaro* por *declaro*, entre outras). Apesar de tais exemplos, considera mais seguro estabelecer a passagem a [ə] como sucedendo no século XVIII, "*provavelmente depois de 1750*" (Teyssier, 1982: 62).

Quanto a /o/, Teyssier (1982: 61) afirma que até o "*século XVII, inclusive, o* <u>*o*</u> *de* <u>*morar*</u>*,* <u>*cortar*</u>*,* <u>*coração*</u>*, etc., era um* [ọ]" [= [o]], embora, uma obra datada de 1682 já sugerisse que o [o] era tão fechado que quase se confundia com [u]. Por volta de 1800, a mudança estaria consumada (1982: 62).

Tanto no seu estudo de 1966 quanto no de 1982, Teyssier arrola exemplos do que ele denomina de "interversões" entre *e* e *i* e entre *o* e *u*, que, segundo ele, ocorreriam desde época muito remota e não se confundiriam com as mudanças aqui comentadas. Ele distribui tais interversões por três categorias: (a) dissimilações (*dizia → dezia*, *futuro → foturo*) e dilações (*menino → minino*, *fremosura → fremusura*); (b) hesitações morfológicas nos paradigmas verbais (*fogir/fugir*, *fezera/fizera*) e (c) palavras particulares, como *molher → mulher*, *melhor → milhor*, *logar → lugar*.

O estudo de Carvalho (1969: 77) trata especificamente dos grafemas *e* e *o* em contexto átono, com o objetivo de determinar seus valores "*fônico e fonológico em fases antigas do português (mais precisamente entre os séculos XVI e XVIII*". Para tanto, apoia-se em dois tipos de fontes de informação (a) dez gramáticas surgidas no período de 1536 a 1567, das quais "*considera verdadeiramente úteis para seus propósitos*" (Carvalho, 1969: 80-81) apenas a *Gramática da lingoagem portuguesa*, de Fernão de Oliveira (1536), a *Orthographia da língua portugueza*, de Luís Caetano de Lima (1736) e o *Verdadeiro método de estudar*, de Luís Antônio Verney, de 1546, complementadas pelas "magras contribuições" da *Grammatica da língua portuguesa*, de João de Barros (1540) e do *Compendio de orthografia*, do frei Luis do Monte Carmelo (1567); (b) variedades modernas do português, inclusive crioulos.

Depois de tecer uma série de considerações sobre o valor atribuído aos grafemas <*a*, *e*, *i*, *o*, *u*> pelos três gramáticos "úteis" a sua análise, Carvalho afirma que, em posição pretônica (como em *morar*, *dever*, *árvore*, *àspero*) (1969: 92), até prova em contrário, <*e o*> corresponderiam a [e o] e não ainda a [ə u]. No entanto, chama a atenção para a observação de Fernão de Oliveira quanto à confusão, por exemplo, entre *somir/sumir*, já no século XVI, e para o fato de, desde o século XV, se registrarem, em textos diversos, casos de permuta de <*o*> por <*u*>, como "*custura*, *custume*, *cubrir*, *fremusura*, *cumunicar*, *recupilou*, etc." (Carvalho, 1969: 94).

Carvalho (1969) acrescenta que registros como os recém-referidos, se comparados com formas quatrocentistas e quinhentistas com <*u*> em vez de <*o*> ou com <*i*> em lugar de <*e*>, demonstram que essa permuta incide em vocábulos que têm em comum a presença de um <*i*> ou de um <*u*> na sílaba subsequente, em geral a tônica, o que constituiria um caso de assimilação (conforme, também, *recibido*, *pitiçom*, *minino*, *pidir*, *testimunha*), a exemplo, como ele ressalta, do que se observa, no PB atual (Carvalho, 1969: 94-95).

Dando continuidade a suas observações (Carvalho, 1969: 95-96), agora com base nas variedades modernas do português, o autor afirma que, no PE atual, nas posições átonas não finais se registram [u ə] "*uniformemente*", podendo este último segmento ser cancelado em determinadas posições (por ex., *queremos* → [kremuš]), mas

> No Brasil, pelo contrário, a não ser no caso já referido em que a *e* e *o* pretônicos se seguem *i u* na sílaba imediata, essas vogais permanecem hoje geralmente realizadas, quer na fala culta, quer nos falares populares, como [e o] fechados ou, em certas regiões, como [ɛ ɔ] mais ou menos abertos. É também [e o] fechados o que se encontra nos falares crioulos, quando não tenha intervindo o fenômeno da harmonização vocálica determinado por *i u* das sílabas imediatas. (Carvalho, 1969: 96)

Os fatos registrados no PB e em crioulos de base portuguesa, na ótica de Carvalho, constituiriam "*o reflexo mais fiel da antiga pronúncia portuguesa, conservada nos falares ultramarinos como um de seus traços arcaizantes relativamente às variedades de Portugal*" (1969: 97).

Sua proposta de reconstituição do quadro vocálico do PE entre os séculos XVI e XVIII, no que tange ao contexto pretônico, assemelha-se àquele proposto por Teyssier (1966) para o século XVI, sem as ponderações de natureza fonética apresentadas pelo filólogo francês.

Bisol (2009), depois de comentar o que diferencia uma regra de natureza neogramática, de uma regra de cunho difusionista, apresenta, como exemplos do PB, respectivamente, a harmonização e a redução vocálicas de /e o/ em contexto pretônico. Para a autora, na perspectiva de Labov, para quem as diferentes óticas são excludentes, no primeiro caso, seria o som (a vogal alta subsequente) que motivaria o alteamento, enquanto, no segundo, seria o léxico o seu controlador. Bisol (2009) acrescenta à visão laboviana a perspectiva de Kiparsky, que considera que as regras neogramática e difusionista podem coatuar num mesmo processo de mudança. Para ele, os processos fonológicos se espalhariam item a item de forma gradual e regular, mas, no meio do caminho, o processo poderia se completar por um mecanismo analógico, do tipo difusionista.

Bisol (2009) afirma, ainda, que, aparentemente, foi o sugerido por Kiparsky que ocorreu no PE: a harmonização vocálica, ao desaparecer, provocou a mudança do subsistema de cinco para três vogais. Para comprovar sua tese, propõe três estágios (inicial, incrementação, estabilidade/mudança) em que se verificam os dois processos, por ela indicados como HV (harmonização) e AL (alteamento/redução), e se apoia em documentos antigos que abrangem os séculos III/IV, tomando por base o *Apendix Probi*, e o período que vai do século XIV ao XVIII.[8]

Voltando a Cunha (1986: 204), e para finalizar esta seção, ele também considera como fato conservador a pronúncia aberta de /a/ pretônico não proveniente de crase, como em *m[a]deira*.

Os ditongos /ei /, /ai/, /ou/ e a questão da monotongação

Cunha considera conservadoras "*as realizações* [ẹy] *e* [ẽy] *dos ditongos que se pronunciam* [äy] *e* [ãy] *na região de Lisboa, onde teve início a mutação e em outras áreas de Portugal*" (1986: 205). No que se refere à monotongação de /ei/ e de /ai/ em determinados contextos, bem como a de /ou/, processo bastante produtivo no PB, assim ele se manifesta:

> Temos dúvida em incluir entre as inovações brasileiras certos fenômenos fonéticos por muitos assim considerados. É o caso, por exemplo, da monotongação dos ditongos [ay] em [a] antes de [š] e [ẹy] em [ẹ] antes de [ž] e [r]. Assim: ['bašᵘ] por *baixo,* ['pẹšⁱ] por *peixe,* ['kẹžᵘ] por *queijo*, [pe'drẹrᵘ] por *pedreiro.* As grafias *baxa* e *pexe*, que ocorrem até em *Os Lusíadas*, mostram a antiguidade do fenômeno, largamente documentado ainda hoje nos dialetos centro-meridionais portugueses. Pode-se mesmo dizer que nas áreas onde [ẹy] não evolveu para [äy] há sempre a tendência de monotongar-se em [ẹ]. Quanto à monotongação do ditongo [ọw] em [ọ] ela é geral não só na língua comum do Brasil, mas também, desde o século XVII, no português europeu. (1986: 211)

Em 1892, Gonçalves Viana, em pequenos trechos da *Exposição da pronúncia normal portuguesa* (Viana, 1973) abona algumas dessas pronúncias, classificadas por ele como antigas ou correntes em Portugal. Sobre [ẽj̃], diz ser "*um dos poucos restos de archaísmo português que teem perdurado no Brasil*" (Viana, 1973: 249) e [ow], "*antigo e ainda dialetal*", ser "*no sul do reino ọ*" (1973: 173).

Em relação a [aj] e [ej], este último, segundo ele, monotongado no Alentejo (1973: 173), assim se expressa (1973: 210):

> 3ª É facultativo pronunciar *ai* tónico antes de *x̊* como simples *á*, que é talvez a pronunciação primitiva; *ai* átono em tal posição, também pode ser proferido *ài* ou *à*.
>
> 4ª *ëi* antes de *x̊*, *j*, pode, quando tónico, proferir-se simplesmente *ë*; átono é sempre *ëi*, com excepção de alguns poucos vocábulos em que se reduz a *i̭*, como em *peixinho*, *peixeiro*, de *pë(i̊)x̊e*, que em Lisbôa são pronunciados *pi̭x̊inho*, *pi̭x̊ëiro*; mas de *bë[i̊]jo̭*, *bë[i̊]jár*, de *frë[i̊]x̊o̭*, *Frëi̊x̊i̊ál*, *dë[i̊]x̊a*, *dë[i̊]x̊ár*.

Paiva Boléo e, antes dele, Vasconcelos comentaram a distribuição das variantes de /ei/ e /oi/, bem como Cintra (1983), que sobre eles tece considerações de natureza sincrônica e diacrônica. As variantes ditongada e monotongada constituem, inclusive, duas das seis isófonas com que ele procura delimitar as áreas linguísticas portuguesas, conforme Segura (2003).

Quanto aos dialetos insulares, em geral /ei/ e /ou/ mantêm-se, exceto na Ilha de São Miguel (Arquipélago da Madeira), como nos informa Segura (2003: 187): "*Quanto aos ditongos, **ei** monotonga em* [e], *como em <u>cordeira</u> [kur'derɐ], <u>cheguei</u> [ʃɨ'ge] e a vogal resultante da monotongação de **ou** palataliza em* [Ø] *como em <u>lavoura</u> [la'vØrɐ] ou <u>morou</u> [mu'rØ]; o ditongo **ou** alterna com **oi**.*"

Dias (2014: 59), em estudo sobre o /ou/, apresenta suas diferentes formas de concretização no PE continental, afirmando que:

> O ditongo [ow] tem a sua maior incidência na área mais setentrional portuguesa, a norte do rio Douro, na região do Minho, Beira-Alta e Trás-os-Montes. A sul do Douro, em algumas localidades do distrito de Aveiro e também com algum ressurgimento em escassas localidades dos distritos de Coimbra, Leiria e Castelo Branco.
>
> O monotongo [o] apresenta maior ênfase a sul da linha do rio Douro, e com notória expressão a partir do Mondego até ao Algarve, abrangendo a leste parte da Beira-Alta e toda a Beira-Interior.

No PE, é produtiva e antiga a monotongação tanto de /ei/ quanto de /ou/, devendo-se observar que, na atualidade, no que tange a /ei/, encontram-se ambas as variantes no português falado em São Tomé. Nessa variedade, a variante [e] ocorre diante de [ʃ ʒ ɾ] como no PB, mas ainda diante de [t] (['letɪ] por *leite*), e em final de vocábulo [fa'le] por *falei*) (Barcelos, 2015), como se verifica também no dialeto de São Miguel, citado anteriormente.

ASPECTOS FONÉTICOS INOVADORES

Ainda as vogais pretônicas

Cunha (1986: 211-212) considera três outros aspectos relacionados às vogais pretônicas, desta feita como inovações do PB:

> a) neutralização no timbre fechado do *e* e *o* pretônicos provenientes seja de uma vogal singela do latim, seja de uma crase ocorrida dentro de nossa língua, diversidade de origem que o português europeu distingue com precisão: [parẹ'sẹr], [iskẹ'sẹr], [mọ'rar], [kọ'rar];
>
> b) neutralização no timbre aberto da vogal *a* proveniente seja de vogal singela ou de crase, seja de uma especialização morfológica, do que resultou serem eliminadas no Brasil as importantes distinções de natureza fonológica e morfofonológica que se fazem em Portugal: a) entre o *a* artigo [ä] e o originário de sua crase com a preposição *a* [a]; b) entre a 1ª pessoa do plural do presente [ä'mämuš] e a do pretérito perfeito do indicativo [ä'mamuš];
>
> [...]
>
> g) abertura das vogais pretônicas no Nordeste e em áreas do Norte do país em palavras que não sejam diminutivos nem advérbios em *-mente*, fenômeno cuja origem, depois de tantas e tão variadas explicações, que vão desde a ação de substrato indígena até uma influência da pronúncia erasmiana do latim, continua no grau zero da investigação científica, mas cuja funcionalidade parece estar condicionada, em muitos casos, à harmonização vocálica: *pegar* [pę'gar], *correr* [kǫ'ʀer].

Processos de ditongação

POR EPÊNTESE, DIANTE DE /S/

Cunha considera uma inovação o "*desenvolvimento de um iode antes de* -s *implosivo, principalmente quando palatalizado, o que permite, por exemplo, a rima de atrás com vais, de vez com seis, de atroz com sóis e de nus com azuis*" (1986: 211-212).

Vasconcellos (1970) inclui essa ditongação entre os traços identificadores de um brasileiro: "*acrescenta-se um* i *à sílaba final de certas palavras terminadas por -ê: fei = * fê = fez; trei = *ter = três; francei = *francê = francês*". Não se tem notícia de registro desse fato no PE. Révah (1958) e Teyssier (1982) também o indicam como um traço inovador do PB.

Leite, Callou e Moraes (2003) focalizaram o tema na fala culta do Rio de Janeiro, em que a variante palatalizada de /S/ é praticamente categórica, e concluíram que a ditongação é rara em coda interna, ocorrendo, no *corpus* por eles levantado, apenas nos vocábulos *me[jʒ]mo, de[jʒ]de, tra[j]n[ʃ]formado, re[jʃ] ponsável, re[jʃ]trita, entusia[jʒ]mado* (2003: 245). Mostraram-se favorecedores da ditongação os contextos em que a sílaba, tônica ou não, recebe o acento frasal e, ainda, os monossílabos tônicos.

Outros estudos sociolinguísticos, no entanto, mostram que o processo se implementa não apenas diante de [ʃ ʒ], que conteriam, ao contrário de [s z], o nó vocálico coronal que, ao se espraiar, geraria a ditongação. Leiria (2000), em estudo sobre o tema com amostras de Porto Alegre, Florianópolis e Curitiba, demonstra que, além da variável *variedade geográfica,* atuaram na ditongação, entre outros fatores, o ponto de articulação da consoante coronal, sendo a variante alveolar ligeiramente mais saliente para a implementação do processo. Embora não tenha sido selecionado para a aplicação da regra, a ocorrência de sândi confirma o que se observou no caso anterior.

Também Aquino (2004), tratando a variável com base em amostra selecionada do Projeto Variação Linguística no Estado da Paraíba, obteve resultados que confirmam a possibilidade de ditongação também diante de alveolar, realização predominante na área.

Bisol (1994), que considera [aj], nesse contexto, um falso ditongo, justifica a ocorrência da ditongação também diante de variantes alveolares com base em Câmara Jr. (1970), que advoga a neutralização dos quatro fonemas fricativos coronais em coda silábica:

> A nossa hipótese é que o nó vocálico, que origina a palatalização das sibilantes (um arquifonema), independentemente de sua manifestação fonética, é responsável pelo glide que se forma tanto em dialetos em que esse arquifonema se superficializa como palatal, quanto em dialetos em que se manifesta como coronal anterior. (1994: 135)

POR VOCALIZAÇÃO DE /l/, EM CODA SILÁBICA

Cunha (1986: 209) assim se manifesta quanto à vocalização do /l/ em coda: "*Fenômeno que, com exclusão do extremo sul, parece muito generalizado no país; assim carnaval, anel, Elvira, canil, toldo e sol pronunciam-se [karna'vaw], [ã'nęw], [ęw'vir*^{a}*], [kã'niw], ['towd*^{u}*], ['sǫw]*".

Révah (1958) e Teyssier (1982) já haviam indicado esse processo como um traço tipificador do PB. Demasi (1995: 116-117), com apoio em estudos de caráter sociolinguístico e dialetológico, bem como em observações de gramáticos e filólogos/linguistas, mostra que a vocalização já era, como afirmava Cunha (1986), muito generalizada, ocorrendo em diferentes falares brasileiros, em variedades urbanas e não urbanas, na fala monitorada ou não monitorada. A autora, no entanto, questiona o fato de um processo tão produtivo na passagem do latim ao português (e na história de outras línguas românicas) não ter avançado no PE e, ao contrário, ter se difundido tanto no PB, em que, não obstante, ainda se encontram as variantes alveolar e velarizada, sobretudo em áreas do Sul do Brasil. Como afirma Demasi, "*o inovador do -l final de sílaba, entre nós, possui, rigorosamente, um lastro milenar*" (1995: 120).

Sobre a época em que teria ocorrido a velarização do /l/ no PE, Pinho e Margotti (2010: 81-82) citam uma nota de Vasconcelos em artigo publicado no primeiro volume (1888-1889) da *Revista Lusitana,* em que ele relata que

> nos séculos XIV e XV, há inúmeros registros do uso do *l* dobrado em final de sílaba, ao contrário do que ocorria antes. Há palavras grafadas como *tall, quall, reall, sinall* etc. Como sabemos, a língua escrita da época (o português arcaico) estava bem mais próxima da fala do que em períodos posteriores, pois ainda não se tinha estabelecido uma norma gramatical e ortográfica oficial. Por isso, Leite de Vasconcelos levanta uma hipótese bem plausível, segundo a qual a velarização ocorreu nesse período (século XIV), em Portugal, e foi representada na ortografia

por *ll*, pronúncia que permaneceu nos séculos posteriores. Desta forma, o português trazido, do século XVI em diante pelos colonizadores lusitanos já possuía a forma velarizada.

Callou (2015) lembra que

> A hipótese (Kolovrat 1923) de *o<u>l</u>,* diante de consoante ou em final de palavra, ser duro (= velar) em latim e, do ponto de vista acústico, em geral, grave, talvez explique a sua vocalização. Há referências a grafias do tipo *autis, auta, cauculus, calculis* – fazendo supor que o timbre do <u>*l*</u> fosse semelhante ao do <u>*u*</u> – e a casos em que o *l* é omitido depois de *u* (Vaananen, 1975; Grandgent, 1963).
>
> A vocalização parece ter tido início entre os séculos VI e VII da nossa era. No francês, o processo ocorre com frequência, no século XII, depois de todas as vogais, embora seja rara depois de *i* e *u*, e independe do ponto de articulação da consoante subsequente. Kolovrat afirma que, numa passagem de Barcley, gramático do século XVI, se pode ler: "*Mais si c'est une consonne que suit immédiatement le* <u>l</u>, *on prononcera ce* <u>l</u> *comme um* <u>u</u>, *par exemple dans loyalment, principalmente prononcés loyaument, principaument*". Também há exemplos em italiano – não anteriores ao século IX (*dolce* > *duse*), e em espanhol (*alteru* > *outro, alteru sic* > *otrosi*). O primeiro exemplo de vocalização do *l* diante de consoante em território português data de 775 – na palavra latina *saltu* escrita *sauto*. Na língua portuguesa, a primeira ocorrência remonta ao século XIII, no *Auto da partilha*: "*outros perdamentos*".

Se no PB estão presentes, ainda hoje, as variantes alveolar e velarizada, também no PE atual se registram, embora com baixa frequência, casos de vocalização, como indicam Leite, Callou e Moraes (2007). Sobre o contraste entre o PE e o PB atuais, citam estudo com base em amostras reduzidas (155 dados de fala culta, 140 de fala popular selecionados do *corpus* CRPC-Lisboa e 142 dados referentes ao Rio de Janeiro (*corpus* Nurc-RJ). No PE, além da variante velarizada, que constitui a norma, registram-se as variantes vocalizada, alveolar e até o cancelamento. A vocalização, da ordem de 18% (peso relativo 0,19), é condicionada *(i)* pela vogal que precede o /l/ – principalmente por [a] (71% das ocorrências, como em *a[w]deia, ca[w]ça*), seguida por [u] (em 23% dos casos, como em *resu[w]tado*) – e (*ii*) pela consoante a ele subsequente, em que se destacam a oclusiva alveolar (*s[aw]do*) e a fricativa labial (*p[ow]vo*). Também a posição no vocábulo mostrou-se relevante, a vocalização predominando em contexto interno (87%).

Nos dados referentes ao Rio de Janeiro (Leite, Callou e Moraes, 2007), a vocalização foi da ordem de 86% na fala culta e 96% na popular, índice, neste último caso, praticamente categórico. Demonstram-se, de um lado, os altos índices de vocalização no PB em contraposição aos baixos índices do PE (19% e 17%) e, de outro, a estabilidade do processo em ambas as variedades, tanto na fala culta quanto na popular.

O cancelamento em coda silábica externa

Cunha (1986: 210), entre os processos que classifica como inovadores, inclui fenômenos "*pertencentes a registros muito vulgares*", tais como "*a perda das consoantes -r, -l e -s finais (amá, generá, as casa)*", observando, na nota 49, que o último exemplo é distinto dos demais, por haver perda de um morfofonema, mas a eles semelhante em casos como *piri* e *alferi*, em que se dá apenas a perda do fonema.

Se, atualmente, o cancelamento de /S/ em sintagmas nominais tem, sobretudo em áreas urbanas, um forte caráter estigmatizante, o cancelamento de /R/ em coda externa já não é avaliado de forma tão contundente, haja vista a sua difusão por diversos dialetos brasileiros.

OS RÓTICOS

Callou (1987), na parte introdutória a seu estudo sobre os róticos na fala do Rio de Janeiro, apresenta um levantamento de natureza histórica sobre o comportamento de R no latim, em algumas línguas românicas e, ao longo do tempo, em português. Para indicar o quadro latino, cita Martinet, que afirma: "*Nada impede, na análise sincrônica do latim, de ver, no r geminado, uma sucessão de dois exemplares do fonema /r/: terra apresenta, entre vogais, /r + r/, como patrem apresenta /t + r/ [...] A única diferença pertinente entre fero e ferro consistia na duração de uma articulação praticamente idêntica*" (apud Callou, 1987: 9).

A autora observa, ainda, que "*a oposição entre /-rr-/ e /-r-/ manteve-se na România Ocidental*" (Callou, 1987: 9), mas, não fazendo mais parte de séries correlativas, "*se mantém como uma [consoante] forte em relação a uma fraca, e não como uma geminada em relação a uma simples*" (Callou, 1987: 9), como em português e espanhol.

O R, que em latim tudo indica ter consistido numa vibrante apical, no âmbito do português se concretizava, a depender do contexto, como tepe (o chamado *r* fraco) ou como vibrante alveolar (o *r* forte), conforme se pode verificar por uma descrição de Fernão de Oliveira.

Em finais do século XIX, no entanto, Gonçalves Viana (1973) já observava, para o *r* forte, tanto uma pronúncia vibrante uvular quanto uma fricativa sonora, que ele não só afirmava ser por ele próprio produzida "*algumas vezes*", mas também "*ser bastante frequente na pronúncia de brasileiros*", acrescentando que tinha notado tais pronúncias sobretudo na fala "*dos naturais de Pernambuco e de São Paulo*" (Viana, 1973: 102). Callou (1987) acrescenta a esses testemunhos os de outros filólogos/linguistas e gramáticos, concluindo que:

a. pelo que se pode inferir dos textos que arrolamos, parece ter havido uma mudança da norma de pronúncia do /R/ forte, não só no ponto de articulação (de anterior para posterior), mas também no modo de articulação (de vibrante para fricativa);
b. as diversas pronúncias apontadas concorrem ainda hoje e já coexistiam no final do século passado, possivelmente apenas em nível individual (cf. G. Viana, 1883);
c. a realização ápico-alveolar continua a ser considerada a forma padrão básica para a linguagem do rádio, teatro e televisão, sendo, ainda, considerada a variante de "maior prestígio";
d. o falante – não especialista – não se dá normalmente conta do tipo de R que emprega, ele mesmo ou seu interlocutor;
e. existe uma tentativa de relacionar regionalmente as variantes.

Especificamente quanto ao R em coda silábica, um dos contextos de neutralização entre o rótico [+ant] e o [-ant], podem ser encontradas, no PB, a variante denominada de fraca e as caracterizadas como fortes, havendo, ainda, o cancelamento em contexto externo. Vasconcelos (1970: 133), em 1901, já incluía o apagamento entre as características mais marcantes do "dialeto brasileiro": "*O -r cai: <u>flô</u> = <u>flor</u>, <u>muyê</u> = <u>mulher</u>, <u>ardê</u> = <u>arder</u>, <u>bôtá</u> = <u>botar</u>*".

Pedrosa e Lucena, no capítulo "Apagamento e vocalização em coda silábica" deste volume, fazem outras observações sobre a atuação da variável nos textos analisados, confirmando a hipótese de queda mais frequente do segmento em verbos, mas não apresentam dados sobre a distribuição do fenômeno de apagamento do rótico por região.

No PE atual (Barbosa, 1994; Mateus e d'Andrade, 2000), tanto em contexto medial quanto final de vocábulo, a norma de pronúncia é o R fraco (tepe), que teria resultado, segundo Barbosa (apud Callou, 1987:18), de um processo de simplificação da apical múltipla, observando-se, quanto a esta última posição, casos de cancelamento.

Brandão, Mota e Cunha (2003), com base em pequena amostra selecionada de doze inquéritos do *corpus* compartilhado Varport, fizeram um estudo contrastivo entre o PE e o PB, exclusivamente sobre R em coda externa.

A análise variacionista empreendida pelas autoras mostrou que, além de variáveis estruturais, também concorrem para o cancelamento – que tem *input* 0,05 no PE e 0,89 no PB – variáveis de cunho social: (i) no PE, faixa etária é a mais relevante, (ii) no PB, a variável compósita faixa etária/nível de instrução. Nas Figuras 1(a) e (b), expõem-se gráficos com os respectivos resultados.

Figura 1 – Variáveis sociais atuantes no cancelamento de R

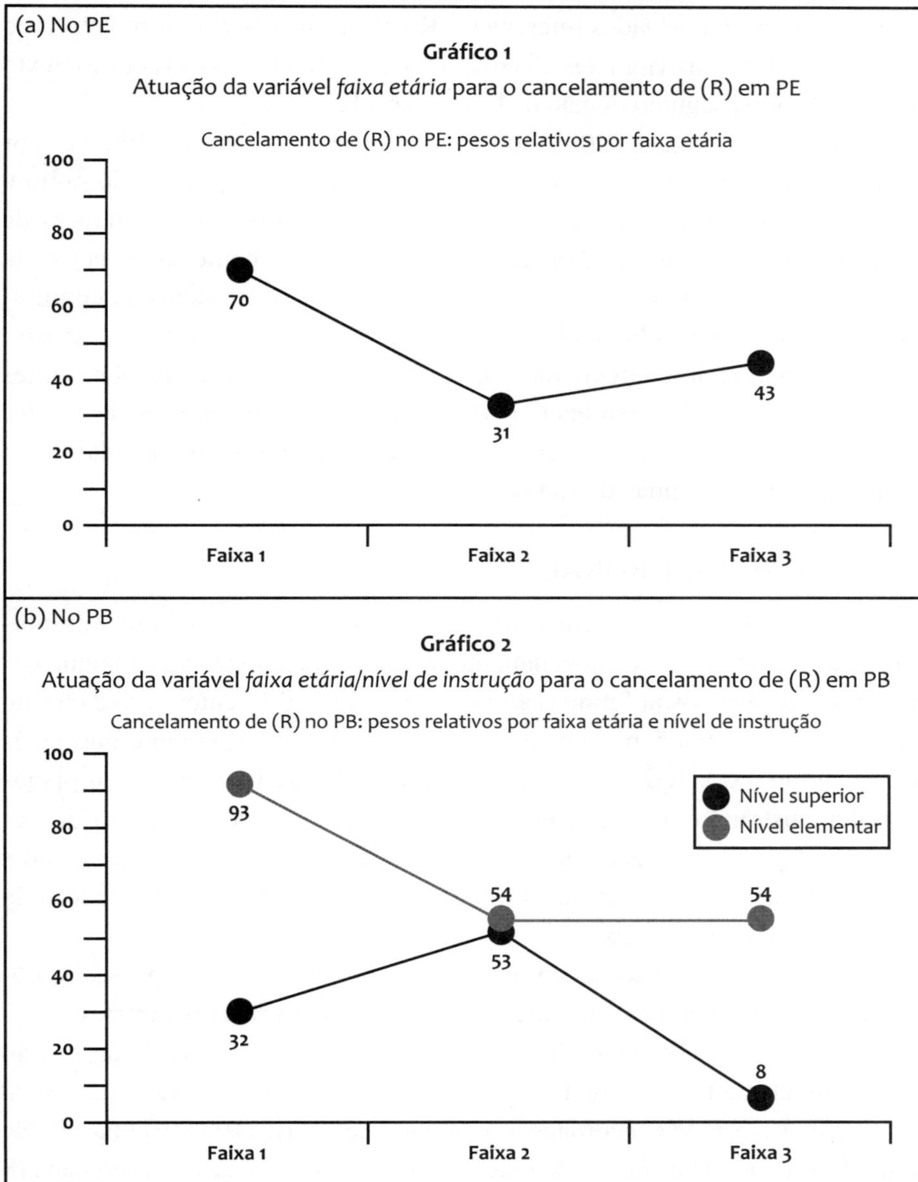

Fonte: Brandão, Mota e Cunha (2003).

Rodrigues (2003), em estudo sociolinguístico sobre a fala de Lisboa e de Braga, encontrou, nos dados referentes a R pré-vocálico – em exemplos como *rua*, *carro*, *tenro* – as vibrantes alveolar, uvular e a fricativa velar; em contexto pós-vocálico, [ɾ] seguido ou não de [ɨ] e o cancelamento.

Mateus e Rodrigues (2003), com base no mesmo *corpus* utilizado por Rodrigues (2003) e em uma amostra selecionada de programas de rádio e televisão, também tratam da questão, enfatizando sobretudo os fatores de natureza estrutural que podem determinar o cancelamento de R em coda externa. No que se refere ao *corpus* selecionado dos dois meios de comunicação, em que o cancelamento foi da ordem de 13%, dizem que o cancelamento é sensível ao contexto subsequente, sendo os segmentos obstruintes (64%) seguidos pelas soantes (21%) os fatores mais relevantes. Por outro lado, entre nomes e verbos, estes são mais suscetíveis ao cancelamento, sobretudo em programas de rádio.

A FRICATIVA CORONAL

O cancelamento do /S/ em coda é mais produtivo quando constitui morfema de número. Sobre o cancelamento da marca de número no sintagma nominal, vários estudos já foram realizados abarcando diferentes variedades do PB e, atualmente, também do PE e de variedades africanas, como o português de São Tomé (PST). Todos os estudos realizados nas variedades não europeias vêm demonstrando que a ausência da marca, mais frequente a partir do núcleo do SN, é condicionada não só por fatores de natureza estrutural, como a posição linear e relativa do constituinte no SN, mas também pela atuação da variável nível de instrução.

No âmbito do PE, não há, em gramáticas antigas ou contemporâneas, observações sobre uma possível atuação do cancelamento em constituintes do SN. Pesquisas recentes (Brandão, 2013, entre outros), com base na fala da Região Metropolitana de Lisboa e de Funchal, na Ilha da Madeira, indicam que, nessa variedade, a regra de concordância nominal é categórica (99,89%) na fala de indivíduos de todos os níveis de escolaridade. Os poucos casos observados (8 em 6.952 SNS) correspondem a lapsos de organização discursiva do tipo *[outros conhecimento] outra maneira de ver as pessoas*.

Pode-se, portanto, afirmar que o cancelamento de /S/ morfêmico é um traço diferencial do PB em relação ao PE, mas dele não exclusivo, pois o mesmo fenômeno ocorre em variedades africanas, condicionado pelo mesmo conjunto de restrições estruturais e sociais. Tudo indica que questões relacionadas ao contato multilinguístico que se observou nessas áreas (no Brasil durante o processo de colonização e nos países africanos nesse período e ainda na atualidade) estão na origem das convergências quanto à marcação de número que congregam essas variedades.

No que se refere ao /S/ sem valor de morfema, a possibilidade de cancelamento já era atestada, no início do século, como característica da fala brasileira por Vasconcelos (1970: 133), que, como já se comentou, também mencionava o desenvolvimento de uma semivogal nessa posição.

Brandão (2015), com base em dados do *MicroAtlas Fonético do Estado do Rio de Janeiro*-MicroAferj (Almeida, 2008), demonstra que, em 1.182 ocorrências de /S/ em coda externa, em 17 diferentes vocábulos, apenas 34 ocorrências (3%) apresentaram cancelamento: *arco-íris* (15 em 69 ocorrências), *lápis* (7 em 72), *seis* (6 em 72), *feliz* (2 em 72), *dez* e *depois* (1 em 72), *voz* e *arroz* (1 em 71). A autora observa:

> No entanto, deve-se atentar para o fato de que vocábulos terminados por /S/ sem valor mórfico são predominantemente oxítonos ou monossílabos tônicos, uma vez que, em português, sílabas fechadas (pesadas) tendem a atrair o acento. Pode-se perceber que tais vocábulos retêm o /S/ e podem, inclusive, reforçar a coda por meio de ditongação. Casos como *bônus*, *ônus*, *ânus*, *lápis*, *íris*, que são exceções do ponto de vista acentual, terminam por sílaba átona, não protegida por acento, o que torna o segmento final mais suscetível ao cancelamento, como se verifica nos dois últimos vocábulos (que constam do questionário): é nessas sílabas que incide, no *corpus* de Almeida, o maior número de cancelamentos de /S/, respectivamente, 15 e 7. Os demais vocábulos inserem-se no conjunto cuja forma plural é mais marcada em relação à do singular, sendo natural a retenção do segmento. (Brandão, 2015: 48)

Já Florêncio e Cunha (2009: 67), em estudo sobre o /S/ em coda na fala de Niterói-RJ, com base em aplicação de questionário e em fala espontânea, registraram, respectivamente, 13% e 35% de cancelamentos em coda externa.

O desfazimento de sequências de obstruintes

Cunha (1986) apresenta como inovação do PB a "*intercalação de um i ou de um e para desfazer certos grupos consonânticos: adivogado por advogado, peneu por pneu*" (1986: 205), embora, em nota, informe que a anaptixe ocorre em "*alguns falares e tipos de elocução do português europeu*", acreditando que se trate de "*uma solução paralela à brasileira*" (1986: 223).

Mateus e d'Andrade (2000: 44-45), inclusive, apresentam como um dos argumentos para interpretarem como sílabas distintas casos como os de *pneu*, *apto*, *absurdo*, em que, em PE, se tem no plano da fala, respectivamente, as sequências [pn], [pt], [bs], o fato de, no PB, tais encontros serem sistematicamente desfeitos pela epêntese de um [i]: *[pi]neu*, *a[pi]to*, *a[bi]surdo*. Assim, para os autores, esses casos pressupõem a existência de um núcleo vazio que gera tais encontros, na superfície. É interessante notar que outro dos argumentos empíricos por eles utilizados diz respeito à produção de crianças portuguesas no processo de aquisição da linguagem: elas também inserem uma vogal [ɨ] entre essas consoantes: [pɨ'new], ['afɨtɐ].

Monaretto, no capítulo "Sequências mediais obstruintes" deste volume, trata amplamente a questão, como pode verificar o leitor, e comprova que se trata de fenômeno histórico não exclusivo do PB.

CASOS DUVIDOSOS DE INOVAÇÃO

Certamente, Cunha (1986) considera os casos comentados nesta seção como não necessariamente inovadores pelo fato de constituírem processos produtivos na passagem do latim ao português e, hoje, presentes tanto no PE, quanto no PB, sobretudo nos falares rurais ou em áreas urbanas entre indivíduos de menor nível de escolaridade.

A comutação da lateral pelo tepe

A permuta entre as líquidas, que, por vezes, ocorre por um processo de dissimilação ou por metátese, é muito frequente em português ou em outras línguas românicas: exemplos de sua produtividade já se encontram no *Appendix Probi* (Silva Neto, 1956), em *flagellum non fragellum*, *terebra non telebra* e *glatri non cracli*, os dois primeiros por dissimilação, o último por metátese.

Williams (1975: 74), ao tratar dos grupos consonantais iniciais formados por consoante [+ lateral] ou por tepe, deixa claro que a troca de [l] por [ɾ] foi bastante produtiva na passagem do latim ao português. Os grupos *cl-,fl-,pl-*, do latim clássico, que, em muitos casos evoluíram para uma africada > fricativa (*clauem > chave, flamman > chama, plāgam > chaga*), eram suscetíveis de gerar formas com a vibrante, como em *clauum > cravo, flaccum > fraco, placēre* > prazer. Em alguns vocábulos eruditos, esses encontros ficaram inalterados (*classem > classe*) e outros foram restaurados (*flor*, de *florem*, que havia evoluído para *frol*), como alerta o linguista.

A metátese

Como já indicou Silva Neto (1956), a metátese "*é fenômeno comum em todas as línguas*". Williams (1975) insere-a entre as "*modificações esporádicas*" que se verificaram na passagem do latim ao português, citando, entre outros exemplos, *geolho > joelho, sībilāre > silvar, pigrĭtĭam > pegriça > preguiça, capistrum > cabresto*. Ele observa que pode haver permuta de dois segmentos de sílabas diferentes, como em *plantāre > chantar > tanchar*, acrescentado que este último tipo ocorreu como "*modificação regular entre o l de um grupo inicial e o r de sílaba seguinte*", como em *clystērem > cristel* (1975: 119).

Vasconcellos (1970: 103), ao tratar do tema em relação aos dialetos portugueses (1970: 103), afirma: "*diz-se por todo lado probe = pobre; em alguns lugares diz-se* vrido= *vidro,* [...] *virdacero = vidracêro = vidraceiro, palavra que pertence à linguagem do Sul*".

Hora e Telles, ao tratarem o tema (capítulo "Metátese" deste volume), acrescentam outras observações de natureza histórica, com base em Serafim da Silva Neto, J. J. Nunes, Said Ali, entre outros, e afirmam, com base nos levantamentos por eles realizados, ficar demonstrado que "*a frequência do fenômeno em textos oficiais, sendo esses presumivelmente representantes de variedade padrão, fortalece a hipótese de que a metátese no passado ocorria largamente como regra variável, não condicionada socialmente*", tendo sido "*operante em todos os séculos, independente da variedade linguística*".

CONSIDERAÇÕES FINAIS

Neste volume, foram analisados textos dos séculos XVIII a XX e pode-se afirmar que, nos seus vários capítulos, estão retratadas não só convergências entre o PE e o PB, mas também divergências determinadas por diferentes processos de variação e mudança no âmbito de cada uma das duas variedades. Não é fácil, como se observou de início, dar conta da complexidade de fatores – sociais e linguísticos – que concorreram para as especificidades que caracterizam hoje as duas variedades, especialmente porque são escassas e problemáticas as fontes que podem explicitá-las.

Dentre tais fenômenos, destacam-se, para fins de exemplificação, as vogais médias em contexto pretônico e os róticos. Se, de um lado, no PB, em contexto pretônico, mantêm-se concretizações médio-altas de /e / e de /o/ e a tendência ao alteamento (que pode ser considerada estável ao longo do tempo), por outro lado, ocorreu uma série de neutralizações, bem como a abertura das vogais, sobretudo em falares do Norte e do Nordeste: conservação/variação e inovação/mudança, a um só tempo, em relação ao PE.

Quanto aos róticos, em que pese a tendência à posteriorização do R em contexto pré-vocálico já observada no PE (e também no PB) em fins do século XIX e, ao que tudo indica, hoje produtiva em alguns de seus dialetos, no PB, tal processo firmou-se nessa posição na maior parte dos falares brasileiros e ganhou maiores dimensões em contexto pós-vocálico, especialmente em final de vocábulo, em que o cancelamento – a sua última etapa – predomina largamente, sobretudo no âmbito dos verbos no infinitivo, e se dissemina, cada vez mais, pelos demais itens lexicais.

Outras características mencionadas por Cunha (1986) e aqui não focalizadas constituem inovações no âmbito do PB. Dentre elas, talvez a mais emblemática e, ao que parece, de mais difícil análise quanto a suas origens, seja a concretização como aproximante retroflexa de R em coda silábica, objeto de inúmeras especulações e cuja presença está mais disseminada pelos falares brasileiros do que, inicialmente, se previa (Brandão, 2007; Oushiro, 2014).

Nos textos produzidos *por mãos hábeis* e *mãos inábeis* que constituem os *corpora* explorados nos diferentes capítulos deste livro, estão, portanto, retratadas algumas das características do português ***no*** e ***do*** Brasil, numa fase em que as duas variedades, no plano fonético-fonológico, consolidavam as marcas que viriam consistir em suas diferentes identidades.

A possibilidade de responder a questões levantadas no início do presente capítulo e a tarefa de dar conta, em linhas gerais, de tendências atuais da língua, através da observação de alguns fenômenos de natureza fonético-fonológica, a fim de tentar verificar que realizações sonoras caracterizariam o *português **do** Brasil* ou a língua portuguesa como um todo, infelizmente estão limitadas pelas fontes disponíveis. A grande dificuldade reside no fato de eventuais mudanças fonológicas só poderem ser deduzidas com base na observação de textos escritos.[9] Essa metodologia de análise permitiria, mais propriamente, um levantamento de características grafológicas, grafo-fonéticas da época, que teriam a ver com o perfil linguístico e social do redator do texto (Almeida, Barbosa e Callou, 2014), e forneceriam apenas pistas de marcas da fala de quem escreve. De todo modo, representa um primeiro passo no sentido de dar conta da história do português brasileiro.

NOTAS

1 Em várias *listas de população*, instrumento oficial de controle demográfico da metrópole colonial, era usado o termo *pardo* para resolver a dificuldade de discriminar raças, resultantes de miscigenação intensa.

2 As autoras deste texto fizeram um amplo levantamento sobre as pesquisas que se desenvolveram, de 1970 a 2012, sobre as variáveis aqui comentadas em Brandão (2015) e Callou (2015).

3 Cunha (1986) cita a segunda edição do texto de Cornu: "Die Portugiesische Sprache", em: Gustav Groeber, *Grundriss der romanischen Philologie*, 2. ed., Strassburg: Karl J. Trübner, v. 1, 1904-1906.

4 As citações que constam do corpo do texto e as em destaque foram traduzidas pelas autoras, sendo que, para estas últimas apresentam-se os textos originais em nota.

5 "is generally taken as evidence that pretonic o (from Latin *o* (from Latin Ō U) and *u* from Latin Ū) had fallen together in early Portuguese. But pretonic o and *u* have not fallen together in all dialects; in many parts of Brazil, pretonic *e* and *o* are quite distinct from *i* and *u.* Moreover, the use of *u* for pretonic *o* in our manuscripts is paralleled by the even more frequent use of *i* for pretonic *e,* and in this case we have not only the evidence of Brazilian, but also that of modern Lisbonese, which preserves a distinction between *e* and *i* in pretonic syllables (cf. *legar [lə'*ɣar*]*: *ligar [li'*ɣar]). The simplest explanation would seem to be to admit that *e* and *o* fell together with *i* and *u* in Old Portuguese, and that the distinction has been reintroduced by analogy with other forms of the same word in which the stress shifts from ending to root, as in first singular present indicative *lego* ['lƐɣu]. But this explanation, which serves well enough for verbs, will not account for the preservation of the distinction in substantives, for here there is no shift of accent. One might perhaps see in the distinction between pretonic *e* and *i* (and, in Brazil, of *o* and *u* as well) a learned reaction, comparable to the adoption in eighteenth-century Spanish of such "spelling pronunciations" as *digno, solemne* for older dino, *solene,* or the attempt by some Spanish Americans today to sound the written *p* of such words as *psicologia, septiembre, and* to pronounce as *ks* the written *x* of *texto, exclusivo,* which cultivated Castilians pronounce simply as *s*" (Hart, 1955: 409-410).

6 Trata-se da *Cartinha com os preceitos e mandamentos da Santa Madre Igreja* (1539); *Grammatica da lingua portuguesa*, que compreendia a gramática, propriamente dita e, ainda, *Da Orthografia e Diálogo em louvor da nossa linguagem* (1540); e as três *Décadas da Ásia*, a primeira, de 1552, a segunda, de 1553 e a terceira de 1563.

7 "Pour '*a* pequeno' la réponse est süre: c'était un [ɐ], identique à [ɐ] tonique devant *m, n* et *nh.* Pour '*o* pequeno' c'était un [o] fermé, qui restait distinct de [u] sans que l'on puisse préciser davantage son degré de fermeture. Pour '*e* pequeno', c'était une voyelle distincte de [i], mais il est impossible de savoir si son point d'articulation en faisait plutôt un [e] fermé, ou plutôt, dès cette époque, une voyelle apparentée au [ə] moderne. En ce qui concerne '[ẹ] grande' et '*ó* grande', il s'agissait respectivement de [Ɛ] et de [ɔ], étant entendu que le degré d'ouverture ne peut être précisé dans un grand détail, car il était fonction de celui des réalisations de *'e* pequeno' et '*o* pequeno'. Quant à *i* e *u*, ils étaient respectivement [i] e [u]" (Teyssier, 1966:197-198).

8 *Appendix Probi* (século III/IV); *Orto do Esposo* (1385); *Thesouro da lingoa portuguesa* (1674); *Regras gerais* (1666), de Bento Pereira; *Orthographia ou Arte de escrever*, de Madureira Feijó (1734).

9 Deve-se ter sempre em mente a observação de Labov (1994:11) de que "a Linguística Histórica pode ser concebida como a arte de fazer o melhor uso de maus dados".

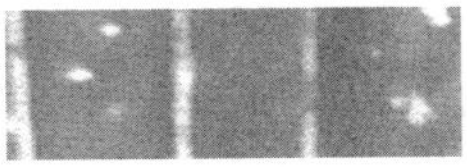

VOGAIS PRETÔNICAS

José Magalhães

SUMÁRIO

APRESENTAÇÃO

O subsistema vocálico pretônico do português falado no Brasil tem sido objeto de inúmeros estudos nas últimas décadas, em quase todas as microrregiões do Brasil, devido às alternâncias que ainda intrigam pesquisadores. Alvo de inúmeros processos fonológicos, tais como neutralização, assimilação, harmonia, abaixamento e alçamento, as vogais pretônicas caracterizam-se por uma complexa variabilidade. Retomar dados de séculos passados, a fim de verificar a possível existência dessa variação no subsistema vocálico pretônico do português brasileiro, é o objetivo deste capítulo. Faz-se necessário, todavia, questionar se é possível detectar tal complexidade no percurso temporal, com dados de escrita, a fim de relacioná-la ao que nos dizem as pesquisas hodiernas e àquilo que já fora detectado antes mesmo na formação da língua portuguesa, a partir de fontes do latim vulgar. Para alcançar este intento, a descrição e análise apresentadas neste capítulo utilizam, como fonte de dados, textos escritos nos séculos XVIII, XIX e início do século XX, os quais constam dos *corpora* do projeto Para a História do Português Brasileiro (PHPB). Necessário pontuar que os documentos oficiais, por sua natureza técnica, estariam muito mais distantes da fala, enquanto as cartas pessoais, sem maior preocupação burocrática ou formal, poderiam, de algum modo, retratar aspectos mais próximos da língua falada e, por esta razão, suscitar elementos mais consistentes no que se refere à variação das vogais médias em posição pretônica.

Listados por século e tipo, os documentos utilizados na análise são:

Século XIX
Barbosa, Lopes e Callou:[1] 58 documentos oficiais e 61 cartas pessoais;
Carneiro (2005): 208 documentos, entre cartas oficiais e não oficiais escritas por brasileiros de diferentes estados de 1809 a 1904.

Século XX
Carneiro, Santiago e Oliveira (2011): 91 cartas pessoais escritas por 43 homens e mulheres pouco escolarizados ("mãos inábeis") da zona rural de municípios da bacia do Jacuípe e da região do sisal, Bahia;
Oliveira (2009): 35 bilhetes escritos por cangaceiros do grupo de Virgulino Ferreira da Silva, o Lampião, e pelo próprio líder, entre 1900 e 1940.

AS VOGAIS DO PORTUGUÊS

Uma das tarefas norteadoras deste trabalho é detectar a complexidade do subsistema vocálico pretônico do português brasileiro em seu percurso temporal, por meio de textos escritos. Entendemos ser facilmente possível relacionar esses fatos ao que dizem as pesquisas recentemente realizadas, sobretudo a partir dos anos 1980. Nesse período, consideramos pioneiro o estudo de Bisol (1981). Baseando-se em dados de fala real e valendo-se da metodologia variacionista de Labov (1972), Bisol (1981) identifica e formula uma regra de harmonia vocálica para as vogais médias pretônicas no falar do Sul do Brasil. Essa regra de harmonia descreve, de forma inequívoca, os casos de alçamento contextual das vogais médias pretônicas, mas encontra-se em verdadeiro embate com os inúmeros casos em que vogais médias pretônicas sofrem alçamento sem a presença de um contexto aparente que motive este fenômeno. Retornaremos a essas regras mais adiante.

Enquanto o subsistema vocálico pretônico, por sua complexidade e variação, continua foco de investigações diversas, parece não haver maiores dúvidas quanto à consolidação de um conjunto bem definido de sete vogais na posição tônica. Desde o período medieval do chamado português arcaico (Nunes, 1960; Câmara Jr., 1970; Williams, 1975), as vogais tônicas têm permanecido rigorosamente lacradas em um sistema fechado, pouco suscetíveis à variação. Apenas em casos raros como *['fe.ʃa] ~ ['fɛ.ʃa]*, (terceira pessoa do singular, presente do indicativo do verbo *fechar* – "*Ele fecha a porta*"), as vogais da sílaba tônica variam.

O sistema pleno de sete vogais proposto por Câmara Jr. (2006 [1970]) é apresentado na Figura 1.

Figura 1 – Sistema vocálico do português brasileiro na posição tônica

Altas	/u/					/i/	
Médias		/o/			/e/		(2º grau)
Médias			/ɔ/	/ɛ/			(1º grau)
Baixas			/a/				
	Posteriores		Central		Anteriores		

Fonte: Câmara Jr. (2006 [1970]: 41).

Podemos associar a esse sistema de sete vogais do português o estatuto de privilégio da sílaba acentuada em relação às posições átonas (Beckman, 1998). Isso porque processos de qualquer natureza, sejam eles variáveis ou não, tendem a ser evitados na posição tônica, o que já vem sendo atestado também a partir de dados diacrônicos do português. Portanto, sem mais controvérsias acerca das sete vogais na sílaba tônica, restam, pois, investigações que possam trazer à tona maiores esclarecimentos acerca dos segmentos vocálicos átonos, que podem ser distribuídos em outras três posições em torno do acento: pretônica, postônica não final e postônica final.

Bisol e Magalhães (2004), ao apreciarem os processos que reduzem o sistema vocálico do português de sete segmentos na posição tônica para cinco em situação pré-acentual e a três nas posições pós-acento, apresentaram o esquema na Figura 2. Essa ilustração mostra uma "evolução" serial da redução vocálica, levando em conta apenas os sistemas operantes em cada uma das posições em que se encontram os segmentos. Consideramos de grande importância essa representação, pois, a partir dela, focalizam-se os processos variáveis que discutiremos neste artigo. Exemplos são apresentados no Quadro 1.

Figura 2 – Sistema vocálico do português brasileiro

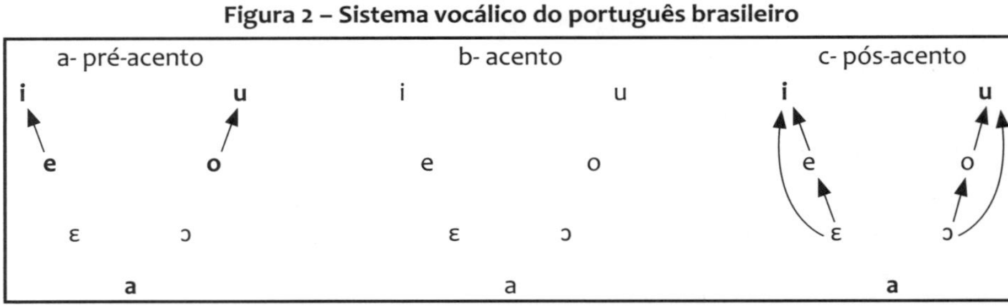

Fonte: Bisol e Magalhães (2004).

Quadro 1 – Exemplos de redução no sistema vocálico do português brasileiro

a- posição tônica	b- pretônica	c- átona final
[i] [ˈsikʊ]	[i] [siˈladɐ]	[i] [ˈʒurɪ]
[e][ˈsekʊ] "seco" (adj.)	[e] [seˈkadʊ]	[i] [ˈlɛkɪ]
[ɛ][ˈsɛkɐ] "seca" (verbo)	[e] [seˈkadʊ]	
[a][ˈsakɐ]	[a] [saˈkadɐ]	[a] [ˈsakɐ]
[ɔ][ˈsɔkʊ] "soco" (verbo)	[o] [soˈkadʊ]	
[o][ˈsokʊ] "soco" (nome)	[o] [soˈkadʊ]	[u] [ˈlodu]
[u][ˈsukʊ]	[u] [sukuˈlentʊ]	[u] [ˈbõnʊs]

Fonte: Bisol e Magalhães (2004).

Os exemplos no Quadro 1 não são novidade no que respeita à composição do sistema advindo de processos de redução vocálica. Gramáticas históricas já vêm documentando há anos que as oposições latinas – relativas ao timbre das vogais – entre /ę/ e /ẹ/ e entre /ǫ/ e /ọ/ neutralizaram-se em favor das vogais de timbre fechado /ẹ/ e /ọ/, fazendo com que o sistema vocálico nesta posição seja reduzido, já no português medieval, a cinco vogais. Mesmo se considerarmos que haja regiões do Brasil em que prevaleça, na posição pretônica, as vogais médias-baixas, tem-se costumeiramente consideradas as médias altas como as formas de base.

Para Nascentes (1953), a realização, no português brasileiro, das vogais médias pretônicas permite traçar uma linha divisória virtual entre os falares do norte – em que, geralmente, opta-se pela realização das médias baixas /ɛ/ e /ɔ/ – e os falares do sul, nos quais prevalecem as médias altas /e/ e /o/. Veja-se a Figura 3.

Figura 3 – Divisão dos falares do português brasileiro segundo Nascentes

Fonte: Nascentes (1953: 18).

Portanto, são os dados diacrônicos, fartamente documentados em tratados de Filologia e em gramáticas históricas que dão conta do sistema vocálico conforme desenhado na Figura 2. Em virtude disso, processos variáveis que promovem a realização de vogais médias pretônicas como altas (alçamento) ou como baixas (abaixamento), partem da presença das vogais médias-baixas na estrutura profunda do falante. Visto isso, metodologias de coleta e análise de dados vistoriam cada ocorrência por meio de criteriosas avaliações e cuidadosa seleção de grupos de fatores que possam favorecer uma ou outra ocorrência desta ou daquela vogal na estrutura de superfície. Todas as pesquisas de que temos tomado ciência nas últimas décadas, além de muitas já realizadas com nosso próprio banco de dados,[2] corroboram a caracterização do subsistema de vogais pretônicas do português como extremamente variável.

Embora tenhamos mencionado processos de alçamento e de abaixamento, dificilmente uma pesquisa com dados de escrita permitirá conclusões com maior rigor acerca do abaixamento. A obviedade desta afirmação se constata pela existência de uma única letra para representar tanto a vogal média alta /e/ quanto a vogal média alta /ɛ/. Da mesma forma, temos apenas uma letra pra representar as médias posteriores /o/ e /ɔ/. Diferentemente das médias, há as letras "i" e "u" para a grafia das vogais altas. Por isso, este capítulo tratará apenas de fenômenos envolvendo a variação entre vogais médias-altas e vogais altas nos escritos dos séculos XVIII e XIX.

ALÇAMENTO

Conforme referido na seção anterior, a variação das vogais médias pretônicas vem de tempos remotos. No que se refere exclusivamente ao fenômeno de alçamento, Oliveira (1933 [1536]), um dos mais emblemáticos registros descritivos do português, já atestava nos idos do século XVI a instabilidade das vogais médias na posição pretônica, o que consolida o argumento de que tal fenômeno se configura como bastante antigo. Retomemos, pois, as palavras do próprio Fernão de Oliveira, "*Das vogaes, antre u e o pequeno há tanta vezinhança que quase nós [os] confundimos, dizendo uns somir e outros sumir, e dormir, ou durmir, e bolir e bulir e outras partes semelhantes*". Embora os dois primeiros exemplos (*somir* e *sumir*) pareçam, hoje em dia, constatar um processo de neutralização, reduzindo as duas possibilidades em apenas uma (*sumir*), os outros casos se realizam nos dias atuais como perfeitamente possíveis, atestando, pois, a variação entre vogais médias-baixas e vogais altas.

Silva (2009) retoma dados citados por Marroquim (1934), que também verifica a produtividade do alçamento vocálico. O autor trata todos os casos como um processo de assimilação que obedece à regra geral da língua e que se difunde em todas as classes sociais. Alguns casos não parecem fruto de desencadeamento assimilatório, já que não há gatilho para o processo. Essa discussão, contudo, não nos interessa agora. O mais importante é a constatação da alternância entre vogais médias e vogais altas, conforme a seguir: *e* pretônico soa como *i* em: *pidi(r), piqueno, sinhô(r), milhor, mio (pop.), tisôra, imbolá(r), Jiroime* e *Jiróime (pop.)* por *Jerônimo*. Quando em posição inicial seguida de *s* como: *istorá(r), istêrco, istação, istio, istrada, istribo, ispirito, ispuma, isquadrão*. Quando nasal e inicial: *imbaraço,impregar, insinar, incruado, incubação, incruzilhada, incôsto, incontrão* (Marroquim, 1934, apud Silva, 2009).

Entre os trabalhos realizados nas últimas décadas acerca do processo variável do alçamento vocálico, chamamos a atenção para a pesquisa de Bisol (1981), com dados do Sul do Brasil. Na comprovação da variabilidade entre [o] ~ [u] e entre [e] > [i], os dados analisados pela autora não deixam dúvidas de que o que mais favorece a aplicação da regra de alçamento da vogal média em posição pretônica é a presença de uma vogal alta na sílaba subsequente. De posse desses fatos, Bisol (1981: 259) propôs uma regra simples e capaz de traduzir o fenômeno operante no português: "*a harmonização vocálica é um processo de assimilação regressiva – desencadeado pela vogal alta da sílaba imediatamente subsequente, independentemente de sua tonicidade – que pode se estender a uma ou mais vogais médias do ambiente*". Inúmeros exemplos, como *menino ~ m[i]nino; político ~ p[u]lítico, formiga ~ furmiga*, sustentam esta proposição.

Além dos casos acima referidos, Bisol (2009) documenta situações em que não há um contexto motivador aparente para o alçamento, como em *boneca/buneca, colégio/culégio*, o que a autora caracteriza como produto da ação analógica do falante, numa clara alusão à ideia de difusão lexical. Por outro lado, a regra com condicionador fonético, nos casos descritos, ajustar-se-ia à perspectiva neogramática.

Para esses dois casos, Bisol formula regras diferentes, conforme as representações (a) e (b) na Figura 4.

Figura 4 – Regra de harmonia vocálica e alçamento sem motivação aparente, conforme Bisol (2009)

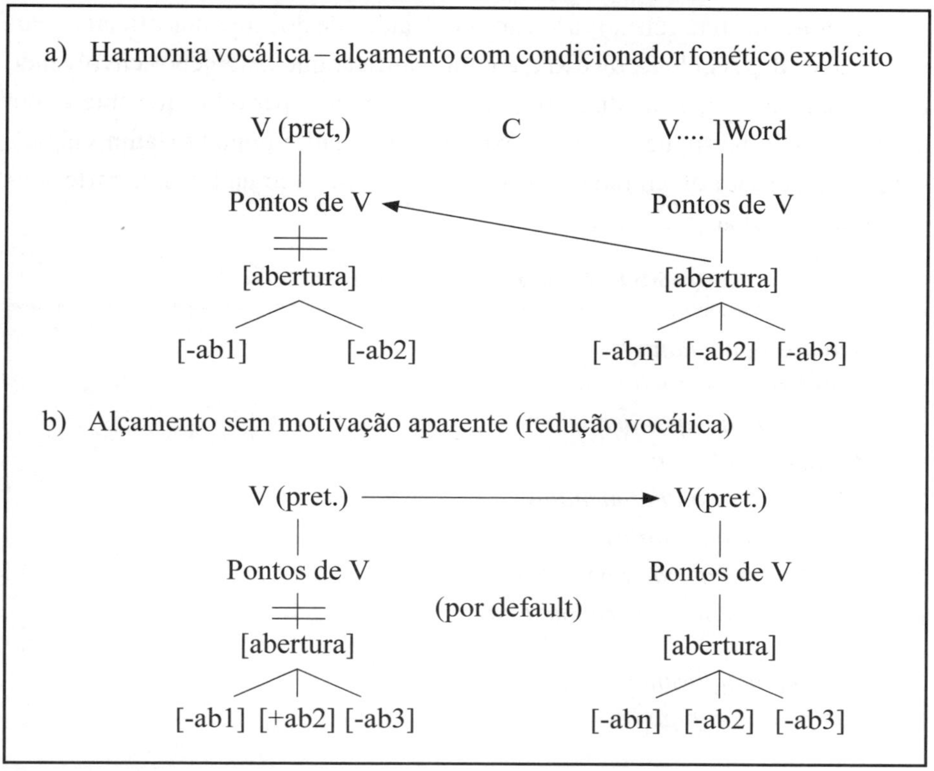

Fonte: Bisol (2009: 79).

A regra representada em (a) na Figura 4, de harmonia vocálica, deve ser entendida como o espraiamento de todos os traços da vogal seguinte para a vogal precedente, independentemente da consoante que possa estar entre elas, ou seja, é um típico caso de assimilação total do nó de abertura vocálica, que resultará na harmonia entre as duas vogais.

A regra representada em (b) na Figura 4, de alçamento sem motivação aparente, retrata o desligamento do nó de abertura da vogal média pretônica e o preenchimento automático pelos traços de uma vogal alta, resultando na neutralização.

A pergunta que se faz, portanto, é: estariam estas duas regras atuando já nos séculos XVIII e XIX?

OS DADOS DOS SÉCULOS XVIII E XIX

Antes de nos reportarmos aos dados coletados de documentos oficiais e cartas pessoais dos séculos XVIII e XIX, cumpre ratificar que fenômenos envolvendo alternância das vogais médias pretônicas remontam a períodos que antecedem a formação do português, ou seja, existiam já no latim popular (latim vulgar), conforme atestam as entradas do *Appendix Probi*,[3] retratadas, em parte, nos exemplos no Quadro 2.

Quadro 2 – Algumas entradas do *Appendix Probi*

senatus non sinatus
cochleare non cocliarium
palearium non paliarium
festuca non fis <tuca>
effeminatus non imfimenatus
faseolus non fassiolus
dys <entericus non disinte> ricus
hermeneumata non erminomata

formica non furmica
robigo non rubigo

Sirena non Serena
dimidius non demidius
hirundo non herundo
puella non poella

Fonte: Baehrens (1922).

Note-se, por esses exemplos, que a alternância era bidirecional, indo tanto da vogal média para a alta, quando da alta para a média. Outra observação pertinente é o maior número de ocorrências envolvendo a vogal média frontal /e/.

Conforme já referido neste texto, também no português medieval processos semelhantes são comuns na língua dos trovadores. Referentemente aos *corpora* visitados, por certo, os textos não oficiais – cartas pessoais – fornecerão elementos mais aproximados da realidade da fala por, supostamente, não haver maiores preocupações com possíveis formalismos linguísticos. Por isso, apresentamos, primeiramente, dados coletados a partir desses escritos. Na sequência, apresentamos ocorrências obtidas junto aos documentos oficiais.

Chama especial atenção nos dados a total ausência de linearidade entre alçamento e abaixamento. É certo que não se devem ter expectativas de linearidade quando se trata de fenômenos variáveis, haja vista que a heterogeneidade linguística é bastante organizada, inclusive na fala. Todavia, como se percebe nos exemplos a seguir, não há apenas situações de comprovada harmonia vocálica e de alçamento sem motivação aparente. Ocorrem também casos em que o contexto para a harmonia existe, mas a regra não se aplica, o que nos leva a considerar a hipótese de alguma aplicação opaca do processo esperado. Somam-se a esses casos os dados em que a vogal alta é abaixada quase aleatoriamente, o que fortalece ainda mais a ideia da complexidade do subsistema vocálico pretônico em suas nuances variáveis.

Numa tentativa de melhor retratar a variação das vogais médias pretônicas evidenciada nos documentos, subdividimos os dados coletados em quatro classificações, conforme as características dos processos ocorridos, a saber:

i) harmonia: situação que resulta da assimilação dos traços de abertura pela vogal alta seguinte pela vogal pretônica, conforme a regra apresentada anteriormente: *p**u**civel, pr**i**vino*

> *Lhi faço este para o senhor ter liberdade de realizar o seu negocio com Doroteu da forma qui for **pucivel** qui ja convercei o amigo José Sereno esta tudo serto. Depois qui rezolver mandi 200 mil réis fora. Espero não faça duvida sem mais asunto do seu amigo*
>
> *Capitão Lampião*

(Cartas de cangaceiros, doc. 01, Oliveira, 2009)

ii) alçamento (sem motivação aparente): processo que eleva a vogal média pretônica por *default* (Bisol, 2009): *m**i**lhor, p**i**queno*

> *Senhor João Vieira*
>
> *lhi faco esta para o Senhor mandarmi 2 conto di réis esto si não mandar lhi dou grande priguiso escolha o qui e **milhor** reposte logo.sem mais*
>
> *Capitam Lampeão*

(Cartas de cangaceiros, doc. 02, Oliveira, 2009)

iii) realização opaca: situação em que, mesmo com uma vogal alta seguinte, a vogal pretônica é abaixada: *partecipo, vezinho*;

*este expecial amigo, e**vezinho** embarcou desta para a Bahia em 14 de febereiro*

para setransportar no comboy daquella, fico na duvida dequem chegará adiante

(Cartas brasileiras (1808-1904), doc. 52, Carneiro, 2005)

iv) abaixamento: situação em que a vogal alta é abaixada: *desposição, dezer*. Este caso diferencia do anterior apenas pelo fato de não haver vogal alta seguinte. O abaixamento, contudo, é, do mesmo modo que em (iii), inesperado.

Dirás aoMeu Compadre que tão depressa eu Receba

Dinheiro farey toda **adelegençia** *dever seposso Alcançar*

huma letra para lhe Remeter.

(Cartas brasileiras (1808-1904), doc. 75, Carneiro, 2005)

Cartas pessoais

VOGAL MÉDIA PRETÔNICA /e/

Quadro 3 – Dados de vogal média pretônica /e/ levantados de cartas pessoais

alçamento: /e/ > [i]	abaixamento: /i/ > [e]
a) Harmonia	**a) Contra-alimentação**
acintir	*aleviarei*
anticipadamente	*asestido*
aremidiar	*deligência*
conviniente	*deminuição*
discuidarei	*deminuindo*
discuido	*deprencipyar*
disculpar	*emcluza*
disculpe	*endiçios*
melanculia	*enquietaçoens*
privino	*enquietádos*
quirido	*entrigando*
repitir	*entrigante*
siguras	*entrior*
sirvirá	*felicedades*
sucidera	*emfenitamente*
	enevitaveis
	parteçipei
b) Alçamento sem motivação aparente	*partecipo*
chigada	*prencipalmente*
chigarão	*vezinho*
chigarem	*entidade*
chigou	
dezasucego	**b) Abaixamento**
dispeza	*despozicão*
infado	*adelegençia*
ispera	*dezer*
medetriminara	*emformar*
milhor	*emglezez*
milhoras	*empertenencia*
milhores	*emportância*
piqueno	*emportunacão*
tizouras	*encomodos*
vinder	*endependecia*
xiguei	*enteira*
	enterrompo
	entressados

No Quadro 3, bem como nos demais adiante apresentados, subdividimos os dados em quatro classificações, conforme a identidade dos processos ocorridos, a saber:

i. harmonia: regra que resulta da assimilação dos traços de abertura pela vogal alta seguinte: *melanc**u**lia, pr**i**vino*;
ii. alçamento sem motivação aparente: processo que eleva a vogal média pretônica por *default* (Bisol 2009): *m**i**lhor, p**i**queno*;
iii. contra-alimentação: interação opaca em que a regra esperada deixa de se aplicar, mesmo tendo presente o contexto para aplicação: *part**e**cipo, v**e**zinho*;
iv. abaixamento: situação em que a vogal alta tornou-se média-baixa sem qualquer motivação aparente: *d**e**sposição, **e**nteira.*

A VOGAL MÉDIA PRETÔNICA /o/

Quadro 4 – Dados de vogal média pretônica /o/ levantados de cartas pessoais

alçamento /o/ > [u]	abaixamento /u/ > [o]
a) Harmonia	**a) Contra-alimentação**
pruduto	*omilde*
puçivel	*seotilize*
sulicitar	
depuzitario	**b) Abaixamento**
desuciedade	*affectoozo*
	agoardente
b) Alçamento sem motivação aparente	*corropção*
algudão	*fonção*
pruteção	*goarda*
puder	*logar*
purção	*ocopar*
sucego	*poder*
	pozerão

Da mesma forma que na subsseção “Vogal média pretônica /e/”, as quatro classificações propostas ocorrem, embora os dados envolvendo a vogal /o/ sejam em menor número, como se vê no Quadro 4.

Documentos oficiais

A VOGAL PRETÔNICA /e/

Quadro 5 – Dados de vogal média pretônica /e/ levantados de documentos oficiais

alçamento: /e/ > [i]	abaixamento: /i/ > [e]
a) Harmonia *comviniente* *dilicado* *oinvio* *siguras* *sigure* *sirtificamos* *ediscuberta* *intiligencia* **b) Alçamento sem motivação aparente** *chigado* *chigar* *chigou* *disgraçada* *dispezas* *imprego* *intregues* *ispera* *milhor*	**a) Contra-alimentação** *actevidade* *adevinhar* *beneficeado* *deficuldade* *deficultozo* *deligencia* *derigirião* *desiplinados* *emediatamente* *empertinenças* *entervir* *entreduzicem* *justeficando* *menistro* *offecial* *prontefiquei* *vezinhos* **b) Abaixamento** *adejacente* *asedeado (de sediar)* *dezer* *entereses* *justeficarse* *opeor* *vertudes*

Assim como nas cartas pessoais, também nos documentos oficiais os casos envolvendo a vogal /e/ se repetem com a mesma fisionomia.

A VOGAL PRETÔNICA /o/

Quadro 6 – Dados de vogal média pretônica /o/ levantados de documentos oficiais

alçamento /o/ > [u]	abaixamento /u/ > [o]
a) Harmonia *custumo* *cumúns* *ediscuberta* **b) Alçamento sem motivação aparente** *trusse* *fugoens* *puder (poder)* *refurmado*	**a) Contra-alimentação** *acodir* *comprido (a minha ordem)* *incombido* *monissões* **b) Abaixamento** *agoarda* *depozerão* *goarda* *goardados* *oppozerão* *podesse*

O Quadro 6, em consonância com o Quadro 5, revela a pouca ocorrência de dados envolvendo a vogal média-alta posterior. Contudo, as mesmas quatro subclassificações propostas estão presentes.

CONSIDERAÇÕES FINAIS

A apreciação dos dados aqui investigados, a partir de documentos oficiais e não oficias escritos entre o século XVIII e início do século XX, dá consistência à ideia de que a variação das vogais médias em posição pretônica é um fenômeno característico do português ao longo de toda a sua história. Embora não houvesse nenhuma pretensão de quantificar todas as ocorrências e nem mesmo de postular qualquer tipo de mudança plausível, os dados analisados nos remetem ao fato de que o abaixamento ou alçamento das vogais médias não parece caminhar para a estabilização de uma ou outra realização. Os exemplos que agrupamos em quatro subclassificações permitem que essa conclusão seja alcançada. Note-se que, da mesma forma que a pretensa regra de harmonia vocálica se aplica (*melanculia, quirido*), também foram encontrados inúmeros casos em que a vogal média pretônica é abaixada, mesmo com uma vogal alta na sílaba seguinte, seja esta tônica ou não (*menistro, acodir*). Esta última situação parece um caso claro de ocorrência opaca, o que nos faz levantar a hipótese da hipercorreção, uma vez que, por vias gerativistas, o postulado é de que já existiria uma vogal alta na forma subjacente.

Também os casos de alçamento sem que haja uma motivação fonética para que ocorram (*milhor, refurmado*), bem como os casos de abaixamento menos opacos (*logar, dezer)*, indicam-nos que as vogais pretônicas na história do português brasileiro comportam-se de modo complexo, ou seja, sem nenhuma regularidade entre abaixamento e alçamento, o que coloca em xeque referências determinísticas entre a hipótese neogramática e a difusionista, conforme apontado na introdução deste volume. Portanto, se é possível afirmar que uma regra de harmonia vocálica, nos moldes neogramáticos se aplica, diante da existência de um contexto favorável, também é claramente perceptível a fluidez do fenômeno de alçamento ou de abaixamento sem uma expressa motivação, pelo viés difusionista. Da mesma forma, os dados possibilitam a negativa dessas duas hipóteses.

Por fim, a análise aqui empreendida favorece a constatação de que a variabilidade envolvendo as vogais médias pretônicas perpassa os séculos XVIII, XIX e XX com a mesma força já identificada em períodos anteriores e persiste até os dias de hoje.

NOTAS

1 Disponível em: <http://www.letras.ufrj.br/phpb-rj/index.htm>. Acesso em: 22/02/2016.

2 Banco de dados Gefono (Grupo de Estudos em Fonologia do Português Brasileiro), sediado na Universidade Federal de Uberlândia.

3 *Appendix Probi* é um texto do século IV d.C., de autor anônimo, com 227 entradas correspondentes aos erros mais frequentes verificados no latim falado à época, listados a partir das formas equivalentes tidas como corretas.

MONOTONGAÇÕES E DITONGAÇÕES

Maria Bernadete Abaurre

SUMÁRIO

APRESENTAÇÃO

Analisamos, neste capítulo, dados obtidos a partir da análise de alguns *corpora* que compõem o banco compartilhado de dados do PHPB, partindo da hipótese de que, embora sejam dados escritos, eles podem ser tomados como pistas deixadas em textos produzidos nos séculos XVIII, XIX e XX, da ocorrência de dois tipos de processos fonológicos envolvidos nos processos de ditongação e monotongação no português brasileiro. Mattos e Silva (1991: 68), em trabalho pioneiro sobre o português arcaico, afirma que "*o fazer-se e desfazer-se de sequências vocálicas do português é um fenômeno complexo, diversificado e variável que acompanha sua história desde as origens*". É nosso objetivo, portanto, verificar até que ponto os dados identificados nos *corpora* investigados permitem mais bem compreender esse "*fazer-se e desfazer-se de sequências vocálicas*" na língua.

A abordagem metodológica adotada é qualitativa. Dada a própria natureza e heterogeneidade dos *corpora* do PHPB, optamos por um trabalho baseado na identificação e análise de um conjunto de dados que serão tomados como possíveis indícios de alterações, no português do Brasil, envolvendo determinadas sequências vocálicas. Assim, não se procedeu a um levantamento exaustivo de dados em todos os *corpora* do Projeto, mas privilegiaram-se alguns que são aqui tomados como representativos de três famílias de gêneros discursivos: os documentos oficiais, as cartas e bilhetes pessoais e os anúncios publicitários.

É fato amplamente reconhecido que os dados de escrita são complexos (Abaurre, 1999) e não podem, por si sós, ser tomados como evidência de pronúncias específicas, porque sua ocorrência pode ter origens diversas. Processos analógicos baseados na contemplação das próprias formas escritas, lapsos e outros fatores podem estar por trás da escolha, por parte do escrevente, de determinadas letras, sequências de letras ou mesmo ausência de letras. Não se pode descartar, no entanto, que determinadas ocorrências, nas escritas de base alfabética, possam, sim, ser reveladoras da pronúncia de determinadas palavras em determinada variedade de língua utilizada pelos falantes em um momento histórico particular. Isso decorre do fato de que na base da escrita alfabética está a relação fonema/grafema. Existem casos, portanto, em que se pode afirmar que houve, por algum motivo, um "vazamento" de características da fala para a escrita, o que, na maioria das vezes, ocorre sem que o escrevente tenha tido como objetivo usar a escrita para representar fielmente os sons da fala.

Quanto maior a submissão de um sistema de escrita à regulamentação ortográfica e/ou quanto maior o grau de letramento dos escreventes, menor a probabilidade de ocorrência de dados em que tais vazamentos fiquem registrados nos textos escritos. Nesse sentido, os textos produzidos por "mãos inábeis" (Marquilhas, 1998 e 2000) podem ser tomados como importantes fontes de indícios sobre a pronúncia de variedades regionais, sociais e diacrônicas. Não fica excluída, no entanto, a possibilidade de encontrar ocorrências reveladoras de pronúncia também em textos produzidos por escreventes com maior grau de letramento e maior familiaridade com as práticas de leitura e escrita.

Se, por um lado, a discussão de fatos prosódicos com base em dados escritos oferece desafios consideráveis, uma vez que a maioria dos aspectos prosódicos não tem representação direta na escrita alfabética, a discussão de determinados fatos segmentais, como é o caso da representação das sequências vocálicas do português, pode beneficiar-se da observação de ocorrências escritas, desde que se tenha o cuidado de tomá-las como indícios e não como evidências definitivas do que se pretende demonstrar.

Feitas essas considerações iniciais, passemos agora, nas seções seguintes, à discussão dos processos que aqui se consideram e às pistas, nos textos analisados, de sua ocorrência nos séculos XVIII, XIX e XX.

OS DITONGOS DO PORTUGUÊS

Do ponto de vista fonético, identificam-se dois tipos de ditongos: 1) crescentes (vogal assilábica + vogal nuclear) e 2) decrescentes, ou estáveis (vogal nuclear + vogal assilábica). De acordo com Miret (1998: 27), há controvérsias, na literatura linguística, com relação à caracterização dos ditongos como sequência (duas vogais de qualidades diferentes em uma mesma sílaba) ou como unidade (vogal única de qualidade cambiante, ou *glide*). O autor ilustra essa afirmação com duas definições conflitantes. Para Catford (1977: 215), "*Um ditongo pode ser definido como uma sequência de duas vogais perceptualmente diferentes no interior de uma mesma sílaba*".[1] Ainda para esse autor (Catford, 1988: 116), "*as sequências vogal + semivogal são percebidas não como dois elementos em separado, mas como um som de transição, de ligação, que se inicia no primeiro elemento e liga-se ao segundo*". Já para Ladefoged (1982: 171), "*[ditongos] são vogais simples com qualidades continuamente cambiantes*".[2] No sentido de

Ladefoged, uma vogal *glide* se diferenciaria das vogais de qualidade estável, as chamadas *steady-state vowels*.

Não vamos, aqui, nos delongar sobre tal controvérsia, por não ter ela relevância imediata para o tópico deste capítulo. Basta, portanto, reconhecer que esse aspecto particular da fonética dos núcleos vocálicos é complexo, o que motivou a observação perturbadora de Lass (1984: 95): "*Se vogais longas produzem dores de cabeça metodológicas, ditongos são uma verdadeira enxaqueca*".[3]

A origem dos ditongos da língua portuguesa está bem documentada na literatura sobre a história da língua. Autores como Coutinho (1968 [1938]), Câmara Jr. (1975), Huber (1986 [1933]), Mattos e Silva (1991), Nunes (1945 [1919]), Said Ali (1964 [1921]), Silveira Bueno (1958), Teyssier (2001 [1980]), Williams (1975 [1938]), dentre outros, fazem referência às várias origens dos ditongos do português. Resumem-se, a seguir, os fatos mais relevantes, lembrando, inicialmente, que os ditongos da língua podem ser considerados latinos ou românicos, a depender de sua ocorrência já no latim vulgar ou como desenvolvimentos relacionados à formação do romance português.

No latim havia apenas quatro ditongos que, a partir de suas manifestações em latim vulgar, mudaram, no português, para vogais simples ou para outros ditongos:

- *ae*: *caecu* > *cego*;
- *oe*: *poena* > *pena* (*sanção*);
- *au*: *thesauro* > *tesouro*; **saube* [< *sapui*] > *soube* [após metátese]; **autro* [< *alt(e)ru*)] > *outro* [após semivocalização do /l/];
- *eu* (de ocorrência muito rara): latim tardio (medieval) *leuca/leuga* > *légua* [após metátese]; *Eusebiu* > *Osébio* [em variedades populares].

O processo de monotongação já afeta alguns desses ditongos, em variedades rurais e populares, a partir do século II a.C. (*quaestus* > *questus*, *aedus* > *edus*). São documentadas, também, reduções, ainda no latim vulgar, como **oric(u)la* [< *auricula*] > *orelha*.

Na última fase do latim vulgar, aparece o ditongo *ai* (**amai* [< *amavi*] > *amei* [após queda do fonema aproximante medial /V /]; **primairo* [< *primariu*] > *primeiro*, **baijo* [< *basiu*] > *beijo* [após metátese]; **laite* [< *lakte*] > *leite* [após semivocalização da oclusiva /k/].

O português apresenta um número muito maior de ditongos, em comparação com o latim, uma vez que vários ditongos se criaram na passagem do latim vulgar para o português como resultado de processos fonológicos como os seguintes:

- Síncope de fonema medial: *malu* > *mau; lege* > *lei*; *vadi*(t) > *vai*.
- Semivocalização de consoantes em certos grupos: *alt(eru* > **autro* > *outro*; *facto* > **faito* > *feito*; *conceptu* > *conceito*; *absentia* > *ausência*; *regnu* > *reino*, *calce* > **cauce* > *couce* ou *coice*; *saltu* > **salto* > *souto*; *cap(i)tale* > *caudal*.
- Metátese: *primariu* > **primairo* > *primeiro*; *librariu* > **librairo* > *livreiro*; *ferrariu* > **ferrairo* > *ferreiro*; *denariu* > **dĩairo* > *dinheiro*; *op(e)rariu* > **obrairo* > *obreiro*. Observe-se que nessas metáteses ocorridas em estágios mais anteriores, a sequência *ai* evoluiu sistematicamente para *ei*. Quando a metátese ocorreu em época mais recente, manteve-se o ditongo *ai*: *rabia* (por *rabie*) > *ravia* > *raiva*; *capiam* > *cabia* > *caiba*; *sapiam* > *sabia* > *saiba*; *apiu* > *aipo*.
- Epêntese de vogal em contexto de hiato: *creo* [< *credo*] > *creio*; *tea* [< *tela*] > *teia*; *frẽo* (arc.) [< *freno*] > *freo* > *freio*.

Quanto ao ditongo nasal *ɐ̃w*, característico do português por oposição às demais línguas românicas, representa uma evolução a partir de uma série de terminações latinas: *-anu* (*veranu* > *verão*; *paganu* > *pagão*), *-ane* (*pane* > *pão*); *-one* (*oratione* > *oração*; *ratione* > *razão*); *-ine* (*servitudine* > *servidão*; *multitudine* > *multidão*; *certitudine* > *certidão*); *-unt* (*sunt* > *são*); *-um* (*intum*[< *intunc*] > *então*); *-on* (*non* > *não*); *-ant* (*dant* > *dão*; *stant* > *estão*; *-a(d)unt* (*va(d)unt* > *vão*).

Do ponto de vista sincrônico, o português apresenta, segundo Câmara Jr. (1969), apenas ditongos fonológicos decrescentes. Essas sequências vocálicas são por ele consideradas os verdadeiros ditongos da língua, com a vogal básica antecedendo a semivogal na mesma sílaba. Para esse autor, que é acompanhado em sua análise por Callou e Leite (1990), Bisol (1989, 1994) e Madruga e Abaurre (2015), dentre outros autores, os ditongos crescentes são derivados, por ressilabificação, de hiatos fonológicos (com os quais variam livremente: *su.a.va* ~ *swa.va*, *pi.a.va* ~ *pja.va*), em que vogais plenas (a primeira das quais é /i/ ou /u/) ocupam diferentes núcleos silábicos. Com relação aos ditongos crescentes que ocorrem em palavras como *quase*, formas mais raras na língua, observa-se que não alternam com hiatos. Bisol (1989) apresenta argumentos para interpretá-los não como uma sequência vocálica, mas como realizações de uma consoante velar labializada no *onset* não ramificado da sílaba. Essa consoante labializada, em contato com a vogal do núcleo, resulta em sequência que pode ser percebida como um ditongo fonético.

Ocorrem, no português, os seguintes ditongos decrescentes: 1) orais: *aw* (*pau*), *ɛw* (*réu*), *iw* (*viu*), *ow* (*dou*), *aj* (*pai*), *ɛj* (*réis*) [apenas em formas plurais, antes da fricativa coronal], *ej* (*rei*), *oj* (*foi*), *ɔj* (*dói*), *uj* (*fui*); 2) nasais: *ɐ̃w* (*mão*), *ɐ̃j* (*mãe*), *õj* (*põe*), *ũj* (*muito*), *ẽj* (*vem*, *jovem*).

Observa-se que são frequentes, na língua, as monotongações de alguns dos ditongos decrescentes. Assim, as pronúncias [ˈdeʃɐ] para *deixa* e [ˈfeɾɐ] para *feira* são frequentemente atestadas, independentemente de região e classe social. Outros ditongos decrescentes, no entanto, apresentam estabilidade e resistem à redução: *pauta* e *deitada* não apresentam, respectivamente, as variantes *[patɐ] e *[detadɐ].

Para explicar essa assimetria superficial no comportamento dos ditongos decrescentes com relação à possibilidade de monotongação, Bisol (1989, 1994, 2012) propõe uma distinção na representação fonológica desses ditongos que se tem mostrado produtiva para a explicação do comportamento aparentemente assimétrico dessas sequências vocálicas. Para esta autora, os ditongos podem ser pesados ou leves, a depender da maneira como as vogais preenchem a camada temporal do esqueleto na rima da sílaba.

A análise oferecida por Bisol para os ditongos do português foi elaborada no quadro teórico das fonologias não lineares, mais especificamente, no quadro da fonologia autossegmental. Pressupõe representações em camadas (*tiers*), uma das quais é a camada temporal (esqueleto) que contém posições às quais estão associados os segmentos que compõem a camada melódica. Os segmentos são, por sua vez, representados por meio de uma estrutura arbórea de nós e traços que representam sua estrutura interna, hierarquicamente organizada segundo a geometria de traços de Clements e Hume (1995). Sua análise tem sido amplamente aceita para o português do Brasil. Em Bisol (2012), a autora resume a sua análise nos seguintes termos:

> Os verdadeiros ditongos decrescentes estão em correspondência com duas vogais no nível subjacente e são, de modo geral, invariáveis. O ditongo decrescente, variável, que está em correspondência com uma só vogal, ej/aj diante de ʃ/ʒ, ej diante de tepe e todo ditongo diante de /S/ em sílaba final acentuada [resultantes da inserção de um [j] como em "me[j]s", "de[j]z", "rapa[j]z" – MBMA] possuem um glide flutuante, sem representação na estrutura subjacente. Esse forma-se por expansão do nó da cavidade oral (CO) da estrutura arbórea da consoante seguinte, que inerentemente carrega os traços seguintes: vocálico, coronal e abertura mínima, os quais consubstanciam o glide. (2012: 64)

Segundo essa análise, seriam pesados e, portanto, estáveis, os ditongos decrescentes nos quais, na estrutura subjacente, as duas vogais ocupam duas posições temporais na camada da rima (por exemplo, *pauta, deita, reino, irmão, céu*). Seriam leves e, portanto, variáveis, os ditongos decrescentes nos quais as duas qualidades vocálicas ocupam apenas uma posição temporal na camada da rima (*peixe, deixa, feira, caixa*). No caso dos ditongos leves, apenas a primeira das duas qualidades vocálicas está presente na estrutura subjacente, tendo a semivogal anterior resultado de processo assimilatório que opera na camada melódica. Os ditongos pesados são fonológicos porque resultam em oposições na língua (*pauta* vs. *pata*), motivo pelo qual são considerados ditongos verdadeiros e diferenciados das vogais simples nas estruturas subjacentes. Já os ditongos leves não são considerados fonológicos e o *glide* surge ao longo da derivação que leva à sua realização ou não nas realizações superficiais das palavras (['dejʃɐ] ~ ['deʃɐ], ['fejɾɐ] ~ ['feɾɐ]).

Essa é a essência da análise de Bisol para os ditongos decrescentes verdadeiros e falsos do português. O que aqui nos interessa é a distinção entre ditongos pesados (resistentes e estáveis) e ditongos leves, pois tal distinção nos ajuda a compreender os processos indiciados nos dados de escrita sob análise, relacionados aos ditongos leves: o processo de ditongação (pela inserção de glide ao longo da derivação, ['dejʃɐ]) e o processo de monotongação (quando o glide inserido não é posteriormente associado a uma posição no núcleo da rima não ramificada, não sendo, portanto, realizado: ['deʃɐ]).

A inserção do glide, nesses casos, encontra motivação fonética, conforme mencionado por Albano (2001: 86) em discussão baseada na fonologia gestual. Trata-se, segundo ela, de uma "*iotização da vogal diante de [s], pois permite que a transição dessa para a consoante – característica de um modo de coor-*

denação motora que é próprio da margem direita da sílaba [...] – *se estenda um pouco mais e suavize a trajetória de F2, aproximando-a da dos ditongos*". Ainda segundo Albano, é mais longo o gesto envolvido na produção dos ditongos verdadeiros, como em *pai*, em que o ditongo é estável, se comparado ao gesto envolvido na articulação de formas em que ocorre o [j] transicional, como em *paz*, o que permite formular a hipótese de que o glide de transição é apagado em vários contextos, gerando variação, por ser mais frágil, dado o seu caráter meramente transicional.

Observe-se que enquanto a explicação fonética oferecida por Albano pressupõe que o glide transicional é criado a partir da vogal à esquerda, a explicação fonológica oferecida por Bisol pressupõe a direção oposta, com o glide se originando na consoante à direita, a partir de seu traço coronal.

Nevins (2015) oferece uma análise alternativa para a emergência dessa vogal de transição que cria falsos ditongos em português. Segundo ele, que retoma a questão da chamada semivogal intrusiva a partir do primeiro trabalho sobre esse fenômeno na língua (Reinhardt, 1970), pelo fato de as inserções ocorrerem prevalentemente em sílaba tônica, sua função é a de tornar pesada a sílaba, de forma a garantir que sobre ela recaia a proeminência, a partir do WSP.[4] Para ele, a fricativa que trava as sílabas em que ocorre a intrusão da semivogal é não moraica, e essas sílabas seriam, portanto, leves.

Mais detalhes da análise de Bisol (na qual nos baseamos neste texto), incluindo a formalização das representações e dos processos no âmbito do quadro teórico da Fonologia Autossegmental e da Geometria de Traços, bem como a análise de casos particulares como a variação encontrada em formas como *homem* ~ *homi* e *couro* ~ *coro*, estão em Bisol (1989, 1994, 2012). Não nos alongamos aqui nessas considerações porque achamos que a introdução excessiva de conceitos teóricos e formalismos do conhecimento exclusivo dos fonólogos que operam com os quadros teóricos mencionados poderia nos desviar do objetivo deste capítulo.

OS PROCESSOS DE DITONGAÇÃO E MONOTONGAÇÃO

Além dos ditongos de origem latina, vimos que processos como os mencionados na seção anterior também foram responsáveis, em diferentes momentos da história da língua portuguesa, pela formação de ditongos. Vários estudos indicam que a ditongação continua produtiva na língua, manifestando-se sincronicamente em diferentes contextos e variedades regionais, sociais e estilísticas.

Leite, Callou e Morais (2003: 232), em trabalho que analisa, por meio de uma abordagem sociolinguística laboviana, a criação de ditongos no português brasileiro (PB), em contexto de sílaba travada por lateral ou por fricativa coronal, exemplificam essas ditongações:

> No português de hoje, esse processo ocorre em vários contextos, não só pela inserção de uma semivogal (*doze* → *do[w]ze*; *paz* → *pa[j]z*) mas também pela modificação de uma consoante, em posição de coda silábica (*mal* → *ma[w]*; *arco-íris* → *a[w]co-íris* ou *a[j]co-íris* (APFB)).[5] (2003: 232)

Révah (1958: 394), ao apontar as diferenças causadas pela modificação da pronúncia do português no Brasil, já menciona esses dois processos de ditongação como sendo característicos da variedade brasileira:[6]

> 1) a ditongação das vogais acentuadas antes de s final: *rapáys* de *rapaz*, *déys* de *dez*, *fiys* de *fiz*, *nóys* de *nós*, *lúys* de *luz*. Encontramos assim variantes onde a consoante final é uma sibilante s.
>
> [...]
>
> 3) a transformação de -l velar implosivo em uma vogal verdadeira: [...] *generau* de *general*, *lebreu* de *lebrel*, *Brasiu* de *Brasil*, etc. (1958: 394)[7]

A inserção de semivogal que cria ditongos leves pode ser formalizada em termos autossegmentais conforme a proposta de Bisol (1989, 1994, 2012), apresentada na seção anterior. Quanto ao processo de semivocalização que transforma uma lateral velarizada em semivogal posterior em final de sílaba, pode ser explicado conforme Espiga (2003), em termos autossegmentais, como o resultado de uma derivação que apresenta como estágio de transição entre o segmento complexo velarizado e a semivogal dorsal uma lateral labializada com dois traços no nó vocálico ([labial] e [dorsal]). No estágio final da derivação, tem-se o apagamento do traço [coronal] sob o nó PC da consoante lateral, o que produz o segmento vocálico com ponto [dorsal], realizado como semivogal posterior.

Também Chaves de Melo (1945: 86), em capítulo intitulado "A língua popular", no livro *A língua do Brasil*, anota ocorrência de semivocalizações – que resultam em ditongos – em final de sílaba na região sul de Minas Gerais:

> Creio que se deva ter por evolução própria da língua no Brasil a vocalização de -r e -l fechando sílaba: *caine, baiba, Baibino, coigo*, etc. Quanto a -l, creio que primeiro se dá a transformação em -r, segundo a cadeia: -l > -r > -i, de tal modo que o acidente se dará apenas com o -r. Esse fato é quase sempre esporádico, atingindo algumas palavras e deixando intactas inúmeras outras. Por exemplo, no sul de Minas, ouve-se *baiba, caine, coida, poita*, ao lado de *barba, carne, corda, porta.* (1945: 86)

O autor atribui essa semivocalização ao fato de o *-r* na região ser uma aproximante retroflexa, o que se depreende da minuciosa descrição articulatória que faz da pronúncia desse rótico. Menciona ainda que o fenômeno é também registrado em outras regiões do país, como Goiás e outros pontos do território nacional.

São também muito produtivos na língua processos de monotongação, como os mencionados anteriormente, que afetam os ditongos leves nos quais foi inserido um glide por processo assimilatório na linha melódica, o que resulta nas formas variáveis como *deixa ~ dexa, loura ~ lora*. Devem também ser mencionados processos como os que afetam os ditongos nasais (*homem ~ homi, falaram ~ falaru*), criados ao longo da derivação, a partir de uma sequência VN subjacente (cf. Bisol 1989, 1994; Battisti 1997, 2000, 2003), casos que também resultam em variação, na língua, bem como o processo de monotongação que afeta ditongos crescentes em posição final de palavras como *excelência, história*.

Cunha (1986: 210-211) diz ser duvidosa a afirmação feita por muitos autores de que a monotongação do ditongo *ai* antes de [ʃ] e do ditongo *ei* antes de [ʃ], [ʒ] e [ɾ] seria uma inovação da pronúncia do português ocorrida no Brasil. Segundo esse autor, "*as grafias* baxa *e* pexe*, que ocorrem até em Os Lusíadas, mostram a antiguidade do fenômeno, largamente documentado ainda hoje nos dialetos centro-meridionais portugueses*".

Com relação à monotongação do ditongo *ou*, Révah (1958: 389) afirma que se trata de um caso de coincidência entre as pronúncias de Portugal e do Brasil: "*na língua comum dos dois países, o ditongo* -ou*, que ainda era um verdadeiro ditongo no século* XVII*, passou a* ô *fechado*".[8] A mesma afirmação é feita por Cunha (1986: 211): "*Quanto à monotongação do ditongo* [ow] *em* [o] *ela é geral não só na língua comum do Brasil, mas também* *desde o século* XVII, *no português europeu*". No Brasil, embora a frequência alta da monotongação desse ditongo seja atestada nos trabalhos sobre o tema, o processo ainda apresenta variação nas modalidades cultas (talvez por influência da escrita), embora se possa talvez afirmar que caminhe na direção de se tornar categórico na fala.

Vários são os trabalhos que se têm voltado para a descrição e análise dos processos de monotongação e ditongação no português do Brasil. Além dos que já foram citados anteriormente, registramos ainda os trabalhos de Aquino (2004), Cabreira (1996), Espiga (2003), Hora e Pedrosa (2001), Hora e Lucena (2008), Leiria (2000), Mello (1994), Meneghini (1983), Mota (1994), Paiva (1996), Quednau (1993), Tasca (1999, 2005), Silva, E. V. (1997), Silva F. S. (1997). Representativos de análises feitas com base nos pressupostos teóricos e metodológicos da Dialetologia, da Sociolinguística Variacionista, da Fonologia Autossegmental ou da Teoria da Otimalidade, tais trabalhos têm levado a uma melhor compreensão dos processos envolvidos na implementação das monotongações e ditongações em diferentes variedades do PB e têm permitido verificar o alcance desses processos nas variedades estudadas. Cabreira (1996: 111), por exemplo, conclui, a partir de uma análise variacionista, que a monotongação do [ej] antes do tepe é uma mudança praticamente consumada em Porto Alegre, Florianópolis e Curitiba:

> Em termos gerais, a frequência de monotongação de ej é maior do que a do ditongo [aj] (diante de palatal) e menor do que o ditongo [ow]. Entretanto, levando-se em conta apenas os casos em que o ditongo é seguido por flap, a frequência do monotongo sobe a 98%, e, na análise probabilística, o input atinge o valor 1,00. Isso pode ser tomado como um indício de que a monotongação de ej seguido por flap é uma mudança praticamente consumada. (1996: 111)

Nas seções seguintes, voltaremos nossa atenção para os *corpora* do PHPB nos quais identificamos ocorrências que podem ser tomadas como indícios dos processos de ditongação e monotongação em curso na língua nos últimos três séculos.

Na análise dos documentos considerados, guiamo-nos predominantemente pelas questões seguintes, inspiradas pelas conclusões e observações feitas nos trabalhos mencionados nesta seção:

- Há indícios, na escrita dos documentos, da aplicação de processos de monotongação de ditongos decrescentes envolvendo qualidades vocálicas orais? Se sim, há dados que confirmem a hipótese de Bisol (1989, 1994, 2012) segundo a qual os ditongos pesados apresentam estabilidade e rejeitam a monotongação?
- Há indícios, na escrita dos documentos, da aplicação de processos de monotongação de ditongos decrescentes envolvendo qualidades vocálicas nasalizadas?
- Há indícios, na escrita dos documentos, da aplicação de processos de ditongação por inserção do glide [j]?
- Há indícios, na escrita dos documentos, da aplicação de processos de ditongação por semivocalização da lateral e do rótico?
- É possível postular uma relação entre a maior ou menor frequência de ocorrência dos indícios escritos dos processos considerados e as diferenças relativas à época em que foram escritos os documentos e/ou ao grau de letramento dos escreventes?

Além do levantamento dos dados diretamente relacionados às questões anteriores, identificamos também, à parte, outros casos que podem ser de interesse para discussões mais amplas acerca dos processos de ditongação e monotongação que não serão, porém, objeto de discussão neste texto.

FONTES DE DADOS DOS SÉCULOS XVIII, XIX E XX

Os dados considerados neste capítulo foram extraídos de alguns *corpora* que fazem parte do banco de dados do Projeto Para a História do Português Brasileiro, disponibilizados no site https://sites.google.com/site/corporaphpb/.

Foram considerados apenas os *corpora* nas próximas seções, a partir dos quais foi feito um levantamento exaustivo dos dados de interesse para o estudo das ditongações e monotongações.

Século XVIII

CORPUS I:
Edição das Cartas da Capitania de São Paulo – Aldeamento de Índios (Simões e Kewitz, 2006):
vinte e nove cartas, 5 do início do século XIX

Trata-se de cartas escritas por religiosos que estavam incumbidos da administração de aldeias de índios nas proximidades da Vila de São Paulo. No geral, respondem a ordens ou solicitações recebidas e trazem informações sobre o cotidiano das aldeias e sobre os índios nelas residentes. Embora sejam, em sua maior parte, formulaicas, acumulam, também, outras funções comunicativas e, por vezes, contêm desabafos e reclamações. Dentre os escreventes, há aqueles com nacionalidade brasileira atestada (a maioria) e aqueles de nacionalidade não atestada (alguns dos quais sejam talvez nascidos em Portugal).

Século XIX

CORPUS II:
Edição das Cartas Paulistas da BNRJ (Simões et al., 2006):
19 cartas

Trata-se de cartas particulares escritas por ilustres entre 1821 e 1822, em torno da figura de José Bonifácio de Andrada e Silva. O assunto das cartas é a tensão política reinante no país, particularmente nas regiões de Santos, São Paulo e Rio de Janeiro, na época em que foram escritas. Embora os textos sejam considerados oficiais, refletem uma certa informalidade na interlocução.

CORPUS III:
Cartas Brasileiras (1809-1904): um estudo filológico.
(Carneiro, 2005). Foi explorado o primeiro conjunto de 208 cartas

O *corpus* do qual fazem parte os 208 documentos investigados é constituído de 500 cartas manuscritas escritas entre 1809-1904 por indivíduos nascidos entre fins do século XVIII até o terceiro quartel do século XIX. Os autores das cartas são brasileiros cultos nascidos e ou educados em regiões urbanas ou brasileiros semicultos e não cultos nascidos/radicados no interior da Bahia.

Os documentos são relativamente homogêneos e, segundo a autora da tese,

> definem-se, sobretudo, como mensagens particulares escritas por um número relativamente grande de pessoas, ao todo 217, que escrevem sem preocupações estéticas excessivas. Muitos documentos possuem rasuras. Trata-se de cartas fechadas, por oposição a circulares. Prevalecem as correspondências particulares trocadas entre amigos e familiares.

CORPUS IV:
Quem o pretender comprar dirija-se a ... Coletânea de anúncios paraibanos do século XIX (Aldrigue et al., 2009)

Coletânea de anúncios publicados em jornais paraibanos, mais precisamente *O Publicador*, que circulou no período de 1862 a 1882, e *O Norte*, que circulou de 1908 até a década de 1930. Os anúncios promoviam a circulação de informações (fugas, roubos, perdas etc.) ou a venda de produtos (escravos, medicamentos, casas e os produtos da época) e ofereciam serviços (aulas, particulares, serviços gerais etc.). Refletem, assim, a vida paraibana e brasileira do período histórico em que foram publicados.

Século XX

Corpus V:
Cartas e bilhetes de cangaceiros (1900-1940) (Oliveira, 2009): 34 documentos[9]

Trata-se de cartas e bilhetes escritos por cangaceiros entre os anos de 1900 e 1940 e preservados no Acervo da Associação Cabras de Lampião (Serra Talhada, Pernambuco) e no Acervo do Instituto Histórico e Geográfico de Alagoas. A escrita desses documentos revela que foram todos produzidos por mãos inábeis.

CORPUS VI:
Cartas Brasileiras (1809-2000):
Coletânea de fontes para o estudo do português. Volume 3 (1906-2000) (Carneiro, Santiago, Oliveira, 2011) – 91 cartas

As 91 cartas foram retiradas de Santiago (2012) e foram escritas ao longo do século XX por 43 pessoas (23 do sexo feminino e 20 do sexo masculino), oriundas da zona rural dos municípios de Riachão do Jacuípe, Conceição do Coité e Ichu, localizados na Bacia do Jacuípe, no semiárido baiano. São cartas trocadas entre familiares, compadres, namorados e amigos e abordam temas pessoais. A escrita dos textos tem tom coloquial e revela intimidade entre os remetentes e os destinatários. Os escreventes compartilham um contexto sociocultural semelhante: são lavradores de baixa condição financeira e pouca escolarização, que trabalham na agricultura e criação de animais. Um conjunto significativo de características dessas cartas, que vão desde a caligrafia até o tipo de equívocos ortográficos que apresentam, traduz-se em pistas reveladoras sobre o baixo grau de familiaridade desses indivíduos com a língua escrita. A amostra pode, portanto, ser considerada representativa da escrita popular do século XX.

Na seção seguinte são apresentados os dados encontrados nos *corpora*, seguidos de comentários sobre os casos em que as escritas podem com mais segurança ser tomadas como indícios da aplicação de monotongações e/ou de ditongações na fala da época, por refletirem processos até hoje produtivos em variedades do PB. Serão comentados: 1) os dados encontrados nos documentos que exemplificam, em estágios anteriores do PB, os processos de monotongação e ditongação abordados nas seções anteriores deste trabalho; 2) dados que, embora encontrados em documentos de período mais recente (primeira metade do século XX), por terem sido escritos por mãos inábeis, afastam-se frequentemente da norma ortográfica e atestam a produtividade dos processos em questão. Sob o rótulo *outros casos*, agrupamos dados que, embora eventualmente interessantes para a consideração de fenômenos que envolvem ditongações e monotongações, não encontram suporte, na pronúncia atual do PB, para que possam ser considerados processos produtivos na língua atual.

DADOS ENCONTRADOS NOS DOCUMENTOS OFICIAIS

Ditongações

Corpus I: Cartas da Capitania de São Paulo – Aldeamento de Índios (século XVII)

- Inserção de [j]: *mais* (*mas*), *feichar, feichemos, aleixandre, eintregala, eintrarem, eizercitão, freiguezias, eigoalmente.*

Embora não sejam numerosas, as ocorrências são interessantes. Com relação à inserção de [j], ocorre antes de segmentos que, na fala, são fricativas coronais alveolares (surdas e sonoras) e palatoalveolares surdas no *onset* da sílaba seguinte e, ainda, antes da oclusiva velar sonora também em *onset* silábico. Registram-se, já no século XVIII, grafias que podem refletir a inserção, na fala, de um glide anterior em sílaba travada por consoante nasal, o que parece indicar a aplicação, já nessa época, de processo que tem sido considerado característico de variedades faladas no estado de São Paulo.[10] Sobre a ocorrência *eintregala*, foi encontrada em documento escrito por um religioso, frei Manoel dos Anjos, sobre quem se informa ser "*brasileiro, talvez natural de São Paulo*" (carta 6). Quanto a "*eintrarem*", ocorre em documento escrito por João de Mello do Rego, capitão-mor da Vila de Itu, "*talvez português*" (carta 13).

Outros casos: *amplio* (*amplo*), *suavelmente, peiores, oucurtou* (*ocultou*), *aldea* ~ *aldeya* ~ *aldeia.*

Corpus II: *Cartas Paulistas da* BNRJ (século XIX)

- Inserção de [j]: *mais.*

Foi encontrado, neste *corpus*, apenas um exemplo de inserção de glide antes da fricativa coronal alveolar em *onset* da sílaba seguinte.

Outros casos: *tãobem, peiores, remedeia.*

Monotongações

Corpus I: *Cartas da Capitania de São Paulo – Aldeamento de Índios* (século XVIII)

- Apagamento de glide anterior: *companhero, beja* (*beija*), *Larangeras, fejão, abacho.*
- Apagamento de glide posterior: *coro* (*couro*), *lavoras.*
- Preservação do ditongo: [ow] por [oj][11] (com alguns casos de alternância [por exemplo, *couzas* ~ *coizas*] (6), *dous* (9), *noute* (2), *asoutadas* (*açoitadas*).
- [ẽj] > [i] / __ #: *setirari* (*se tirarem*), *pajis* (*pagens*).

- [ej] > [e] ([i]?) / __ /s/#: *comestives.*
- [kwa], [gwa] → [ko], [go] / # __: *Corêsma* (*quaresma*), *Goratingueta.*
- [sja] > [sa] / __ #: (*Vossa*) *Excelenca* (*46*) (~ *Vossa Excelencia*), *deligenca*(*s*) (*2*) (~ *diligência*)

O *corpus* apresenta dados que se constituem em bons indícios para a hipótese de que os processos de monotongação já estavam presentes no PB no século XVIII. Com relação ao ditongo [ej], os dados confirmam a força de alguns contextos já amplamente citados na literatura: a fricativa palatoalveolar surda e sonora e o tepe, quando em *onset* da sílaba seguinte, condicionam a monotongação de ditongos decrescentes. Da mesma forma, observa-se a tendência hoje praticamente categórica de monotongação do ditongo [ow] em ditongos leves, em dados como *coro* (*couro*). Dados como *noute* (por *noite*), por outro lado, atestam a estabilidade dos ditongos pesados. Alguns dados atestam também monotongações do ditongo [ej] (nasal ou oral) em sílabas átonas finais.

Com relação ao ditongo crescente fonético [ja] em final de palavra (derivado de um hiato vocálico subjacente), observam-se alguns casos de monotongação, sempre depois da fricativa alveolar /s/ em *onset* silábico. Atestam-se também casos que à primeira vista se poderiam considerar monotongações de ditongos crescentes iniciados pelo glide posterior [w]. Tais casos, no entanto, não seriam monotongações verdadeiras, mas, sim, simplificação das consoantes oclusivas velares (surda e sonora) labializadas que, segundo Bisol (1989, 1994), fariam parte das representações subjacentes do português.

Outros casos: *se quixaõ* (*se queixam*), *espom* (*expõe*).

Corpus II: *Cartas Paulistas da BNRJ* (século XIX)

- [sja] → [sa] / __ #: *decadença* (2), *conssistença, corre*(*s*)*pondença* (3), *incoherenças, rezidença* (2), *depemdença* (2), *providenças, consequ*(*ü*)*ença* (2), *intiligença, S. Ex.ça, experiemça* (mas: *experiência, decemcia, tendências, diligências, consequência*).
- Preservação do ditongo: [ow] por [oj]: *couz*(*s*)*a*(*s*) (14), *dous* (1), *fouces ~ foices*.

Não foram encontrados, nesse *corpus*, dados que podem ser tomados como indícios de monotongações de ditongos decrescentes. Os dados mais interessantes são aqueles relativos à monotongação do ditongo crescente fonético [ja] em final de palavra (derivado de um hiato vocálico subjacente), depois da fricativa alveolar sonora em onset. Observa-se, nesses casos, variação na grafia, muitas vezes no mesmo documento e envolvendo a mesma palavra. No caso dessa variação gráfica, é impossível determinar se indica variação na pronúncia ou se apenas reflete as dúvidas do escrevente no momento de elaborar seu texto.

Atesta-se, também, variação na escrita com relação ao ditongo [oi], em dados semelhantes aos encontrados no *corpus* I, em que há resistência à monotongação. Não há base, porém, para concluir que essa variação existia também na pronúncia da época.

Outros casos: *nomias* (*nomeias*), *alardea, lisonjea* (sem variação com inserção do [j])

DADOS ENCONTRADOS NAS CARTAS PESSOAIS E NOS ANÚNCIOS PUBLICITÁRIOS

Ditongações

Corpus III: *Cartas Brasileiras* (*1809-1904*) (século XIX)

- Inserção de [j]: *feichados, feixarei, veixado, dezeijar; recomeindar, proceidimentos.*
- [o] → [jo] / __ #: *dirijio, espiritio.*
- [o] → [ow]: *poude* (3).

Como já havia sido observado com relação ao *corpus* I, atesta-se também no *corpus* III, em algumas grafias, a inserção de um *i* que representa o glide [j]. Essas inserções podem ser observadas antes de segmentos que, na fala, são fricativas coronais palatoalveolares surdas e sonoras no onset da sílaba seguinte (e, ainda, antes da oclusiva dental sonora, também em onset silábico). Como as palatoalveolares constituem-se justamente em ambiente para a monotongação de ditongos leves, tendência que pode ser confirmada em grafias do *corpus* I, pode-se talvez aventar a hipótese de que, no caso das inserções da vogal na escrita dessas palavras, talvez se esteja diante de hipercorreções (que podem, na verdade, confirmar a tendência para monotongar a sequência vocálica em outras palavras em que a escrita exige a grafia com *i,* no contexto de palatoalveolares em *onset*).

Registra-se também, neste *corpus*, um dado semelhante àqueles encontrados no *corpus* I, com inserção da letra *i* antes de uma nasal, o que pode indicar a ocorrência do glide anterior [j], na pronúncia: *recomeindar*. A naturalidade do autor do documento (carta 2), Jozé da Silva Lisboa, é incerta, mas indica-se a possibilidade de que ele seja nascido na Bahia.

Outros casos: *peior* (2), *empeiora; premeias, premeies, meiado* (3), *Peyauhý* (*Piauí*).

Corpus IV: *Quem o pretender comprar dirija-se a ... Coletânea de anúncios paraibanos* (século XIX)

- Inserção de [j]: *graixa, taixas* (2)
- [sa] → [sja] / __ #: *cobicia* (cf., também, mudança na vogal do ditongo: *calvicia* por *calvície*)

Os dados de interesse encontrados neste *corpus* são pouco numerosos. No primeiro caso, estamos mais uma vez diante de indícios da aplicação do processo de ditongação antes de fricativa palatoalveolar surda. Dispomos de indícios suficientes, na sincronia da língua, para associar a letra inserida na escrita a uma pronúncia ditongada, nesses casos. Quanto ao segundo caso, é necessário verificar se a inserção do glide neste contexto pode ser atestada na pronúncia de variedades do PB, ou se se trata, aqui, de mais um caso de vacilação ou hipercorreção na escrita (por analogia com o número significativo de casos em que palavras da língua terminam com a sequência gráfica *ia* na escrita).

Outros casos: *peiores* (2), *acceiados, impingeas* (*impinges, impingens*), *insulso* (*insosso*), *Gouvea* ~ *Gouveia*. Mas sem alternância: *cadêa, platéas, diarrhea*(*s*) (5), *estréa* (2), *morphéa* (3), *gonorrhéa*(*s*) (2), *Astréa*.

Corpus V: *Cartas e bilhetes de cangaceiros* (*1900-1940*) (século XX)

- Inserção de [j]: *merceis, mais, nois* (3), *voceis* (*oceis, ôceis*) (4).
- Semivocalização de /r/: *peusigam* (persigam).
- [a], [o], [ɔ] → [aw], [ɔw], [ow]: *acauso, oura* (*hora*), *garbouso.*

Os dois primeiros casos listados anteriormente podem ser tomados como indícios da ocorrência de ditongações na pronúncia da época em que os documentos foram escritos, uma vez que as inserções do glide, no primeiro caso (antes da fricativa coronal surda, alveolar ou palatoalveolar), são bastante frequentes na maioria das variedades sincrônicas do PB. Quanto ao segundo caso, reflete uma ditongação por semivocalização do rótico em coda silábica que é atestada em variedades estigmatizadas da língua.

O terceiro caso não é tão obviamente um reflexo da pronúncia na escrita. Embora haja registros de pronúncias como *ca[w]so* em variedades estigmatizadas da língua, a inserção da letra *u* pode indicar, em casos como *garbouso*, por exemplo, uma hipercorreção na escrita, se o escrevente estiver procurando evitar escritas que já aprendeu que são equivocadas, como *oro* por *ouro*. Os dados do *corpus* não permitem verificar se se trata efetivamente de uma hipercorreção na escrita, embora, como se verá adiante nos dados de monotongação encontrados nesse mesmo *corpus*, haja registro de ocorrências como *poco* e *robando*, em que não houve preocupação em inserir a letra *u*. Sabe-se, porém, que a inconsistência nas soluções apresentadas para as grafias das palavras é uma característica das mãos inábeis, como é o caso dos autores dos documentos do *corpus* V.

Outros casos: *fami[j]a, respeota* (*[respewta]?*) (*respeita*), *porquei, quinzio* (*quinze*), *cou* (*com*), *quiento* (*quinhentos*).

Corpus VI: *Cartas Brasileiras* (*1809-2000*): *Coletânea de fontes para o estudo do português*. Volume 3 (1906-2000) (século XX)

- Inserção de [j] (antes de fricativa coronal): *mais* (43), *f(r)ais*(*z*) (2), (*faz*), *Goais* (*Goiás*), *feis, feizer* (*fazer*), *deis* (2), *meis* (14), *em*(*n*)*pais* (*em paz*) (5), *voceis, voceis, vocei* (7), *rapais, veis, veizi* (2), *nois, noisi* (14), *franceis, engleisi, traizer, veijo* (2) *seija* (2), *dezeijo, dejeijo* (9), *dezeijado, Ineis, certeiza* (2), *ais* (as) (7), *dais* (*das*), *daisi* (*das*) (2), *duais* (*duas*), *conheico* (*conheço*), *conheicido, cabeica* (*cabeça*), *apareica* (*apareça*), *esgueiso* (*esqueço*), *peisa, peiso* (*presa/o*) (3), *dipeiza* (*despesa*), *quaize, Goais* (*Goiás*), *beica* (*bênção*).
- Inserção de [j] (antes de outras consoantes): *leivo* (*levo*), *teivi* (*teve*), *receiba, esqueiva* (*escreva*), *deili* (*dele*), *leitras*.

- [o, a, u + acento] > [ow]: *dauta* (*data*), *augua, qauzi* (*quase*), *toudo/a*(*s*) (43), *poude, douze, risqouzo* (*riscozo*), *amargouso* (2), *mouca* (*moça*), *nouticia* (2), *alou* (alô) (2), *preocoupe.*
- [sa] → [sja] / __ #: *lenbançia, lembarnsia* (3), *prezencia, em mencia* (imensa).
- [ro] → [rjo] / __ #: *sincerio* (*sincero*).
- [do] → [djo] / __ #: *todios* (*todos*).
- Semivocalização de consoante: *dei* (*der*), *sointe, soiti* (*sorte*) (2), *fauta* (*falta*), *Neraudo* (*Neraldo*) (3), *duai* (*duas*).
- Glides representados por consoantes: *estor* (*estou*) (3), *vor* (*vou*) (9) *cazor* (*casou*), *ser* (*sei*).
- [e + acento]# → [ej]: *purqei* (*porque*), *dei* (*dê*) (18), *sei* (*se*).

O *corpus* VI apresenta, como se vê, inúmeras ocorrências de grafias características de mãos inábeis. É grande a lista de dados que se constituem indícios significativos da ocorrência de ditongações por inserção do glide anterior [j] antes do contexto altamente favorecedor (antes de fricativas coronais alveolares e palatoalveolares). Nesse caso, pode-se afirmar que os dados refletem a ditongação que ocorre na pronúncia, na maioria das variedades da língua. No caso da inserção da letra *i* antes de outras consoantes (/b, t, v, l/), porém, não é possível saber se se trata de reflexo da pronúncia regional ou se, mais uma vez, é uma tendência observada na escrita de mãos inábeis. Vale a pena observar, no entanto, que em todos os casos a inserção ocorre após o núcleo de uma sílaba tônica, ambiente favorecedor da criação desses ditongos leves na fala.

Como já observado com relação aos dados do *corpus* V, aparecem também aqui várias grafias com a inserção da letra *u* após a vogal [o] (*preocoupe* é uma ocorrência singular, no caso, uma vez que o segmento inserido foi o [o], antes do [u] tônico, o que o transforma em um glide posterior). Embora a inserção sempre ocorra após a vogal nuclear tônica, não é possível afirmar com segurança que se trate de reflexo da pronúncia regional em todos os casos. Há alguns dados, porém, (*douze, alou*), que já têm sido atestados como ocorrendo com ditongação na fala, em muitas variedades do PB.

Os três casos seguintes são semelhantes ao dado que já comentamos com relação ao *corpus* IV. Como dissemos, cabe verificar se a inserção deste glide pode ser atestada na pronúncia de variedades do PB, ou se se trata de mais um caso de hipercorreção na escrita por analogia, pois há número significativo de casos de palavras terminadas com a sequência gráfica *ia*, na escrita.

No caso seguinte, de semivocalização de róticos e laterais, trata-se de processo atestado em variedades estigmatizadas de várias regiões do país. Estamos aqui, portanto, diante de bons indícios da aplicação desse processo no momento em que essas cartas foram escritas.

Por fim, os dois últimos casos parecem ser eventos típicos da escrita de mãos inábeis e de suas constantes vacilações com relação à escolha das letras. Não se pode descartar, também nestes casos, que haja casos de hipercorreção.

Outros casos: *albil* (*abril*), *solmente*(*i*) (14), *salber* (*saber*) (11), *salbi* (*sabe*), *salbemno* (*sabendo*) (2), *sol* (*só*) (2), *ssaltifeito* (2), *val* (*vá*), *palpel* (2), *poelsoal* (*pessoal*), *tonmil* (*tome*), *sol* (*só*), *solvou* (*só vou*) (2), *atel* (*até*), *recibi* (*recebi*), *esquevol* (*escrevo*), *Silval* (*Silva*), *grinal* (*grená*), *quilzêl* (*quiser*), *var, val* (*vá*) (2), *sior, siora, ciora, ciaras, seor, seora, seinora, seiora* (8), *goude* (*grande*).

Monotongações

Corpus III: *Cartas Brasileiras* (*1809-1904*) (século XIX)

- Apagamento de glide anterior: *caxeiro*(*s*) (3), *edejo* (*e deixo*), *Figueredo.*
- Preservação do ditongo: [ow] por [oj]: *couza*(*s*) (14), *cousinha, dous* (4).
- Preservação do ditongo: [oi] por [ow]: *vindoiro, oiça-me, Oitubro.*
- [ej] → [e] / __ #: *viage.*
- [ul], [uw] → [u]: *seputavão* (2).

Com relação aos indícios do processo de monotongação, os dados do *corpus* III também são indícios da força do contexto representado pelas fricativas palatoalveolares (surda e sonora) e do tepe para implementação do processo na pronúncia.

O *corpus* também apresenta dados que reforçam a tendência à preservação do ditongo em algumas palavras, como em *couza*, cujo ditongo [ow] já apresenta mudança de [a] para [o] na passagem do latim vulgar (*causa* > *cousa, coisa*) para o português. Observa-se diferença de anterioridade dos glides com relação às formas atuais das palavras, nos dois casos, mas não se pode afirmar com segurança qual a realização desses ditongos na época considerada, isto é, se a pronúncia era estável ou variável.

Os dois últimos casos encontram paralelo na pronúncia de muitas variedades do português. A monotongação dos ditongos nasais em final de palavra é frequente em variedades estigmatizadas e a semivocalização da lateral com posterior monotongação após a vogal [u] é encontrada na pronúncia de todas as variedades da língua.

Outros casos: *bes* (*bens*), *cheo, desfear-lhe* (sem variação com inserção do [j]).

Corpus IV: *Quem o pretender comprar dirija-se a ... Coletânea de anúncios paraibanos* (século XIX)

- Apagamento de glide anterior: *caxeta.*
- Apagamento de glide posterior: *criôla, dorado.*
- Preservação do ditongo: [ow] por [oj]: *cousas* (6), *dous* (7), *fouces* (*foices*), *noutes* (~ *noites*), *açoutar, biscoutinhos.*
- [el] ([ew]) → [e] ([i]?) / __ #: *pagave* (*pagável*).

Mais uma vez, os dados do *corpus* IV vêm acrescentar novos indícios da produtividade das monotongações tanto de [ej] como de [ow] nos contextos favorecedores. A preservação do ditongo se dá em ditongos pesados, como em *noite*, que resultaram de semivocalização de uma oclusiva surda (*nokte* > *nojte*) ou nos casos em que o ditongo [ow] é resultado da mudança de [aw] ou [al] do latim vulgar para [ow] (*causa* > *cousa* > *coisa*; *falce* > *fauce* > *foice*).

O último caso refere-se à monotongação do ditongo formado pela semivocalização da lateral em final de sílaba (processo provavelmente em curso já no século XIX em muitas variedades da língua). A grafia pode, neste caso específico, ser representativa de uma pronúncia estigmatizada que teria vazado para a escrita do texto do anúncio.

Outros casos: *goaba* (*goiaba*).

Corpus V: *Cartas e bilhetes de cangaceiros* (*1900-1940*) (século XX)

- Apagamento de glide anterior: *quera* (*queira*), *cangacero, gangaceero* (*cangaceiro*), *pelera* (*peleira*).
- Apagamento de glide posterior: *poco, robando.*

- Preservação do ditongo: [ow] por [oj]: *couza.*
- Preservação do ditongo: [oi] por [ow]: *toicinho.*
- [sja] → [sa] / __ #: *urgença, diligença, emportança* (2), *enportança* (2), *importança.* Mas: *nutícias.*
- [rja] → [ra] / __ #: *historа* (*história*).
- [kwa] → [ka], [ko] / # __: *qantia, contria* (*quantia*).

Os dados do *corpus* V são semelhantes àqueles já considerados em *corpora* comentados anteriormente. Com relação à monotongação de [ej], os dados registrados referem-se a apenas um contexto favorecedor (tepe no *onset* da sílaba seguinte).

Os ditongos [ow] e [oj] aparecem novamente preservados nas grafias *couza* e *toicinho*, respectivamente.

Com relação aos dois casos seguintes, vale ressaltar que a monotongação do ditongo crescente [sja] em sílaba final átona já se encontra representada em outros *corpora* comentados anteriormente (*corpora* I e II). Quanto à monotongação de [rja], foi encontrada apenas neste *corpus*, na grafia *historа* (*história*).[12]

Atestam-se também neste *corpus* casos que poderiam ser considerados exemplos de monotongações de ditongos crescentes iniciados pelo glide posterior [w]. Como já dissemos, tais casos podem ser interpretados não como verdadeiras monotongações, mas, sim, como um processo de simplificação das consoantes oclusivas velares (surda e sonora) labializadas (cf. Bisol, 1989, 1994).

Outros casos: *más* (*mais*), *odia* (*odeia*), *saudaços* (*saudações*).

Corpus VI: *Cartas Brasileiras* (*1809-2000*): *Coletânea de fontes para o estudo do português.* Volume 3 (1906-2000) (século XX)

- Apagamento de glide anterior: *caxa, mas* (*mais*) (5), *acete, acete* (*aceite*) (2), *quera* (*queira*) (2), *janero, feverero, passero* (*parceiro*), *dinhero, dinhro, diharo* (5), *prmero* (*primeiro*), *bejinho, bejo, entero,* (*inteiro*), *aquexo* (*queixo*) (2), *quexoza, Comçesão* (*Conceição*), *res* (*réis*), *muto* (*muito*) (2), *rava* (*raiva*) (2), *codado* (*cuidado*).
- Apagamento de glide posterior (com ou sem modificação da vogal): *Ogusto, Hogusto, Agusto, Agusti* (*Augusto*) (9), *pôco, poca*(*s*) (3), *outro*(*a*)*s* (5), *lovado* (2), *robado, loquice* (*louquice*), *sodacão* (*sau-*

dação), *sodade*(*i*) (4), *esto* (*estou*) (2), *vo* (*vou*) (2), *fico* (*ficou*), *subi* (*soube*) (2).

- Preservação do ditongo: [ow] por [oj, uj]: *couzas* (3), *coudado* (*cuidado*).
- Preservação do ditongo: [oi] por [ow]: *gardaloisa* (*guarda-louça*) (2).
- Apagamento de glide posterior após semivocalização do /l/: *rezovido, resutado, cotural* (*cultural*), *fuga* (*folga*), *Nerado* (*Neraldo*) (4), *Derado* (*Deraldo*), *Ideblando, Idebarndo, Ildebrando* (3), *amerinda* (*Almerinda*) (3), *pusive* (*possível*), *responsave* (*responsável*).
- [sja] → [sa] / __ #: *notiça, no*(*u*)*tisça, notica* (19), *esperiença, preferença, importansa.*
- [njo], [rjo] → [o], [i] / __ #: *Virgino* (*Virgínio*) (3), *Romaro* (*Romário*), *negoço, monicipi.*
- [kwa] → [ka], [ko] / # __: *cando* (6), *com*(*m*)*do* (11), *qontor* (*quanto*).
- Ditongo nasal ão → [a] / __ #: *bensa(s), bem(m)ça, benca, beca* (26).
- [wa] → [a]/ -- #: *taba* (*tábua*).
- [lj] ([ja]) → [a]: *famia* (*família*).
- Glides representados por consoantes: *vor* (*vou*) (2), *cazer* (*casei*), *estor* (*estou*).
- [ej], [ẽj], [ew] → [e] / # __: *fique* (*fiquei*) (2), *be* (*bem*) (5), *e* (*hei*) (2), *e* (*em*), *grite* (*gritei*), *me* (*meu*).

Os dados coletados no *corpus* VI vêm reforçar o conjunto de indícios que podem ser encontrados, nas escritas de mãos inábeis, para a ocorrência de determinadas pronúncias nas variedades consideradas. Com relação à monotongação do ditongo leve [ej], o fato novo, aqui, é que, além do registro do processo nos contextos favorecedores das fricativas palatoalveolares surdas e sonoras e do tepe, encontram-se também grafias em que a letra *i* é omitida antes das consoantes /t, d, v, s/. Nesse caso, não se pode afirmar com segurança que tais grafias refletem a pronúncia, mas também não se deve desconsiderar por completo tal hipótese. A grafia *muto,* por exemplo, pode refletir pronúncias atestadas em variedades estigmatizadas, em que ocorre apenas a vogal [u] nasalizada, antes da oclusiva dental surda ou da africada palatoalveolar surda.

Com relação ao ditongo [ow], além dos indícios das monotongações quando esse ditongo pode ser interpretado como leve (ou nas formas de terceira pessoa do singular do pretérito perfeito do indicativo), ocorrem também grafias que indicam a preservação do ditongo em casos semelhantes aos já comentados anteriormente. A monotongação em *subi* (*soube*) é um caso diferente e reflete, provavelmente, a forma em que esse verbo irregular se apresenta, nesse modo, tempo e pessoa em variedades estigmatizadas.

Vários dados apontam para a semivocalização da lateral com posterior monotongação. No caso deste *corpus*, tais casos apresentam contexto de ocorrência mais generalizado: após /a, e [i], i, o, u/. É possível que, na pronúncia dessa variedade estigmatizada, essa monotongação seja mais geral do que a encontrada na variedade de prestígio, em que o ambiente favorecedor restringe-se à vogal [u] e a motivação para a aplicação do processo é a identidade de anterioridade e altura envolvendo a vogal e o glide que, em termos de traços distintivos, são ambos [+ posterior, + alto].

Os dois casos seguintes já foram comentados anteriormente. O que o *corpus* VI traz de novo é a indicação de ocorrência de monotongação também em casos em que o ditongo crescente é [jo], ocorrendo após *onsets* ocupados por tepe, consoante nasal ou oclusiva bilabial surda (caso em que o que se preserva é o glide, com apagamento da vogal nuclear). Não se pode afirmar com segurança, nesses casos, que tais dados sejam indicativos de monotongação na fala, embora pronúncias como *negó[su]* e *m[u]nici[pi]* sejam atestadas.

Segue-se um caso também já comentado, de simplificação de oclusiva velar labializada, tendência observada na pronúncia de algumas variedades da língua.

Ocorre pela primeira vez, neste *corpus*, um dado (*famia*, por *família*) que exemplifica a monotongação do ditongo crescente [ja] que, nessa variedade, representa a sequência [lja] da variedade de prestígio. Ocorre também um dado (*taba* por *tábua*) que sugere a monotongação, na fala, do ditongo crescente átono [wa] em final de palavra.

Pela primeira vez nos *corpora* considerados ocorre, no *corpus* VI, um dado que pode ser tomado como indício da monotongação, na fala, do ditongo nasal átono *ão*, quando antecedido da fricativa palatoalveolar surda, na palavra *bênção*. Todas as quatro grafias registradas para essa palavra indicam que o ditongo se monotonga em [a]. Como essa pronúncia da palavra é atestada em muitas variedades estigmatizadas, cremos não se tratar de hesitação com relação à grafia correta, mas, uma vez mais, de um vazamento, para a escrita, de uma característica da fala.

Os dois últimos casos parecem, por outro lado, refletir eventos típicos da escrita de mãos inábeis e de suas hesitações com relação à escolha das letras. Não se pode descartar, também nesses casos, que a explicação para algumas ocorrências registradas envolva a hipercorreção.

Outros casos: *os* (*aos*), *Goais* (*Goiás*), *maor* (*maior*), *coreos* (*correios*), *paceo* (*passeio*), *Ramundo* (*Raimundo*), *procupacão, Nide* (*Neide*), *quzi, qauzi* (*quase*), *fima* (*fêmea*), *estu* (*estou*) (5), *mus* (*meus*), *a dus* (*adeus*), *recomendaca* (*recomendação*), *mito* (*muito*) (2), *notis* (*notícia*), *entiramente* (*inteiramente*), *aqueto* (*aquieto*), *fiqui* (*fiquei*), *Raque* (*Raquel*), *tranculidade* (*tranquilidade*).

CONSIDERAÇÕES FINAIS

Cabe observar, inicialmente, que enquanto várias das grafias atestadas nos *corpora* analisados – particularmente naqueles escritos por mãos inábeis (*caxa, janero, bejinho, meis, voceis*) – podem, pela sua recorrência, ser tomadas como indícios de reflexos da pronúncia da época na escrita, outras formas envolvem a grafia de ditongos ou de uma sua eventual supressão na escrita, mas podem ser interpretadas como produto de tentativas malsucedidas de escreventes que têm pouco contato com textos escritos e que pouco uso fazem da escrita (*mus* por *meus*, *poelsoal* por *pessoal*).

Dos processos de ditongação e monotongação, aqueles que parecem estar mais frequentemente indiciados na escrita de momentos anteriores da língua já são amplamente mencionados na literatura sobre ditongações e monotongações em variedades regionais, sociais e estilísticas do PB atual: a inserção da semivogal [j] antes de consoantes fricativas coronais, o apagamento da semivogal [j] antes de fricativas coronais e tepes e o apagamento do glide [w] em ditongos leves. Com relação a esses apagamentos, particularmente, não se registraram, nos *corpora*, dados que possam estar associados à monotongação de ditongos pesados, o que confirma sua estabilidade.

A baixa ocorrência de dados que podem estar relacionados a ditongações e monotongações em outros contextos, como aqueles indicados no levantamento aqui apresentado, não significa, no entanto, que esses dados devam ser descartados ou que sejam menos interessantes, porque, como enfatizamos no início deste capítulo, a reflexão que aqui fazemos é baseada em indícios e não em provas contundentes, que seriam difíceis – se não impossíveis – de obter a partir da inspeção de textos escritos.

Comparando-se os dados representativos dos *corpora* dos séculos XVIII e XIX com os *corpora* do século XX, observa-se que os primeiros apresentam um número relativamente pequeno de ocorrências relevantes para o estudo das ditongações e monotongações. Deve-se ainda notar, a esse respeito, que os autores dos documentos oficiais dos séculos XVIII e XIX demonstram, em comparação com os autores das cartas pessoais dos séculos XIX e XX, estar mais habituados a práticas letradas, levando-se em consideração, dentre outras coisas, os gêneros discursivos nos quais exercitam sua escrita. Embora não seja possível precisar o seu grau de letramento, sua escrita se distingue marcadamente da escrita dos autores das cartas pessoais e dos bilhetes nos *corpora* analisados do século XX, em que vários dados encontrados parecem de fato constituir-se em registros de vazamentos da fala para a escrita.

Com relação aos *corpora* considerados, portanto, pode-se concluir que mais do que a época em que foram escritos os documentos, a variável *maior ou menor contato com a escrita* é relevante para a compreensão da maior frequência de dados associados à pronúncia nos *corpora* cujos documentos foram produzidos por pessoas menos familiarizadas com as práticas de escrita. Os autores do século XX, pela forma de sua escrita, podem, sem dúvida, ser considerados mãos inábeis: "*falantes estacionados em fase incipiente de aquisição da escrita*" (cf. Marquilhas, 1998, 2000). Assim, muitos dos dados obtidos nesses *corpora* podem ser tomados como reflexos de processos fonológicos ocorrentes em suas variedades, mas há também um grande número de dados explicáveis pela falta de contato com a ortografia da língua. É necessário, portanto, dispor de critérios para identificar os dados relevantes para o estudo dos processos de ditongação e monotongação. Um critério que pode se demonstrar útil é o registro, em estudos voltados para a análise sincrônica do português do Brasil, dos processos em estudo, seja nas variedades regionais de prestígio, seja em variedades estigmatizadas.

NOTAS

1 "A diphthong may be defined as a sequence of two perceptually different vowels within one and the same syllable".

2 "[diphthongs] are single vowels with continuously changing qualities".

3 "If long vowels produce methodological headaches, diphthongs are a positive migraine.

4 *Weight-to-Stress Principle*. Esse é um princípio fonológico segundo o qual o acento é atraído por sílabas pesadas (que contenham vogais longas e/ou consoantes em coda silábica).

5 APFB: Atlas Prévio dos Falares Baianos.

6 Révah não menciona, no entanto, o processo de semivocalização do rótico.

7 "1) la diphtongaison des voyelles accentuées devant s final: *rapáys* de *rapaz, déys* de *dez, fíys* de *fiz, nóys* de *nós, lúys* de *luz*. Ou trouve aussi des variantes ou la consonne finale est une chuintante s.
[...]
3) la transformation de -l velaire implosif en une véritable voyelle: [...] *generau* de *general, lebreu* de *lebrel, Brasiu* de *Brasil,* etc."

8 "dans la langue commune des deux pays, la diphtongue *-ou*, qui était encore une véritable diphtongue au XVIIe siècle, est passé à *ô* fermé".

9 Os dados do *corpus* constante da tese de doutorado de Oliveira (2006) – textos escritos na Bahia por afrodescendentes e preservados na Sociedade Protetora dos Desvalidos – não foram considerados neste trabalho por já terem sido apresentados em publicação desse autor, de 2008, voltada especificamente para as ditongações e monotongações.

10 Em Abaurre e Sandalo (2009), dados como esses são tomados como evidência de que uma nasal subespecificada (debucalizada) em coda silábica pode copiar o ponto de articulação de uma vogal nuclear anterior (ou posterior) não baixa precedente.

11 Optamos por incluir os casos que denominamos "preservação do ditongo" juntamente com os casos de monotongação (neste e em outros *corpora*) para permitir o confronto entre os casos em que ocorre a monotongação (ditongos leves) e aqueles onde ela não ocorre.

12 Cf. Hora e Pedrosa (2001), para registro de ocorrências semelhantes de monotongação de [sja] e [rja] em variedades sincrônicas da Paraíba.

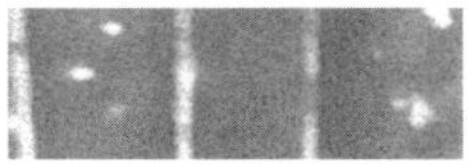

APAGAMENTO E VOCALIZAÇÃO EM CODA SILÁBICA

Juliene Lopes Pedrosa
Rubens M. Lucena

SUMÁRIO

APRESENTAÇÃO

Embora as pesquisas a respeito do comportamento variável do /R/, /S/ e /l/ em coda silábica no português brasileiro (PB) sejam abundantes (Callou, 1987; Paiva, 1996; Monaretto, 2000, entre outros), ainda há escassez de estudos no que se refere ao apagamento (*ser**v**iço* ~ *se[Ø]viço, ama**r*** ~ *ama[Ø], me**s**mo* ~ *me[Ø]mo, doi**s*** ~ *doi[Ø], so**l**dado* ~ *so[Ø]dado, ma**l*** ~ *ma[Ø]*) e à vocalização (*so**l**dado* ~ *so[w]dado, ma**l*** ~ *ma[w]*) desses segmentos a partir de um recorte diacrônico da língua. Nesse sentido, não se pode deixar de citar as pesquisas realizadas por Mattos e Silva (1996), Teyssier (2001), Lobo (2001) e Oliveira (2006) que, embora não se tenham debruçado especificamente sobre a coda silábica do PB, lançaram luz a respeito desses processos com base em *corpora* diacrônicos.

Nesse sentido, o objetivo deste capítulo é fazer um levantamento de indícios do comportamento variável da coda silábica em textos do século XIX e início do século XX do português no Brasil, a partir de *corpora* do PHPB. Focalizam-se muito particularmente dois processos que atuam na coda silábica na oralidade do PB atual e atestados por diversas pesquisas com base em um recorte sincrônico da língua (ver Callou, 1987; Paiva, 1996; Monaretto, 2000, dentre outras): o apagamento (seja da vibrante, do /S/ ou do /l/ pós-vocálico) e a vocalização da lateral.

Serão tratados aqui apenas casos da vocalização da lateral, que resulta em um ditongo. No entanto, o processo de ditongação é mais abrangente, e por isso foi tratado no capítulo anterior deste volume.

A hipótese é a de que esses processos variáveis não são recentes na língua e que alguns textos podem ser reveladores de que essa variação já estava presente no português no Brasil desde o início do século XIX.

Do ponto de vista diacrônico, Teyssier (2001: 103) aponta que a queda da vibrante em final de vocábulo foi registrada a partir do século XIX, em palavras como *doutor* > *doutô, pegar* > *pegá, fazer* > *fazê*. Callou e Brandão (2013), no entanto, afirmam que o apagamento do /R/ em final de vocábulo é ainda mais antigo. Segundo as autoras, o processo, considerado característico dos falares incultos, era utilizado, nas peças de Gil Vicente, para representar o dialeto dos escravos. A partir de então, houve uma expansão do fenômeno, que passou a ser utilizado por diversos estratos sociais. Quanto ao apagamento do /S/ e da vocalização da lateral, Teyssier (2001), Pinho e

Margotti (2010) sugerem que não são fenômenos recentes da língua e que é possível observá-los já no latim vulgar e em variações regionais de línguas modernas como o francês.

A partir dessas considerações e, tendo ciência da dificuldade de acesso à língua oral de estágios diacrônicos do português no Brasil, levantam-se as seguintes questões norteadoras do trabalho:

a. Quais os textos escritos que melhor refletiriam aspectos da oralidade, possibilitando perceber indícios de variação e, consequentemente, mudanças fonético-fonológicas?
b. Os textos produzidos pelas consideradas "mãos inábeis", isto é, aqueles que não possuem um conhecimento mais aprofundado sobre a norma culta da língua, serão mais propícios à transposição dos aspectos variáveis para a escrita?
c. A falta de uma ortografia sistematizada à época é um complicador para distinção do que pode ser uma transferência de traços da oralidade para a escrita de meras evidências de um sistema de ortografia ainda não estabilizado?
d. É possível supor que os processos de apagamento e vocalização da coda silábica já estavam presentes no português falado no Brasil desde o século XIX?
e. Os indícios desses fenômenos apontam para algum condicionamento estrutural nos mesmos moldes de sua variação sincrônica atual?

Para responder a essas questões, utilizam-se documentos que poderiam refletir ruídos de oralidade, focalizando, sobretudo, as cartas de cunho pessoal, os bilhetes e os documentos oficiais escritos por "mãos inábeis" entre o início do século XIX e início do século XX.

Com relação às cartas particulares, utilizam-se os *corpora* dos estados da Bahia (Lobo, 2001; Carneiro, 2005; Oliveira, 2009b), Paraná (Cyrino e Paula, 2004), Pernambuco (Ataíde e Vieira Filho, 2010; Ataíde e Forcioni, 2010; Ataíde e Gomes, 2010; Travassos e Gomes, 2010) e São Paulo (Simões, 2006).

A maior parte desses documentos versa sobre assuntos domésticos e a quase totalidade é formada por missivistas cultos, com domínio da norma culta da língua portuguesa. Há também o *corpus* levantado por Carneiro, Santiago e Oliveira (2011a) no semiárido baiano, constituído por cartas datadas entre 1809 e 2000. Essas cartas têm um diferencial das demais, pois foram produzidas por pessoas de pouca escolaridade, que não possuem domínio da norma culta da língua. Foi utilizado também o *corpus* coletado por Oliveira (2009b), constituído por bilhetes curtos de cangaceiros do grupo de Virgulino Ferreira da Silva, o Lampião, escritos entre 1900 e 1940. Por fim, recorreu-se também ao *corpus* levantado por Oliveira (2006), constituído por 290 atas da Sociedade Protetora dos Desvalidos.[1]

É importante ressaltar que as cartas do semiárido baiano (Carneiro, Santiago e Oliveira, 2011a), os bilhetes de cangaceiros (Oliveira, 2009b) e as atas da Sociedade Protetora dos Desvalidos (Oliveira, 2006) forneceram a maioria dos dados analisados na pesquisa. Atribui-se essa produtividade à característica social desses missivistas, tidos como "mãos inábeis". Constatou-se, ainda, com esses três *corpora* que, apesar de haver muitos casos de problemas relacionados à sistematização da ortografia da língua, também é possível distinguir essa "testagem" do sistema ortográfico daqueles dados que refletem a variação fonético-fonológica.

Na primeira seção deste capítulo, o leitor será situado a respeito dos segmentos em análise, com base em pesquisas realizadas a partir de um recorte sincrônico do PB. Em um segundo momento, apresentam-se os indícios diacrônicos de apagamento e vocalização encontrados e tecem-se comentários a respeito desses fenômenos. Conclui-se o capítulo com algumas considerações e encaminhamentos.

APAGAMENTO DE SEGMENTOS EM CODA NO PB

Lausberg (1981: 226) afirma que o latim vulgar tinha uma tendência de evitar a consonância em final de sílabas e de fazer terminar as palavras sonoramente em vogal. O autor denomina essa tendência de *horror vacui*, isto é, um receio por posições vagas. Essa tendência conservou-se, com mais ou menos intensidade, nas atuais línguas românicas: com mais força em italiano, espanhol e português; com menos força em romeno, catalão e provençal.

A queda das codas acentuou-se na evolução para o português, desembocando em um sistema que permite tão somente quatro travamentos silábicos, o que parece demonstrar, na trajetória evolutiva do PB, uma busca por padrões silábicos mais simples, com vistas ao padrão CV. Câmara Jr. (1997: 26) já afirmava que a língua portuguesa se caracteriza por uma grande predominância de sílabas livres ou abertas: "*sílabas travadas ou fechadas são muito menos frequentes e com uma limitação muito grande das consoantes que podem figurar no aclive, isto é, como decrescentes*".

Com base no modelo de Selkirk (1982), em que a sílaba é formada por um ataque e uma rima (formada por um núcleo e uma coda, com cada um dos elementos podendo ser ramificado), pode-se afirmar que a sílaba do português parece conspirar para uma simplificação da sua estrutura. De fato, o português requer que a posição de núcleo seja sempre preenchida por uma vogal, enquanto as posições de ataque e coda são opcionais. A maior parte das consoantes está licenciada para figurar (como único elemento) na posição de ataque; em ataques complexos, é obrigatório que a segunda posição seja ocupada por uma líquida.

Com relação à posição de coda, apenas ocorrem os segmentos consonantais representados fonologicamente pelos arquifonemas /N/, /R/, /S/, a lateral /l/ e os glides (ou semivogais). Isto é, a sílaba em português só admite codas [-vocálico, +soante] ou [-soante, +contínuo, +coronal]. Caso ocorram dois segmentos em posição de coda, a última delas será obrigatoriamente /S/.

No caso do PB especificamente, pesquisas variacionistas (Callou, 1987; Monaretto, 2000, 2002; Brescancini, 2002; Callou, Leite e Moraes, 2002; Hora e Santiago, 2006; Brandão, 2008, entre outros) atestam que há uma forte tendência, no português do Brasil atual, ao apagamento das codas /R/, /S/ e /l/.

O apagamento da vibrante pós-vocálica em posição de coda, fenômeno variável no PB, é hoje muito recorrente nas mais diversas regiões do país, conforme os estudos realizados por Monaretto (2000, 2002), nas capitais do sul do Brasil; Callou (1987), no Rio de Janeiro; Hora e Pedrosa (2001), na Paraíba; Hora e Santiago (2006), no Amapá; Callou e Brandão (2013), com dados do Nurc (Projeto da Norma Urbana Oral Culta) e do Peul (Programa de Estudos sobre o Uso da Língua). Trata-se do estágio final de um processo de enfraquecimento da coda (/R/ > /h/ > /Ø/) que leva à simplificação da estrutura silábica.

Monaretto (2002: 253) atesta que, nos dias atuais, a tendência à supressão da vibrante final ocorre em todos os dialetos do PB, principalmente em verbos no infinitivo. Em seus dados, a autora comprova que o apagamento da vibrante em posição de coda corresponde a 25% das ocorrências. Além disso, a autora observou que os jovens a apagam muito mais do que os velhos, o que parece indicar um processo de mudança em progresso.

Callou e Brandão (2013) apontam, com base em dados do Projeto Nurc[2] e do Projeto Peul,[3] que é possível caracterizar o apagamento do /R/, em final de vocábulo como um traço marcante no PB, notadamente em infinitivos verbais, contexto em que o processo de apagamento se encontra em estágio mais avançado. Nos dados das autoras, o percentual de apagamento nos verbos está sempre acima de 60%, e nas demais categorias, abaixo de 40%. Também é interessante mencionar, nos dados apresentados pelas autoras, o aumento no índice do apagamento ao longo das três últimas décadas do século XX: nos dados do Nurc, o percentual passa de 73% (entre 1970-1980) a 82% (entre 1990-2000); nos dados do Peul, o índice oscila de 91% (entre 1970-1980) a 92% (entre 1990-2000).

Em relação ao /S/ em posição de coda, é consenso entre Mattos e Silva (1996), Teyssier (2001) e Cardeira (2006) que o primeiro relato de palatalização dessa coda consta em Verney (1746). A hipótese mais provável é que o "s" e "z" implosivos pronunciados como dentais-alveolares passem, por volta do século XVI, a palatais no português europeu. Assim, em contexto anterior a consoantes surdas e em final absoluto teremos a palatal surda [ʃ], a exemplo de "*faz frio*", "*vista*" e "*atrás #*"; e antes de consoante sonora, temos a palatal sonora [ʒ], a exemplo de "*mesmo*" e "*depois dele*".

Atualmente, na maior parte do Brasil, a pronúncia do /S/ em coda é majoritariamente alveolar, sendo a pronúncia palato-alveolar característica de alguns lugares, a exemplo do Rio de Janeiro e Recife. Há a ocorrência de outras variantes, menos frequentes e determinadas por contextos linguísticos e sociais bastante específicos.

Mattos e Silva (1996) destaca que, no quadro de formação dos fonemas do português, a posição inicial tende a ganhar, a final tende a perder e a medial, a enfraquecer, não chegando ao apagamento e, muitas vezes, compensando-o com outros itens inexistentes no latim, a exemplo da palatal. Essa constatação é importante, pois reflete o comportamento diferenciado entre a posição da coda em /S/ interna e externa.

Assim, devido a sua grande variação no PB, o comportamento da coda em /S/ foi objeto de estudo de vários pesquisadores. Entre esses trabalhos, pode-se citar o de Callou, Leite e Moraes (2002), que realizaram pesquisas em Recife, Salvador, Porto Alegre, São Paulo e Rio de Janeiro, com os dados do Projeto Nurc; Brescancini (2002), em Florianópolis; Hora (2003) e Ribeiro (2006), na

Paraíba, com dados do projeto VALPB; Brandão (2008), no Rio de Janeiro; Monteiro (2009), no Amapá, entre outros.

Como mencionado, as pesquisas revelaram que o /S/, nessa posição, a depender do dialeto, concretiza-se como alveolar [s, z], palato-alveolar [ʃ, ʒ], glotal [h] ou é apagado [Ø]. As duas últimas variantes [h, Ø], que não tipificam áreas linguísticas, incidem em determinados itens lexicais, principalmente quando se trata da coda na posição interna, a exemplo dos itens *de[h]de/me[h]mo* e *de[j]de/me[Ø]mo*. Hora e Pedrosa (2008) também atentam para o fato de que, por serem contínuas e terem seu tempo prolongado, poderiam formar o ataque de uma nova sílaba, fato comprovado com o fenômeno da paragoge, como em "*mais ~ mai[z]i*", "*deus ~ deu[z]i*". Essa ocorrência, contudo, estaria restrita à coda externa.

Por fim, o último segmento passível de apagamento em coda silábica no PB é a lateral. Segundo Pinho e Margotti (2010), em grande parte do território nacional, a lateral em coda é quase sempre realizada como uma semivogal [w], com exceção de certas regiões do Sul brasileiro, em que ainda se conserva uma lateral velarizada [ɫ]. Os autores apontam os casos de apagamento, sobretudo após a vogal [u] (mais raramente com a vogal [o]).

Hora (2006) também analisou o comportamento variável da lateral, e constatou que os índices de vocalização chegavam a 84%. O autor verificou ainda que a posição na palavra em que a lateral pós-vocálica aparece influencia a sua produção, sendo a variante aspirada [h] mais frequente no interior do vocábulo, a exemplo de *ma[h]dade* e *fa[h]ta*, e o zero fonético [Ø] no final, a exemplo de *azul* [a'zu] e *tonel* [to'nɛ].

Pinho e Margotti (2010) mencionam também as pesquisas desenvolvidas na Universidade Federal da Bahia para a construção do Atlas Linguístico do Brasil (ALiB). Nos dados apontados pelos autores, os casos de apagamento da lateral foram verificados com maior frequência nas regiões Nordeste e Norte, com 13% e 5% dos casos, respectivamente, e que as vogais [o], [ɔ] e [u] favoreceram o apagamento do segmento.

INDÍCIOS DO APAGAMENTO E VOCALIZAÇÃO DA CODA

Examinadas as cartas particulares dos séculos XIX e XX (Lobo, 200; Cyrino, Barrichelo e Paula, 2004; Carneiro, 2005; Oliveira, 2009b; Ataíde e Vieira Filho, 2010; Ataíde e Forcioni, 2010; Ataíde e Gomes, 2010; Travassos e Gomes, 2010), encontraram-se poucos indícios do apagamento e vocalização da coda silábica. De fato, alguns desses documentos pertenceram a missivistas cultos e com domínio da norma culta da língua portuguesa, com pouca ou quase nenhuma interferência da língua oral. Alguns dos remetentes foram, inclusive, personagens ilustres de notório saber, tais como Washington Luiz, os escritores Cruz e Souza (e sua noiva), José Américo de Almeida, José Lins do Rego, Ariano Suassuna, dentre outros. Ainda assim, apesar do domínio culto da língua, é possível observar, mesmo entre esses missivistas, o apagamento da coda silábica, como nos exemplos a seguir, retirados do Arquivo PHPB-RJ (Cartas Particulares do RJ do início do século XX):

> *vocedis que vai fazer uma cobrança*
> *sevoce for* ***telefona*** *para o Antoninho*
> *paraelle me* ***da*** *orecado o numero 22.3303.*
>
> (Fonte Arquivo PHPB-RJ, referência 04.1937)

> *que eu vou te* ***espera*** *no sabado por que*
> *eu não avizei a minha mãe.*
> *Não se esqueca de me* ***espera*** *no sabado*
> *e acho que devo chegar mais tarde*
>
> (Fonte Arquivo PHPB-RJ, referência 12.1937)

Nos dois trechos anteriores, retirados de cartas enviadas em 1937, é possível observar indícios da transferência da oralidade no que se refere ao apagamento da vibrante em coda silábica: *telefonar* > *telefona, dar* > *da, esperar* > *espera*. Os dois trechos foram do mesmo remetente, uma missivista. Nos mesmos documentos, é possível observar ainda o registro de que a lateral já era pronunciada de forma vocalizada (*alguma* > *auguma*) em posição de coda em interior de vocábulo:

meu filhinho manda-me dizer se a tua
mãe falou ***auguma****couza de Domi-*
ngo com voçe, eu te espero no Domingo
na minha casa si Deus quizer.

(Fonte Arquivo PHPB-RJ, referência 04.1937)

Nas cartas particulares da segunda metade do século XIX do Arquivo PHPB-PR, encontrou-se apenas em uma missiva um exemplo de apagamento do <r> em verbo no infinitivo:

Bittencurt mandou me chamar e pediu me
para me encaregar do enterro o que
fiz hoje so falta no cemiterio vou
tartar de ***aranja*** *o pedido do Primeiro*
enventariente dizendo este que
preciza ir junto com a contado
enterro porque despois de fazer as
partilhas os filhos deitão fora tudo, [...]

(Fonte Arquivo PHPB-PR, pág. 13, data 23.11.1888)

Nos dados da segunda metade do século XIX do Arquivo PHPB-MG, encontraram-se apenas seis casos de apagamento em um mesmo missivista:

pois meo Amigo, eu sou muito
pobre, trabalho ***apena*** *para dar um prato de feijão me=*
*us filhos, não é por buniteiza, o Senhor tenha a bonda_*
de de dar a meu portador, os seis mil reis, é inpocilve
o Senhor dento de sue araial, não achar esta ***simpre*** *quantia*
para ***dezarperta*** *um amigo, qui esta com acorda no pés=*
couco. Já recomendei o portador para não vir sem estes ***cobre*** *[espaço]*

[...]

Note Bem. Tenha a bondade de dar o meu camarada
U prato de feijão para elle ***come*** *para elle*
Não ***sofre*** *fome.*

(Fonte Arquivo PHPB-MG, pág. 52-3, data 04.01.1891)

Desses apagamentos, três são do <r> em infinitivo: *desapertar > dezar-perta, comer > come, sofrer > sofre*; dois do <s> não morfêmico: *apenas > apena, simples > simpre*; e um do <s> morfema de plural: *estes cobres > estes cobre*.

Devido à baixa ocorrência de indícios de oralidade no *corpus* mencionado, já que só foram encontrados os dados explicitados anteriormente, decidiu-se optar por *corpora* com base em "mãos inábeis", ou seja, aqueles autores que não tinham domínio da escrita padrão, pouco exercitados no ofício da escrita.

Inicia-se esta pesquisa pelo *corpus* da segunda metade do século XIX do Arquivo PHPB-BA, parte 3, que traz cartas de escravos no Brasil oitocentista, extraídos de Oliveira (2009a). Nesse *corpus*, diferentemente dos anteriores, percebem-se mais ocorrências de apagamento, assim como mais questões de problemas de domínio da grafia:

Pa ço ***eta*** *pecura cañ para Semhor Framcis<co>*
Be me dito de a Sil pela or dem mimha
Claro Amtonio do Santos

(Fonte Arquivo PHPB-BA, referência CLA1)

São Paulo 1 de ***Maço*** *de 18∂7*

[...]

bem para Vossa mercê ***fil ca*** *Saben do que eu paso a min<há>*
or dem para Senhor meu ami go Francisco
Be ne dito de a Sis a quantia de Sem ***mi*** *reis*
com to do pur isso no fim do anno tem elle de [...]

(Fonte Arquivo PHPB-BA, referência CLA2)

Sao Paulo 1º de ***Ma ço*** *de 18∂7*
eu es tima e ri que ***eta dua linha*** *que*
V a a Cha o meu es ti ma do Senhor
com muita Sau de como para mim [...]

(Fonte Arquivo PHPB-BA, referência CLA3)

Eu es de tima muito qeu e ta que vom gorzamdo
e a sua filicidade como para mim dezeio noto bem para
mi fazer o fa vou de vi por o ***nata falla*** *com migo*
sem falta mi falta 198 ***mireis*** *para minha*

li ber dade no mais mi mamde a repota dês
ta para o senhor de mi cian no na ci da de de solr
cra va sen falta no mais eu i tou pagamdo
como huma i crava deste pader ***ma vado***

(Fonte Arquivo PHPB-BA, referência TEO3)

Mumito eu esti ma a sua saude como para
mim dezeio noto bem para [?] mi faça o
favor de mi ***ajum ta a gu m*** *dimhe ro para*
mim eu já tem ho ω4 ***mireis*** *no mais pase*
muito bem eu tou na ci da de de São Paulo

(Fonte Arquivo PHPB-BA, referência TEO5)

eu i de ti ma que ***eta*** *va* ***a Cha*** *o a*
Vossa Senhoria com muita fili cida de
com para <mim> dezeio no to bem
para Vossa Senhoria mi faca o ***fa vo<r>****de*
mi ***mam da eta*** *crata para*
ci da de da lin nera PA *ra meu*
ma ri do Luiz da cunha

(Fonte Arquivo PHPB-BA, referência TEO6)

Eu tive hum avizo de noute vinha-me
e me falava dizendo que comprice apro
meça que promiti ***devortar*** *para minha*
terra esta conga que fala comigo dis
que ceu [meredo] a qui não compraei
por meça que nem eu enxú Vossa Mercê d'e<sta>
prome Ca por meu pai foi cum
pado deu servidia ***po<r>que*** *deos não* ***que<r>***
que se a parte caza de preto de<A>gola meu
Sinhor Vossa Mercê e responsado de ajum
tar Cen eu isto querede meforca que
ro Vossa Mercê de lisensa para eu ***tira*** *esmola*
nos ***domingo*** *para hi dando para Sinhor eu*
ja tenho 4 milreis e Vossa Mercê ja ten 9 milreis
na sua maõ

(Fonte Arquivo PHPB-BA, referência TEO7)

É possível perceber nos exemplos que o apagamento do <r> não se restringiu aos verbos no infinitivo: *falar > falla, juntar > ajum ta, ficar > filca, achar > a Cha, mandar > mam da, quer > que, tirar > tira*, pois percebem-se casos de apagamento nos nomes, inclusive na coda interna: *março > Ma ço, favor > fa vo, porque > poque.*

Há ainda quatro casos de apagamento do <s>, dois do morfema de plural: *nos domingos > nos domingo, estas duas linhas > eta dua linha* e dois do <s> não morfêmico: *esta > eta, duas > dua.*

No caso de "*eta*" por "*esta*", de início, acredita-se tratar-se apenas de um problema gráfico, já que esse apagamento da coda /S/ é pouco comum, mas chamou atenção a recorrência desse apagamento em dois missivistas distintos. Além desse fato, também percebem-se nas cartas outras palavras com <s> em coda interna que foram grafadas sem nenhum problema, a exemplo de "*Francisco*", "*estima*", "*responsado*", "*isto*".

Encontraram-se também ocorrências de apagamento do <l>, como em: *natal > nata, mil reis > mi reis ~ mireis, malvado > ma va do, algum > a gu m*, assim como um caso de rotacismo: *de voltar > devortar.*

Dando sequência aos *corpora* de "mãos inábeis", pesquisaram-se as cartas do século XIX da irmandade negra Sociedade Protetora dos Desvalidos, fundada em 1832, em Salvador (BA), a partir do trabalho desenvolvido por Oliveira (2006).

Em sua tese, Oliveira (2006) faz um levantamento de diversos fenômenos fonético-fonológicos do português brasileiro do século XIX. Dentre esses fenômenos, serão utilizados os referentes à coda silábica, para levantar indícios, juntamente com os outros *corpora*, de que o comportamento variável nessa posição já estava presente na língua daquele período.

Os textos analisados por Oliveira (2006) documentam o apagamento tanto do travamento silábico em /l/ como em /S/, mas é para o /R/ que se apresenta o maior número de casos. Para o autor, o apagamento dessa coda conta com indicações nas primeiras décadas do século XIX, mas com base nas 381 ocorrências levantadas em seu *corpus*, o autor advoga que o processo se tornou mais frequente ao longo do século XIX.

Com relação ao apagamento da coda em /R/, a observação dos dados parece mostrar que o fenômeno tem preferências.

Tabela 1 – Apagamento da coda em /R/ em cartas do século XIX

Classe de palavra	Ocorrências/Total	Percentual
Verbos	290/381	76,1%
Nomes	87/381	22,8%
Outras classes	4/381	1,1%

Fonte: Adaptado de Oliveira (2006).

Como podemos observar na Tabela 1, 290 ocorrências do apagamento da coda (76,1%) dizem respeito a verbos; 87 (22,8%) a nomes e 4 (1,1%) a outras classes, pelo que foram os verbos os mais atingidos pelo apagamento.

É importante salientar que, para Oliveira (2006), os 381 casos de ausência do <r> gráfico indicam claramente o apagamento da coda em /R/, fato que não pode ser afirmado, mas apenas suposto, em 60 casos em que houve a substituição do grafema <r> por outros grafemas: 29 casos de <l>, vinte e três de <u> e 8 de <i>.

Em relação aos dados de apagamento do /S/ não morfêmico em coda, 60 ocorrências foram encontradas, a exemplo de: *antes* > *ante, mais* > *mai, Borges* > *Borge, estamos* > *istamo, meses* > *meze.*

O autor constata, ainda, outras apócopes, em que inclui "*aquelas referentes ao /l/, que contam com poucos exemplos, mas também outras. Enfim, o apagamento de fonema em final de vocábulo, que não o /R/ e o /S/, está presente nos textos em setenta e um dados*" Oliveira (2006: 346).

Por fim, conclui que 572 ocorrências de apócopes foram encontradas nos textos, apresentando a seguinte distribuição:

Tabela 2 – Apócopes e suas incidências nas cartas do século XIX

Apócopes	Ocorrências/Total	Percentual
/R/	441/572	77,1 %
/S/	60/572	10,5 %
Outras Apócopes	71/572	12,4 %

Fonte: Adaptado de Oliveira (2006).

Dessas outras apócopes, apenas 10 casos foram de apagamento do <l>, a exemplo de "*abri*" por "*abril*", "*gera*" por "*geral*", "*Inperia*" por "*imperial*", "*mi*" por "*mil*", "*verba*" por "*verbal*".

O autor ainda adverte (Oliveira, 2006: 293) que uma distinção clara entre grafias que espelhariam apenas dificuldades de transcrição gráfica e aquelas que estariam, de fato, atestando fenômenos fônicos não é de todo possível. E também alerta para o fato de que só se documenta, no português no Brasil, o apagamento de /R/ em coda, na sílaba interna, em trabalhos do final da década de 1930 e início de 1940.

O terceiro *corpus* examinado é composto por bilhetes de cangaceiros do grupo de Virgulino Ferreira da Silva, o Lampião, com base na documentação levantada por Oliveira (2009b). Trata-se, especificamente, de 34 documentos escritos por cangaceiros do grupo de Lampião, entre 1900 e 1940. Com relação a esse *corpus*, foram encontradas apenas 6 ocorrências de comportamento variável da coda silábica, todas elas relacionadas ao apagamento do /R/ em verbos no infinitivo.

> *para quando nos se* ***Encontra*** *na luta* (Documento 1, bilhete de Lampião, s/d)
>
> *vaqueiro poça* ***tratra*** *da fazenda* (Documento 18, cartão de visita com foto no anverso, de Lampião, 1936)
>
> *Dezejo que esta va li* ***encontrá*** (Documento 27, bilhete de entrega de criança, de Corisco, 1935)
>
> *este menino para u Senhor****criá*** *como seu filho y educá da forma que puder* (Documento 27, bilhete de entrega de criança, de Corisco, 1935)
>
> *u guverno não mi deixa* ***trabalha*** (Documento 33, bilhete de cobrança de Corisco, s/d)
>
> *mande para a fazenda Barigudaqui eu procuro* ***recebe*** (Documento 33, bilhete de cobrança de Corisco, s/d)

O apagamento do grafema <r> restrito aos verbos no infinitivo, isolados ou em perífrases verbais, reforça os dados encontrados nos *corpora* já observados e confirma a correlação com o apagamento do /R/ em verbos no infinitivo, como atestam Monaretto (2002) e Callou e Brandão (2013).

Por fim, utilizaram-se cartas brasileiras escritas entre 1809 e 2000, com base no *corpus* levantado por Carneiro, Santiago e Oliveira (2011a). No período de 1809 a 1904, as cartas foram escritas por remetentes cultos a destinatários de mesmo nível, fato que justifica a ocorrência de apenas um caso de apagamento do <r> em verbo no infinitivo:

> *consta tambem que| nesta outra batalha se ogover-| no for feliz, manda **acaba** com os-| moradores do uáuá depois do| aconticido áqui.*
>
> (Cartas Brasileiras – n. 398 – 2ª metade do século XIX)

Como mencionado, o acervo intitulado "Cartas em Sisal: Riachão do Jacuípe, Conceição do Coité e Ichu" compõe-se 91 cartas pessoais inéditas, escritas ao longo do século XX (de 1906 a 2000), por remetentes de origem rural, que possuem pouca escolarização (Carneiro, Santiago e Oliveira, 2011b). Das 91 cartas disponíveis no terceiro volume da coletânea Cartas Brasileiras, 25 referem-se à correspondência entre as mesmas pessoas. As demais cartas são de remetentes e destinatários diversos.

É importante ressaltar que a maior preocupação, como já mencionado anteriormente, é de tentar obter informações através de escritos que possam espelhar o sistema fonológico variável das codas. Se, por um lado, a escrita dos pouco escolarizados é o lugar mais provável para encontrarmos a interferência de aspectos da oralidade na escrita, por outro, é também o lugar em que as "mãos inábeis" testam a grafia das palavras em busca de uma sistematização ortográfica. Então é muito importante procurar pistas que possam refletir o primeiro caso, ou seja, observar o apagamento dos grafemas que representam a coda como indício de apagamento dos fonemas /l/, /S/ e /R/ nesta posição.

É importante salientar que há uma recorrência dos mesmos contextos ao longo das 91 cartas, independente dos remetentes e dos destinatários, confirmando que não se trata de questão de inabilidade de escrita individual. Além disso, as pessoas que se correspondiam pertenciam ao mesmo grupo social e, portanto, supõe-se utilizarem as mesmas variantes linguísticas, fato que estaria sendo refletido na escrita dessas cartas.

Assim como ocorreu com os outros *corpora*, o apagamento mais recorrente foi do grafema <r>. O apagamento em coda externa foi predominantemente em verbos no infinitivo, como atestam os verbos destacados nos exemplos a seguir:

*eu vou **manda**| Dinheiro nu meis di setembo| pur João di macianno* (Carta 5)

*o menno conpadi u sinhor podi **pega**| na mia caza ir podi [.] podi* (Carta 11)

E so pidindo votos adeus a lhe emcontra| gozando saude com todos seus (Carta 29)

Vou termina| inviando lenbransa A todos (Carta 32)

*eu não esriviri por que não tivi| tempo por que us porotadro não| **podia espera** e der Lenbranca atodos| da nobri caza e a vrizinaca todas* (Carta 36)

*e **vor passa** os dias| com vosseis todos us meus irmãos e| com incidos[.] voceis olha aminha| Mandioca que eu **vor ajudar as disman-|xa** de voceis todos e por fim **vor terminal**| com Linbranca e abarco a todos us| Meus ermãos e e dere Linbranca a dona| Ana e seu Frinado e todos conheicido* (Carta 37)

*Dejiso que esta linha **va li emco|ntra** gosado saude i filicidade com| Todos sua família* (Carta 41)

*<e Sim vou mi **caza** no dia 23 di junho. Quem puder vin venha|>* (Carta 47)

*eu faco estas duas lihas comen| te Para **da** as mihs notica* (Carta 42)

*São as horas mais filiz quando pego| nesta caneta para **da** minha noticias. meu coração esta cansado| de **Sofre*** (Carta 60)

*Zezito mande| me dizer quando e que| você pode **aparece** por| Jominha* (Carta 61)

se não teverxegado| apozetadoria dele você da a ele
olhesoconpra| a toalha se Esmerado tivre| recebido e se não voce da ele
*voceis| venha tanbem para **encontra** todos| juntos.* (Carta 63)

*não teiogupa de| **gosta** tanto de você*
*eu nuca tive votadi de **temina** com você* (Carta 64)

si tivessi a certeiza que estas mal notada| linhas hia ***encontra*** *aminha comadre*
Excelentíssima familia que para mim| serar os maior prazerris
aSinhora| devi ***esta*** *um pouco mal satisfeita com| migo*
i lhi pesco as minhas desculpa que| são as minhas poucas praticas não|
e pur esta correndo disuaamizade (Carta 66)

vosmece devi ***esta*** *bem tristi com migo| mas no mesmo [.] 307 tempo vosmece bem| podi saber que entrinois não entra| contrariedade* (Carta 67)

espero que var te ***encontra*** *com| a mesma.* (Carta 71)

so quando voce| chegar pra ir levar la| que ele não pode vim ***pusca*** (Carta74)

Amiga prazer adeus estima rei qui esta duas linha vão ***liacha****| gozando saudi* (Carta 78)

Muito eu estimarei que esta duas linha ***valiacha*** *com saúde* (Carta 80)

*soella É que poude****conçagrá*** *o meu amôr!* (Carta 8)

mais eu ***Vol trabalha*** *para|* ***porde compra*** *a minha casa*
eli Não| ***deixa falta*** *Nada para mi eu tombem*
fali para ele que asi que| eu ***comeca trabalha*** *eu mado| diero para ele* (Carta 86)

Estimo| que esta duas linha| Vai lhi ***encontra*** *gozando| Boa saudi para-Vosmecê com| Todos nobrifamia* (Carta 88)

Dalva eu não posso viver| cem ti, mais ***voceaxá*** *que eu| ia* ***progura****voce outra vez para| lidar um fora com que cara| neu amor sempre Amei e| sempre amo dicoracão.* (Carta 90)

Encontramos alguns poucos casos de apagamento do <r> nos nomes em coda externa, a exemplo de *sinho* e *melho*:

conpadi| u ***sinho*** *não esqueça di min que eu| não esqueso du* ***sinho*** *conpadi* (Carta 12)

oli oli min esqueva| u s ***sinho*** *firqou com| rava di min conpadi* (Carta 21) *tem um que trabalha toda| quarta mas não sei se| trabalha por todos convenhos| vou me informar* ***melho*** (Carta 87)

Em coda interna, o apagamento do grafema <r> se restringiu aos vocábulos em que havia uma fricativa em contexto seguinte, semelhantemente ao que ocorre com os dados de fala:

eu vou manda| Dinheiro nu meis di setembo| pur João di ***macianno*** (Carta 5)

responda esta carta ***ojenti****| que eu quero saber sir u sinhor| recerbeu u Dinheiro* (Carta 17)

Zezito você venha no dia 13 pra voltar| ***teça*** *que e diaçanto e nós vamos| pra resa.* (Carta 59)

Em *macianno, ojenti* e *teça,* as fricativas /s/ e /ʒ/ são contextos propícios ao apagamento da coda /R/ na fala e, por isso, são refletidos na escrita.

A inserção do <r> em alguns vocábulos também reforça que o missivista percebe o apagamento do /R/ em verbos no infinitivo, por isso termina por acrescentar o grafema <r> em vocábulos oxítonos ou monossílabos tônicos que não o possuem, associando-os aos verbos no infinitivo:

meu queridinho Amigo| Agsuto commo vai Amigo ***vocer****| banbem não es quec[.]3a di min* (Carta 1)

Zacarias ***Er*** *di ou| tar veizi* (Carta 3)

Agora porque estou trabalhando com um| Patrão muito bom mi ***dar*** *toda comfiansa* (Carta 29)

saude grasas au nosso bom Deus so não| ***estor*** *melhor porque* ***estor*** *um pôco triste subi| que minha avo e Falicida mais me comformo* (Carta 31)

u sinhor ***dar****| Lembrança a Pedro e a Françisca e a Augusto* (Carta 31)

Conpade pitanga eu ***jar*** *li| mandei 2 carta i do Senhora| eu So Resibil [.]* (Carta 32)

> *eu não esriviri por que não tivi| tempo por que us porotadro não| podia espera e* ***der*** *Lenbranca atodos| da nobri caza e a vrizinaca todas* [...] *voscê entrege este| bilete a datinho e não poso faszer| mais linhas e* ***var*** *mi descupando us erro| que e sua Irimãn que lhi qur| bem* (Carta 36)

> *que estamos| comos Deus ê silvido* [...] *mais mando o meu coracão trepasado| de sodade comade si Deus nos der| vida i saude eu* ***vor lar*** *no fim maio* (Carta 38)

> *mãe como passou| de domingo pra* ***car.****| eu passei [.]212 bem| graça ao nosso Bom| Deus.|*[...] *e comforme| que eu vou pra* ***lar*** (Carta 46)

> *Ai mãe manda li dizer que ela* ***estar****| Andano doemte não* ***estar*** *podemo mi| Ajudar nos trabalho e eu não po s o| Fazer sozinha* (Carta 48)

> *estou com muita saudade de você Zezito você deichando|pra vir depois das eleção você mi mautrata de| mias eu preciso que você encurte| esta data olha Mãe* ***estar*** *dizendo que vai freta| um carro mais um rapaz para vir par resa* (Carta 55)

A inserção do <r> nos vocábulos a seguir também reforça o apagamento da coda em /R/. No entanto, nesses casos, percebe-se o apagamento apenas no contexto propício ao apagamento da coda interna, isto é, coda em /R/ seguida por fricativa:

> *esta Duas linha li* ***Dirzer****| procura A nuticia divocer i toudo* (Carta 1)

> *Dar As minho noticia| i di toudo ceu* ***percoal*** (Carta 15)

> *que estamos| comos Deus ê* ***silvido*** [...] *mais mando o meu coracão trepasado| de sodade comade si Deus nos der| vida i saude eu* ***vor lar*** *no fim maio* (Carta 38)

> *eu peço A Deus quelidei saudi i felicidadi| A cinhora A toudo ceu* ***persoal*** (Carta 45)

> *eu| vor indo como formi deus e* ***civido*** (Carta 50)

Essa correlação fica perceptível no trecho da Carta 44, endereçada à mãe do escrevente:

> *um Abraço pra todus| vai um verço| ci eu fosse um belo| pascaro [.] que podesse* ***avoar****| eu já cei que eu estava| alegri todu dia eu estava|****lar****|*
> *vai um vesso pra Hildebrando| quando eu alembro do meu| irmão que saudade que| mi* ***dar*** *quando eu fui| eu ti levei quando eu| vin pra ti* ***buscar****|*
> *um vesso [.] pra u meu pai| quando u pai chama u filho| mais que ele* ***atendera****| ele dis vamos meu filho| vamos pra rosso|*
> ***trabalha****|*

É interessante que Antônio rima *avoar* (*voar*) com *lar* (*lá*) no primeiro verso, no segundo, rima *dar* (*dá*) com *buscar* (*buscar*) e no terceiro verso, rima *atendera* (*atenderá*) com *trabalha* (*trabalhar*), confirmando que o missivista apaga o /R/ dos verbos no infinitivo e reflete isso na escrita.

Como já mencionamos, o apagamento da coda /S/ é muito mais frequente quando é morfema de plural. Os estudos de Pedrosa (2009) mostram que o apagamento da coda final com /S/ não morfêmico está muito relacionado ao fenômeno da ditongação: *vez* > ['vej], *três* > ['trej], *faz* > ['faj] e o da coda interna está restrito a determinados itens: *mesmo* > ['memu], *desde* > ['dejdi].

Nas cartas, isso não foi diferente. Observaram-se vários casos de apagamento do <s> como marca de plural em detrimento de poucos casos do <s> sem valor de morfema de número. Os casos a seguir ilustram o apagamento do <s> como marca de plural:

> *perzado queridinho estimado Amigso| pitanga* ***esta Duas linha*** *li Dirzer* (Carta 1)

> *mando salber da nouticia di|* ***meu 2 filho*** (Carta 2)

> *Eu mando|* ***Dez mil Corzeiro****| pur metodi [.]* [...] *Agora eu| mando* ***10 mil Curzeiro*** *pur | metodi* (Carta 3)

> *lenbarnca* ***As****|* ***menina*** *da| qui menina| Bonitas* (Carta 10)

> ***Duas linha*** *solmente par dar| A miha notiça* (Carta 11)

eu jar li esquivi ***ter veizi****| par u sinhor ir nunca ricibi| nen umma carta* (Carta 11)

Pitanga farso ***estas duas linha****|solmenti par dar* ***as minha| notis ça*** (Carta 12)

u fim desta duas| linhas solmenti par dar as minha [...] *Compadi commo vai u simhor| ir mihas commadi ir* ***us menino*** [...] *eu| recibi* ***3 carta*** *du sinhor compadi| não poso esquecer du sinhor* (Carta 13)

destas| duas linha *er| solmenti parlidizer| que eu estou| rezovido embora* (Carta 14)

Pitanga li esquevo| esta Duas linha| er solmenti par li| Dar ***As minho noticia*** (Carta 15)

Botei ***30 mil curzeiro****| par u sinhor* [...] *eu mandei* ***30 mil curzeiro|nu correios****| farsa* ***3 quarto*** *na minha caza* (Carta 17)

Empaz grasa adeus sim Jução eu| Comprei ***8000 tarefa*** *deterra i uma| Comprei uma vaca [.]* (Carta 27)

uma de ***360 cruzeiros*** *e outra por|* ***200,00 cruzeiro*** *uma sendo Nova* (Carta 30)

e envio li estas duas Linhas dando ***as minhas| nutisia*** *e u mesmo tempo saber das suas e de| todos como vão todos bem [.]* (Carta 31)

pesso desculpa ***nesta*** *[.]****mal|Feita Lenhas*** *aqui Fica|seu compadre que li estima* (Carta 31)

Conpade pitanga eu jar li| mandei ***2 carta*** *i do Senhora| eu So Resibil [.]* (Carta 32)

Sim Compa<↑de>li esquevol ***esta duas| linha*** *so li inviando lebransa| au senhor i a Comade| almerinda.* (Carta 32)

João o fim ***destas doas linha*** *e| para saber de Zacarias o preço* ***das| tabôa*** *de Vavá e se for di 1000 para| cá me traga* ***duas duzia*** *que quando| chegar nos acerta* [...] *que já acertei com* ***os oficial*** *para| fazer as porta aceite lembraça de| todos daqui* (Carta 33)

João o fim desta ***doas linha*** *e somente| para voce falar com* ***os menino*** *que venha| para dar uma asinatura da casa do Ichu* (Carta 35) *todos* ***us| meus Irmao*** *eu pego na minha| di minu ta pena para mandar* ***as| minha notisia*** *que* [...] *espero que todos| esteji enpais João diga* ***us menino*** *que| eu não esriviri por que não tivi| tempo por que* ***us porotadro*** *não| podia espera* [...] *voscê entrege este| bilete a datinho e não poso faszer| mais linhas e var mi descupando* ***us erro****| que e sua Irimãn que lhi qur| bem* (Carta 36)

Prezado irmão Joãopitanga a rescibri| a sua amaver cartinha no dia 3 deste| e ***nas mesma linha*** *vor lhi responder que| esto enpais graca a u bom Jeus e vor lhi| dizer que* ***as galinha*** *que eu tem aí* [...] *e dere Linbranca a dona| Ana e seu Frinado e* ***todos conheicido*** (Carta 37)

Desejo-lhi ***mil felicidade*** *em| conpanhia* (Carta 39)

eu faco estas duas lihas comen| te Para da ***as mihs notica*** (Carta 42)

duas linha *ir solmenti par dar| as* ***as minha notiça*** *ir nu* ***memo****| tenpos eu salb salber da suas* (Carta 45)

O brigado pelos os quiabo| mando-lhi este pimentão| para a Senhora (Carta 52)

ufim ***desta duas linha*** *e Sol| mente para lhi dar* ***as minha| nutisa*** *i no mesmo tenpo| Salber das Sua commadre| eu mais todos meu Vou| indo-* (Carta 53)

si tivessi a certeiza que ***estas mal notada| linhas*** *hia encontra aminha comadre Excelentíssima familia que para mim| serar* ***os maior prazerris*** *aSinhora| devi esta um pouco mal satisfeita com| migo i lhi pesco* ***as minhas desculpa*** *que| são as minhas poucas praticas não| e pur esta correndo disuaamizade* (Carta 66)

eu pesor que ***esta duas linha****| lhi encontra gozando saude| junto com todos da casa* (Carta 75)

Amiga prazer adeus estima rei qui ***esta duas linha*** *vão liacha| gozando saudi* (Carta 78)

Muito eu estimarei que ***esta duas linha*** *valiacha com saúde* (Carta 80)

Estimo| que ***esta duas linha****| Vai lhi encontra gozando| Boa saudi paraVosmecê com| Todos nobrifamia* (Carta 88)

Os exemplos a seguir são pouco frequentes na oralidade, uma vez que a marca de número, em geral, ocorre no primeiro constituinte pré-nuclear do sintagma nominal, o que faz acreditar que se trata apenas de reflexo da falta de domínio da escrita desses missivistas e, por isso, não os retratamos de forma exaustiva:

> *Conpadi eu|vou mandar Dinheiro por* ***u coreios*** *nu dia 20 a 30 di| novenbor* (Carta 7)
>
> *nu seu tereiro| par carbar* ***aminha Dores*** (Carta 8)
>
> *por* ***minnha Contas****|recebi duas cartas cua* (Carta 7)
>
> *querido conpadi| pitanga u sinhor | tiri* ***u ceu retartos*** [...] *lenbarnca As| menina da| qui* ***menina| Bonitas*** (Carta 10)

No caso da coda interna em /S/, observou-se que os casos de apagamento na fala estão restritos ao item *mesmo* e *desde*. Nas Cartas Brasileiras, não foi diferente, os casos de apagamento do <s> representando a coda interna se restringiram ao vocábulo *mesmo*, como explicitam os exemplos a seguir:

> *que eu sou| tom rui eu solu u* ***memo*** *Aqueri minno* (Carta 4)
>
> *i a outar nu dia 26 du* ***memo*** *mer[?]* (Carta 7)
>
> *deta duas linhas| solmenti par dar| A miaha noticia| i nu* ***mêmo*** *tenpos| salber sua tonbem* (Carta 8)
>
> *i nu* ***memo****| [.]64 tenpo Dejeijo saber da sua.|notiça* (Carta 11)
>
> *solmenti par dar as minha| notis ça ir* ***mememo*** *tenpo saber| dar sua tonbem* (Carta 12)

A única exceção foi o exemplo *mais mando o meu coracão* ***trepasado****| de sodade* (Carta 38), em que o vocábulo *transpassado ~ traspassado ~ trespassado* foi produzido com *trepassado*. É importante salientar que esse vocábulo sofre bastante variação, inclusive, esse fato é mencionado em dicionário: *V.pr. Encher-se de, penetrar-se. Var.: transpassar e trespassar*. (<http://www.dicio.com.br>).

Em relação ao <s> da coda externa sem valor morfêmico, apenas duas ocorrências podem ser correlacionada ao apagamento na fala, são elas dos vocábulos *menos* e *três*:

> *mas| o **menno** conpadi u sinhor podi pega| na mia caza* (Carta 11)

> *eu jar li esquivi **ter** veizi| par u sinhor ir nunca ricibi| nen umma carta* (Carta 11)

Os exemplos: *Zacarias Er di ou| tar veizi → outra vez* (Carta 3) e *conpadi pitanga di| o outar vezi eu lir| esquevo → de outra vez* (Carta 24), mostram a epêntese vocálica que transforma a coda em *onset* de uma nova sílaba. Casos desse tipo são mencionados no trabalho de Pedrosa (2009) como presentes em algumas ocorrências de fala.

É importante salientar que outras ocorrências de apagamento do <s> na posição de coda foram observadas nas cartas, mas entendemos que são apenas casos de falta de sistematização ortográfica, já que são pouco prováveis de ocorrer como variantes linguísticas na oralidade. Como podemos conferir nos seguintes exemplos:

> *du seu **Depezado** Amigo|Antonio frutunato silva* (Carta 1) → *desprezado* por *prezado*

> *nada|mais du seu **Depesado**|Antonio Fortunato da Silva* (Carta 2) → *desprezado* por *prezado*

> *Sim compadi nada mais Du seu p **Depezado** que er| o ur Amigor* (Carta 6) → *desprezado* por *prezado*

> *nada mais Du ceu|**Depezado** compadi que er* (Carta 45) → *desprezado* por *prezado*

> *tou muito| **digotoso** da qur[.]* (Carta 5) → *disgostoso*

> *u sinhor paqi a Carias i u|**reto** farsa u que u simhor| quizer* (Carta 6) → *resto*

> ***deta** duas linhas| solmenti par dar| A miaha noticia* (Carta 8) → *destas*

> *A sinhora var min| descupanmo que eu **equeci*** (Carta 9) → *esqueci*

val ***dicupanno*** *u erro| vili u lardo du palpel* (Carta 13) → *desculpando*

eu quero ***Areporta****| par min firgal salbenno i| mandar mais* (Carta 17) → *a resposta*

tanto que eu ***gotos*** *du| sinhor* (Carta 21) → *gosto*

Em relação à coda em /l/, poucos casos de apagamento do grafema <l> foram observados, no entanto outros processos se fizeram presentes, como a permuta entre <l> e <u>, entre <l> e <r> e inserção de <l> em vocábulos que não possuem coda. Ainda assim, das codas em /R/, /S/ e /l/, essa foi a que menos apresentou ocorrências de interferência de aspectos variáveis da fala nos registros escritos, seguindo uma tendência em todos os *corpora* analisados.

O apagamento do <l> ocorreu prioritariamente em coda interna, reforçando que a coda em /l/ precedida por vogais posteriores tende ao apagamento na oralidade, como podemos constatar nos exemplos destacados a seguir:

vais ***Resover*** *A mia virda* (Carta 3)

compadi u s sinho tommi comta da minha| farmilha ***resova*** *tudo* (Carta 8)

val ***dicupanno*** *u erro| vili u lardo du palpel* (Carta 13)

que eu estou| ***rezovido*** *embora| lar pur meis di| janeiro* (Carta 14)

voscê entrege este| bilete a datinho e não poso faszer| mais linhas e var mi ***descupando*** *us erro| que e sua Irimãn que lhi qur| bem* (Carta 36)

*não teio****gupa*** *de| gosta tanto de você*
eu nuca tive votadi de temina com você (Carta 64)

O único caso de apagamento de <l> em coda externa foi: *eu a recibi u| ceu* ***a marvi*** *Biletinho* (Carta 19), em que *amável* foi escrito como *a marvi*.

Nos exemplos a seguir, podemos observar vários casos de permuta entre o <l> e o <u>, um caso de inserção do <l> em monossílabo tônico (*sol* por *só*, provavelmente devido ao vocábulo *sol* ser produzido como ['sow] > ['so]) e outro de inserção no vocábulo *somente* > *solmente* ~ *solmenti*:

estou com muita saudade de você Zezito você deichando|pra vir depois das eleção você mi ***mautrata*** *de| mias eu preciso que você encurte| esta data olha Mãe estar dizendo que vai freta| um carro mais um rapaz para vir par resa* (Carta 55)

que eu mereço esta toda| ingratidão assim não pode consegui nada| de maneira ***augua*** *não acredito que| Isto Seija procupacão este tempo todo* (Carta 58)

Saldasão *[.]7 9 di julho di 62* (Carta 3)

Saudasão *[.]13di 29 di julho di 602* (Carta 4)

Conpadi eu estou com muita| ***saldadi*** *du sinho* (Carta 12)

vai cartinha ***soldoza*** *por Aqueri mundo| sem fim vai Dar um Bejinho ni conpadi| pitangeiro pur mim* (Carta 14)

eu s ***sol****vou comdo u|sinhor min manda|Dizer que A carz esta|pornta[.]* (Carta 21)

Esta duas linha ***solmente****| par li di zer* (Carta 2)

Esta duas linha ***solmenti****| par lidar a mihas notissa* (Carta 4)

*esta duas linha|***solmenti** *salber da sua| notisa* (Carta 5)

*estas duas linha|***solmenti** *par dar as minha| notis ça* (Carta 12)

u fim desta duas| linhas ***solmenti*** *par dar as minha* (Carta 13)

u fim destas| duas linha er| ***solmenti*** *parlidizer| que eu estou| rezovido embora* (Carta 14)

esta Duas linha| er ***solmenti*** *par li| Dar As minho noticia* (Carta 15)

duas linha ir ***solmenti*** *par dar| as as minha notiça ir nu memo| tenpos eu salb salber da suas* (Carta 45)

ufim desta duas linha e ***Sol| mente*** *para lhi dar as minha| nutisa i no mesmo tenpo| Salber das Sua commadre| eu mais todos meu Vou| indo-* (Carta 53)

Assim como os casos de apagamento de coda interna, os de permuta entre o <l> e o <u> e os de inserção do <l> em coda também reforçam que a coda em /l/ tem sido produzida como uma semivogal posterior [w], conforme corroboram Pinho e Margotti (2010) e Hora (2006). O apagamento seria resultante do processo de semivocalização que o precede: *culpa* → ['kuwpa] > ['kupa], já que, em língua portuguesa, há a tendência de se evitar segmentos homorgânicos em uma mesma sílaba, a semelhança do que ocorre em ditongos em [ow] > [o] (Naro, 1973; Bisol, 1989; Tasca, 2002).

Como mencionamos, também identificamos casos de permuta entre o <l> e o <r>, como expresso nos exemplos:

> *eu esquecir di saber| da sinhora contar| essa A Cua* ***Curtura*** (Carta 9)
>
> *vanmo pedir A| noso bom Deus que eu* ***vorto*** *A mia| terra* (Carta 13)
>
> *min manda dizre|Commo vai u seiu* ***peçroar*** *[.]* (Carta 20)
>
> *Prezado irmão Joãopitanga a rescibri| a sua* ***amaver*** *cartinha no dia 3 deste| e nas mesma linha vor lhi responder* (Carta 37)

Os exemplos de permuta entre <l> e <r> podem ser considerados indícios do fenômeno de rotacismo, que é recorrente na oralidade não só na posição de coda, mas também em *onset* complexo (Costa, 2006, 2011).

CONSIDERAÇÕES FINAIS

O presente capítulo teve por objetivo buscar indícios do apagamento do /R/, /S/ e /l/ e da vocalização da lateral em posição de coda silábica no PB em textos do século XIX e início do século XX. A escolha por esses dois fenômenos deveu-se à relativa escassez de trabalhos de cunho diacrônico a respeito do comportamento variável da coda silábica no PB e pelo fato de que esses processos se mostram produtivos (alguns deles de forma quase categórica), do ponto de vista sincrônico, na maior parte dos dialetos brasileiros. No entanto, ao se escrutinarem os documentos particulares presentes no *corpus* mínimo do Projeto PHPB (decisão adotada pelo grupo de Fonologia do PHPB), surgiu uma primeira dificuldade: a escassez de ocorrências relacionadas a processos fonético-fonológicos em coda silábica.

Nesse sentido, tomou-se uma posição metodológica de trabalhar com *corpora* diferenciais, sobretudo com aqueles que espelhassem ruídos de oralidade, nomeadamente os produzidos por autores que não tinham domínio da norma culta, pouco exercitados no ofício da escrita. A partir desse caminho, a busca foi mais frutífera. Embora se tivesse ciência de que se lidava, em princípio, com meros processos de apagamento de grafemas, julgou-se que esses indícios grafemáticos tendem a espelhar uma realidade oral da língua, que parece se impor com mais força na ausência do domínio mais efetivo da escrita. Assim, os desvios revelam mais do que a imperícia com a norma escrita, eles denunciam realidades orais a que, lamentavelmente, só temos acesso de forma indireta.

A partir do exame dos dados, constatou-se que o apagamento do /R/ foi o fenômeno mais recorrente. O processo se apresenta de maneira mais vigorosa em verbos no infinitivo e de forma mais tímida em nomes, o que parece confirmar a regra variável presente na maior parte dos dialetos brasileiros atualmente. De fato, o apagamento do grafema dos verbos no infinitivo, isolados ou em perífrases verbais, confirma a correlação com o apagamento do /R/ em verbos no infinitivo, apontadas por Monaretto (2002) e Callou e Brandão (2013). Os dados examinados também parecem confirmar a hipótese levantada por Oliveira (2006) de que o processo de apagamento da vibrante se tornou mais frequente ao longo do século XIX.

Como se observou ao longo deste capítulo, os casos de apagamento do /S/ e do /l/ foram menos frequentes, o que também corrobora a tendência desses fenômenos no estágio atual do PB. De fato, quando comparados ao comportamento da vibrante, os números de supressão desses segmentos se apresentam pouco abundantes. A maior parte dos apagamentos do /S/ é em contexto morfêmico e parece necessitar de uma explicação para além da fonologia. As apócopes em contexto não morfêmico são mais raras e restritas aos missivistas com mais dificuldades no ofício da escrita. No caso do apagamento do /l/, os indícios foram poucos, o que não surpreende, tendo em vista que, exceto em contextos precedidos por vogais arredondadas, o fenômeno não é tão comum no PB. Os casos de vocalização, no entanto, mereceriam uma nova investigação. Esperava-se um número maior de ocorrências do fenômeno. Talvez a pouca quantidade de documentos produzidos por "mãos inábeis" a que se teve acesso tenha lançado pouca luz para a compreensão diacrônica da vocalização da lateral.

Por fim, também é possível observar um comportamento diferenciado da coda final e da coda medial. Tanto no que se refere ao apagamento do /R/ quanto ao do /S/, a coda final se mostrou sempre uma posição mais débil e, por essa razão, mais propícia à supressão de segmentos, o que parece apontar para um tratamento diferenciado dessas duas posições silábicas.

Esclarece-se que os resultados a que se chegou são preliminares e que um acesso maior a textos produzidos por "mãos inábeis" esclarecerá ainda mais a percepção acerca da evolução histórica do comportamento da coda silábica no português no Brasil. Espera-se, no entanto, que o estudo desde já, somado aos outros capítulos deste tomo, possa de alguma forma contribuir para um mapeamento histórico do português no Brasil no que concerne aos seus aspectos fonológicos.

NOTAS

1 Não teceremos maiores considerações a respeito dos *corpora*, já descritos na Apresentação deste volume.

2 O Projeto Nurc iniciou-se em 1969 e teve como objetivo documentar e estudar a norma falada culta de cinco capitais brasileiras – Recife, Salvador, Rio de Janeiro, São Paulo e Porto Alegre.

3 O grupo Peul iniciou suas atividades em 1979, com o objetivo de descrever a sistematicidade da variação observada no português brasileiro.

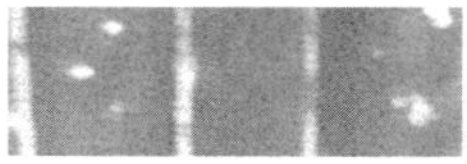

SEQUÊNCIAS MEDIAIS DE OBSTRUINTES

Valéria Oliveira Monaretto

SUMÁRIO

APRESENTAÇÃO

O latim apresentava um grande número de sequências de consoantes adjacentes formadas por obstruintes (C_1C_2) no interior de palavras, como *aptu, obviu, alumnu, actu*, por exemplo. Muitas dessas sofreram modificações e desapareceram nas línguas românicas. Como consequência, novos elementos surgiram nas línguas, como o ditongo *ei* no português (*conceptu* > *conceito*; *regnu* > *reino*; *factu* > *feito*); o ditongo *ui* no francês (*fructa* > *fruit*); as geminadas no italiano (*fructa* > *frutta*; *septe* > *sette*,); as africadas no espanhol (*strictu* > *estrecho*), dentre outros.

O processo de simplificação dessas sequências, apesar de antigo, não ficou estagnado na evolução das línguas. No espanhol chileno falado, há casos de semivocalização, como em *adquirir/a[j]quirir*, *absurdo/a[w]surdo* (Piñeros, 2000). No espanhol peninsular do centro-norte, há fricatização de oclusivas sonoras, como em *ritmo/ri[Ø]mo,* por exemplo (Morris, 2000). No português, há casos de variação entre presença e ausência da primeira consoante (C1), registrados em dicionário atualmente, como *respectiva* ~ *respetiva*, *aspecto* ~ *aspecto*, além da formação variável de uma nova sílaba, provocada pela epêntese vocálica (Cagliari, 1981; Collischonn, 2002).

A história do português mostra que o processo de simplificação de C_1C_2 não agiu uniformemente em todas as palavras. Algumas mantiveram a sequência de consoantes, como em *pacto, magno, amnésia, pigmento, apto*, etc. Outras perderam a primeira consoante, como em fato (*factum*), *sinal* (*signale*), *aluno* (*alumno*), *aumento* (*augmentu*), *sete* (*septe*), *pronto* (*promptu*) etc.

Apesar de algumas dessas consoantes desaparecerem na forma primitiva, mantiveram-se em palavras derivadas, como é o caso de *pigmentação*, *egípcio, corrupção, convicção, espectador* etc. O português também apresenta palavras de origem grega com sequências de consoante, como *técnica* (*technikós*), *atmo* (*atmós*), *afta* (*aphta*), entre outras.

Algumas explicações são dadas acerca da presença das consoantes mediais ao longo da evolução do português. Algumas teriam reaparecido na língua, por empréstimo do latim literário, a partir do século XVI (Câmara Jr., 1985: 60), ou por questões de substrato, conforme Mattos e Silva (2001: 83), fazendo parte de um conjunto de itens lexicais classificados como *eruditos*. Essa tese de "ressurgimento", entretanto, não se sustentaria para explicar o porquê da instabilidade ainda fazer parte das variedades modernas do espanhol e do português.

Em uma pesquisa anterior (Monaretto, 2015), foi possível observar que o léxico atual do português brasileiro mantém vários contextos de consoantes mediais e que o número de palavras não é tão pequeno assim. Parece haver uma tendência de se preservar sequências com velares e labiais, principalmente, como é o caso de *aspecto, técnica, optar* e *opção*, por exemplo, tanto em língua escrita como na falada. A inserção de uma vogal epentética nesse tipo de contexto é desfavorecida em algumas variedades de fala do português brasileiro, segundo Collischonn (2003, 2004), o que reforçaria certas sequências em se manter na língua.

Respostas para o fato de a instabilidade em consoantes mediais obstruintes ainda estar operante na língua e o porquê da existência de diversas palavras com esse tipo de contexto no português atual não fazem parte dos objetivos deste capítulo. A investigação que se apresenta neste trabalho trata de levantar e examinar a incidência de contextos com sequências de obstruintes mediais (doravante abreviadas como C_1C_2) em um estado passado da língua, comparando-o com um estado de língua atual.

Considerando-se que a presença/ausência da primeira consoante na sequência de C_1C_2 é variável desde muito tempo e que sua transformação não é uniforme, afetando algumas palavras e outras não, propomos estender, neste capítulo, uma investigação, iniciada em Monaretto (2015), sobre as sequências consonantais obstruintes mediais no português brasileiro. Os *corpora* de análise são formados por cartas de redatores e de leitores de jornais dos estados brasileiros, escritas no século XIX, pertencentes ao banco de dados do projeto Para a História do Português Brasileiro (PHPB).

Serão levantadas palavras com sequências de consoantes obstruintes mediais, como *electrico, instincto, assignantes, solemnidade, prescripção,* por exemplo, independentemente de sua etimologia e morfologia. Preliminarmente, também serão considerados, para fins de levantamento de dados, sequências derivadas dos prefixos *ad, sub e ab* (*subproduto*, *subclasse*, *abdomen*, *subzona*, *submerso*, *submundo*, *adverso* etc.), mesmo sabendo-se que as C_1C_2 derivados por prefixos possam ter um comportamento fonológico independente (Collischonn, 2002). Por fim, para fins de representação neste texto, a sequência medial de obstruintes será apresentada ora como grafema <ct>, ora como fonema /kt/, conforme a discussão seja sobre grafema ou som.

O capítulo está organizado como segue. Na primeira seção, tratar-se-á de se expor algumas observações acerca das sequências de obstruintes na história, como forma de contextualização de sua origem e evolução no português brasileiro, segundo a literatura. Na segunda seção, apresentar-se-á um levantamento de palavras com sequências de obstruintes mediais em impressos oitocentistas. Na terceira seção, apresentar-se-ão algumas considerações acerca da variação presença/ausência no português brasileiro atual. Por fim, como considerações finais, far-se-ão comentários breves e predições acerca do processo de instabilidade das consoantes obstruintes, operante desde muito tempo na língua portuguesa.

A EVOLUÇÃO DE CONSOANTES MEDIAIS OBSTRUINTES NO PORTUGUÊS

A escrita greco-latina serviu como base para a grafia da língua portuguesa, que só veio a firmar-se, por meio de normas, em acordos ortográficos, no início do século XX. Até esse período, havia variações de pronúncias em relação à ausência ou permanência da primeira consoante da sequência, que se refletiram na escrita. O motivo para a transformação ou não de algumas delas na evolução do português deveu-se à pronúncia destas em algumas variedades,[1] ao contexto fonológico e a questões etimológicas.

No século XVI, já havia uma prática de supressão da primeira consoante da sequência (C1) na língua portuguesa desde algum tempo. Donadel (2007: 72-4), ao examinar a escrita de alguns gramáticos antigos, como Fernão de Oliveira, em 1536 e João de Barros, em 1540, sugere que a presença de C1 não devesse ocorrer na língua portuguesa. Havia, na grafia da *gramática* desses autores, palavras sem a presença da primeira consoante, contrariando o étimo, como *avérbio* (*advérbio*), *sustantivo* (*substantivo*), *ajetivo* (*adjetivo*), *dição* (*dicção*), *sustância* (*substâncias*), dentre outras.

A obra de Feijó, do século XVII, parece acompanhar essa presumível tendência de se eliminar a primeira consoante da sequência. Feijó (1734) exibe uma lista de palavras que seriam pronunciadas equivocadamente, configurando-se como erros: *corruto* por *corrupto*, *vitória* por *victória*, *ausurdo* por *absurdo*, *conceição* por *concepção*, *corrução* por *corrupção*, entre outros, que seriam comuns do vulgo. Entretanto, alguns casos seriam "toleráveis", segundo Feijó (1734), como *adquirir/acquirir, subtil/sutil, conceptuar/conceituar*.

Apesar de Feijó expressar-se como *pronúncias permitidas* em seu entender na época, o estudioso alerta sobre o critério da introdução de sequências consonantais latinas, que devia ser etimológico e não fonético. O ortógrafo setecentista Madureira Feijó considerava o <c> *um elemento para a vista, mas nem sempre para o ouvido*, reconhecendo que a regra etimológica levantava problemas socioculturais. Algumas palavras apresentavam a letra, mas com o <c> mudo (*dictar*, *fructo*, *lectura* etc.); outras apresentavam algum valor fonético (*invicto*, *pacto*, *fictício* etc.). Entretanto, a relação com o étimo é que justificava certa grafia. A ortografia nessa época implicava o conhecimento da forma latina "*para que ficasse patente no significado gráfico a origem das palavras e fosse mais imediato o acesso à significação*" (Gonçalves, 1992: 78).

Gonçalves (1992: 79) observa que, no contexto cultural dos séculos XVIII e XIX, sequências de obstruintes mediais foram inseridas no sistema da língua portuguesa por questão de supervalorização da erudição greco-latina. Assim, a reintrodução gráfica acarretou uma alteração fônica em alguns casos. Isso pode ser observado em João de Barros que escrevia ainda *sinificção* por *significação*. Contudo, a autora alerta que, em outras situações, a grafia não chegou a repercutir na pronúncia, como em *signal*, por exemplo.

Os critérios ortográficos, segundo Gonçalves (1992), eram de natureza diversa e aleatórios. Havia sequências consonantais estritamente etimológicas, como <mpt> (*prompto*, *promptidão*, *promptuário*), assim como havia grupos criados por analogia e pelo uso de certos autores, como o dígrafo <mn> e a sequência <pt> (*sculptura*, *captivo* ou *proscipto*), sem que a C1 fosse realizada (1992, 80), ao lado de outras onde podiam ser pronunciadas (*Neptuno*, *interrupto*, *corrupto* etc.). A presença da sequência de consoantes também podia ter a função de "abrir" a vogal precedente (*excepto*, *imperceptível*, *percepção*).

Ao longo dos anos, tendo em vista a realização variável de C1 na pronúncia, conforme a variedade, o foneticista Viana (1904: 73) propõe, como uma normatização ortográfica, a eliminação de algumas consoantes que se obliteravam na pronúncia da época. Viana sugere regras diferenciadas por contexto: "*todos os vocábulos em que c ou p estão precedidos por i ou u, vogais inalteráveis, como em escrito, instrução, produto; palavras em que o c está precedido por <n>, e o <p>, por <m>, como sancto, prompto, devem ser escritos como* santo *e* pronto, *antiga grafia*".

Em relação às sequências <mn> (*damno*, *solemne* etc.) e <ct> depois de au (*auctor*), Viana (1904: 74) recomenda suprimir a primeira consoante, "*seme-*

lhante ao que se fez em outono, de au(c)tumnus, e se fez sempre em dono/dom(i) nus". Também sugere eliminar a sequência <gn>, mesmo sendo pronunciada em algumas palavras, como em *consignar, resignar* etc., assim como foi em *sineiro*, *sineta*, de *signum* latino.

Sequências de obstruintes precedidas por nasais desapareceram, como é o caso de <nct>, <mpt>, <auct>, em *sancto* e *prompto*, com exceção de algumas palavras de origem grega (*plâncton*, *esfíncter* etc.). Já a sequência <mn> permaneceu em algumas palavras, como *amnésia* (de étimo grego), por exemplo.

Segundo Said Ali (1971),

> a oclusiva p, consoante de transição no grupo latino *mpt* deixou de subsistir desde o momento em que *m* perdia seu valor de consoante labial, indo nasalar a vogal precedente. Pronunciou-se *prõmto* (latim *promptu-*), *assũnto* (latim *assumptu-*), *isento* (latim *exemptu-*). Por outra parte, gerou-se em português entre *m* e *r*, em virtude de supressão da vogal intermediária, a labial de transição *b*: *ombro* < humʻ*ru* < humeru. [...] *Dv* reduziu-se a *v*: *avogado* (*advocatu-*), *aversário* (*adversariu-*). (1971: 31)

O contexto que precede a sequência de consoantes também é examinado por Said Ali (1971: 30-31), que atribui a transformação da primeira consoante da sequência /kt/ e /pt/ ao tipo de vogal que precede. Para Said Ali (1971: 25), a modificação das oclusivas garantiu que as consoantes surdas não passassem a sonoras, como aconteceu com consoantes intervocálicas (*vita > vida*; *focu > fogo*). Sistematizando, o autor propõe o que segue:

(1) Transformação de C1 das sequências /kt/ e /pt/, conforme o contexto precedente (Said Ali, 1971: 30-31)
  a. com vogal /a/ ou /e/, vocalização: *tractu > trauto; baptismo > bautismo; directu > direitu; acceptu > aceito*;
  b. com vogal /i/, assimilação: *scriptu > scrittu, dictu > ditto*;
  c. com vogal /o/, seguida de /kt/, vocalização: *nocte > noite*;
  d. /o/ seguido de /pt/, assimilação: *ruptu > rotto*;
  e. vogal /u/, vocalização ou apagamento: *fructu > fruita, fruta*;

Retomando o critério fonético sobre normatização ortográfica nos anos que seguem a proposta de Viana, no início do século XX, a indicação para a supressão de C1 persiste:

> devem-se registrar os vocábulos cujas consoantes facultativamente se pronunciam, pondo-se em primeiro lugar o de uso mais generalizado, e em seguida o outro. [...] Preserve-se em palavras como *compacto, convicção, convicto, ficção, friccionar, pacto, pictural; adepto, apto, diptico, erupcao, eucalipto, inepto, nupcias, rapto, conector, ducto, impacto*, dentre outros. (Acordo Luso-Brasileiro de 1971, cap. IV, item 18, apud Luft, 1971: 13)

O caráter variável da presença/ausência da C1 na pronúncia manteve-se ao longo dos anos, como pode ser observado em formas que persistem na língua falada e em dicionários atuais, como *aspecto/aspeto, característico/ caraterístico corrupção/corrução, sumptuoso/suntuoso*, dentre outros casos, segundo Luft (1971). A presença/ausência parece, pois, estar ligada à variedade da língua.

A tentativa de sistematização nas mudanças pelo contexto precedente não é clara como propõem Viana (1904) e Said Ali (1971). Apesar de o contexto precedente ser semelhante, a primeira consoante da sequência /pt/ sofre assimilação ou vocalização, como em *gypsu* > *gesso* e *conceptu* > *conceito*, por exemplo. Já na sequência /gn/, aplica-se apagamento, como em *signal* > *sinal* e *pigmenta* > *pimenta*, casos diferentes em contextos precedentes imediatos iguais (vogal /i/); vocalização, como em *regno* > *reino*, e palatalização, que deu origem às letras <nh>, como em *pugnu* > *punho*, *cognescere* > *conhecer*, dentre outras.

Com base no exposto anteriormente, as conclusões a respeito da evolução das C_1C_2 no português, segundo a literatura, não são objetivas e claras, pois os critérios são de ordem diferente (motivos etimológicos ou fonológicos) e arbitrários, conforme a variedade de fala. O que é possível sistematizar por ora acerca dessas sequências é o que segue:

a. supressão de /p/,[2] precedido pela nasal, na sequência <mpt> (*prompto, assumpto*, por exemplo);
b. manutenção de sequências mediais em algumas palavras na ortografia, por questão etimológica (*aspecto, digno*, por exemplo);
c. transformações restritas à primeira consoante da sequência C_1C_2.
d. caráter variável de pronúncia de C1, atestado na presença/ausência gráfica.

SEQUÊNCIAS MEDIAIS NO PORTUGUÊS BRASILEIRO OITOCENTISTA

Levantamento preliminar de dados

Alguns comentários breves e preliminares sobre a tradição escrita oitocentista no Brasil são necessários. No século XIX, conforme visto na seção anterior, era recomendada a grafia de consoantes mudas em sequências mediais de obstruintes. Escrever *caracter, augmento, gymnasio,* por exemplo, aproximava-se do clássico e das origens de nossa língua.

Essa época foi caracteriza como período pseudo-etimológico da ortografia portuguesa (do século XVI até 1904), quando formas procuravam aproximar-se do étimo latino. Contudo, desde cedo, a pronúncia ficou vacilante, pois "*a presença de letras etimológicas deixa o leitor neófito quase sempre em dúvida se deve ou não pronunciá-las*" (Coutinho, 1976: 76). Como o critério de ortografia era fonético em alguns casos, a dúvida sobre o registro de consoantes obstruintes em sequências mediais dependia, pois, da variedade linguística.

Conforme visto na seção anterior, grandes nomes da literatura, como Camões, e as primeiras gramáticas da língua pareciam ditar formas arbitrárias em que ora se preservava, ora se apagava a primeira consoante da C_1C_2. Encontram-se registros como *dino* (digno), *benino* (benigo) e *malino* (maligno), escritos por Camões, assim como formas apontadas como "vulgo" de escrita e de pronúncia por Madureira Feijó, em casos como *sinificar* (*significar*), *corrução* (*corrupção*), *ausurdo* (*absursdo*), dentre outros.

Barbosa (2005: 9) acredita que as C_1C_2 presentes na ortografia oitocentista sejam uma marca de conhecimento de uma norma culta escrita. Quanto mais um redator usasse formas do latim clássico, mais qualificado seria seu grau de "letramento". O baixo uso de formas latinas em um texto evidenciaria que seu autor teria menos contato com meios de educação e com a cultura escrita da época.

Em um levantamento de palavras com sequências de obstruintes no interior de palavra em jornais do século XIX do Rio Grande do Sul e em *corpora* do PHPB, Monaretto (2015)[3] mostrou que há diferentes contextos de C_1C_2 em textos impressos nessa época e que a maior parte dessas sequências segue em uso na língua atualmente. O Gráfico 1 ilustra uma proporção de sequências mediais de obstruintes em jornais escritos no século XIX, no Brasil.

Gráfico 1 – Frequência aproximada de contextos com sequências mediais em jornais brasileiros do século XIX

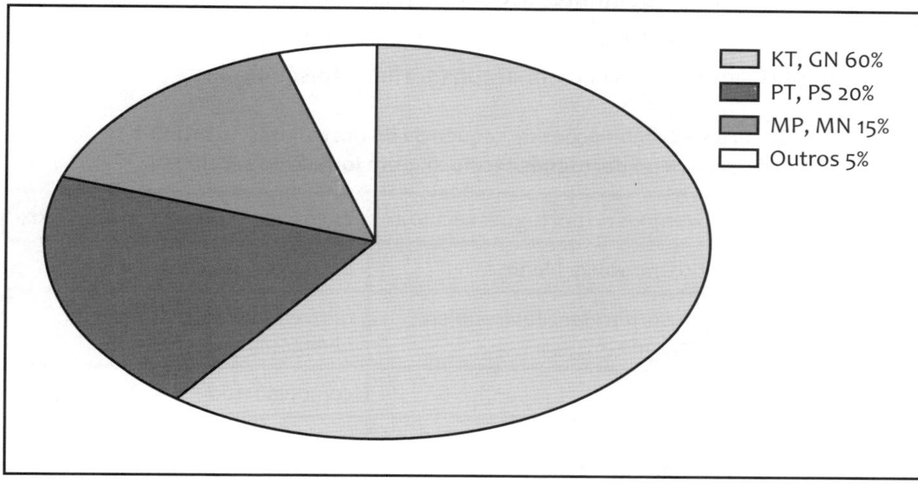

Fonte: adaptado de Monaretto (2015: 225).

Há nos jornais oitocentistas maior número da sequência medial /kt/ (60%), seguida por /pt, ps, mn, mp/ (totalizando 35%). Essas sequências aparecem em diferentes palavras, como *espectáculo, excepto, prescipções, solemne, prompto,* por exemplo. Outras sequências também são utilizadas, em uma proporção menor (5%), como é o caso de /dm bs/, em palavras como *admirado, absoluto*, dentre outras.

O uso de palavras com C_1C_2 na época oitocentista não é alto se comparado a outras palavras com formas latinizadas, como o emprego de consoantes geminadas (*fatto, ella*). A expectativa de Barbosa (2005: 36), ao examinar folhetins em jornais cariocas, era a "*de haver enormemente mais latinizações no século* XIX *do que no século XX*". Entretanto, foram encontradas, dentre 42.269 vocábulos, apenas 3,69%, ou seja, 1.563 palavras de grafias latinizadas, como geminação (*ella, fatto*), principalmente, e sequências de consoantes. Índice baixo de latinismos também foi encontrado em cartas pessoais de família (taxa de uso de 1,29% de latinismos), por Barbosa, ou seja, contextos desse tipo não são os mais numerosos.

Lima (2009: 124), ao examinar a ortografia de 26 jornais do século XIX de Recife, por meio de cartas de leitores também encontra um número reduzido de palavras com sequência de obstruintes mediais. Houve duas palavras apenas (*conflicto, saptisfeito*) com nove registros, sendo três desses sem a presença da primeira consoante.

Comparando períodos e modalidades distintas de língua escrita e de língua falada, foi observado que muitas sequências consonantais mantêm-se vivas no léxico atual. O Quadro 1 traz um comparativo de combinações de C_1C_2 no português atual (Cagliari, 1981) e em alguns jornais do século XIX.

Quadro 1 – Combinações de sequência de obstruintes no interior de palavra no português século XX e em jornais do século XIX

C1	C2	Exemplos no português século XX	Exemplos em jornais do século XIX
p	t, s, n	*apto, rapsódia,* ***hipnose***	*prescripto, execpção, ---*
b	t, s, v, ʒ, n	*obtuso, abcesso,* ***óbvio****, objeto, abnegado*	*obtiver, obstante, ---, objecto, abnegação*
m	n	*amnésia*	*comdemnação*
f	t	***afta***	---
t	m	*ritmo*	*atmosfera*
d	v, ʒ, m, k	*advogado, adjetivo, admirar, adquirir*	*advogado, coadjuvante, admiráveis, adquirir*
k	t, n	*pacto, técnica*	*redactor, facção*
g	m, n	*pigmeu, digno*	*augmento, digno*

As C_1C_2 das palavras destacadas no Quadro 1 /pn, bv, ft/ não foram encontradas na amostra utilizada, mas todas outras sequências fizeram-se presentes tanto no século XIX como no português atual. Os contextos de C_1C_2 são utilizados ainda na língua, porém talvez haja uso mais frequente de determinadas palavras, como indica Silveira (2007: 22) ao examinar um banco de jornal moderno[4] com uma amostra de 18.824 ocorrências de grupos consonantais heterossilábicos, distribuídos em sua maioria (acima de 10%) entre as palavras *advogado* (32,14%), *técnica* (24,43%), *ritmo* (14,31%), *objeto* (13,92%), *obter* (11,80%). Outras palavras aparecem em seu *corpus*, mas com incidência abaixo de 2%, como *afta, compacto, amnésia.*

Esse levantamento de dados indicou que parece não haver muita diferença de contextos de C_1C_2 em épocas distintas. A supressão da consoante pelas regras ortográficas no século XX ocorreu em um grande número de palavras, principalmente com sequências de /kt/, cuja C1 não seria mais pronunciada (*acriz, espectáculo, directoria, direcção, funcção, lucta, projecto, táctica, vic-*

tória, victima, conducta etc.). Contudo, apesar do desparecimento de C1 em uma série de palavras, ainda se mantêm contextos de C_1C_2 na língua, o que contrariaria uma restrição de estrutura silábica do português atual de se ter obstruintes na coda.

A seguir outro levantamento de formas C_1C_2 será realizado em textos escritos impressos no século XIX da primeira fase do século XIX (1801-1850) dos *corpora* do Projeto PHPB, por meio da plataforma disponível pelo endereço https//sites.googles.com/site/corporaphpb/. Serão confrontadas duas modalidades de textos: *cartas de redatores* e *cartas de leitores* (Barbosa e Lopes, 2006). A hipótese que orienta esse novo exame é a de que contextos de C_1C_2 de uma época passada, especificamente no século XIX, mantêm-se no estado atual da língua, independentemente do tipo de língua (escrita ou falada) e do gênero de texto.

Cartas de redatores e cartas de leitores em impressos

Há uma grande quantidade de textos produzidos no Brasil no século XIX, em jornais. Os impressos brasileiros podem ser considerados como textos-modelo de época, referência de norma culta no século XIX (Babosa, 2005). A imprensa livre, fato tardio, que se inicia no século XIX, no Brasil, traz *cartas do redator*, onde se identifica a perspectiva ideológica dos jornais de época, formadores de opinião, e *cartas de leitores*, através das quais é possível reconhecer angústias e desejos do cidadão letrado brasileiro. Esse tipo de texto aflora insatisfações individuais e coletivas de um Brasil recém-independente, ilustrando um novo público leitor, mais amplo do que aquele antes alcançado pelos livros importados (Barbosa e Lopes, 2006: 8-9).

Faz-se relevante para a pesquisa de uma sincronia passada examinar-se essas duas modalidades escritas em impressos oitocentistas. Serão levantadas palavras com sequências mediais de obstruintes (C_1C_2) em cartas de redatores com cartas de leitores, publicadas em jornais oitocentistas da primeira metade do século (1801-1850) de seis estados brasileiros: Bahia, Ceará, Minas Gerais, Pernambuco, Rio de Janeiro e São Paulo.[5]

O Gráfico 2 ilustra a frequência de palavras com C_1C_2 em dois tipos de texto em impressos.

Gráfico 2 – Utilização de palavras com C_1C_2 em cartas em impressos do século XIX

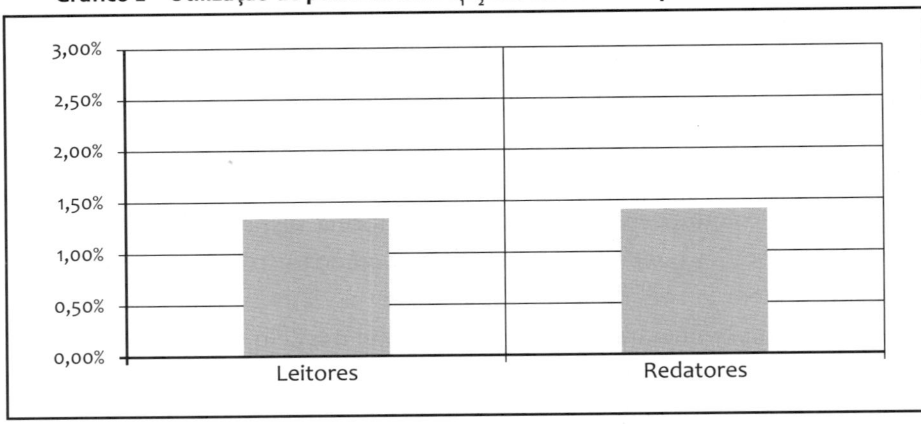

Apesar de muito baixo o percentual de palavras com C_1C_2 em relação a outras palavras da amostra, 1,35% para cartas de leitores e 1,42% em cartas de redatores, praticamente não há diferenças na frequência de uso de palavras com C_1C_2 entre os diferentes textos. Os tipos de combinações também são muito semelhantes aos valores expressos no Gráfico 1: maior percentual de /kt/ (56%, na média), seguido de /gn/ (12%) e pelos demais C_1C_2, que, somados, não ultrapassam 22%.

Os *types* de palavras são bem diversificados em ambas as cartas, evidenciando maior emprego de algumas formas, como *redactor, redactores, subjeitos, acções, assignantes, indignação, actual*, dentre outras, justificáveis pela natureza da seção no impresso. Os contextos de C_1C_2 expostos no Quadro 1 são os mesmos encontrados nessa fonte, exceto /pn/ (*hipnose*), /ft/ (*afta*), /bv/ (*óbvio*), resultado igualmente semelhante, o que sugere que não haja diferença de emprego de C_1C_2 ao longo da história.

Concluindo, o levantamento de palavras com contextos de obstruintes mediais em textos impressos do século XIX indica que, apesar de o percentual ser baixo, esse contexto parece sobreviver e se manter em muitas palavras da língua portuguesa. O contraste entre cartas de redatores e de leitores em impressos não mostra diferenças entre os dois tipos de textos, o que permite dizer que o processo de simplificação de C_1C_2 na história da língua é muito lento.

Na seção a seguir, examinar-se-á o comportamento variável de C_1C_2 no português brasileiro no sentido de se verificar contextos que se fazem presentes e que palavras são utilizadas no dicionário.

CONSIDERAÇÕES SOBRE A VARIAÇÃO PRESENÇA/ AUSÊNCIA DE OBSTRUINTES NO PORTUGUÊS BRASILEIRO

O léxico do português brasileiro atual dispõe de um número considerável de contextos com sequências de obstruintes mediais, como pode ser observado nos registros do *Dicionário Aurélio Eletrônico* (versão 3.0) no Quadro 2. Nesta relação, há casos de abreviaturas (*ATM*), siglas (*CNPq*), símbolos químicos (*Cs-Césio*), prefixos (*sub/submergir*), palavras compostas (*bem-nascido*), o que aparentemente deixa expressiva a presença deste tipo de contexto.

Quadro 2 – Registros de sequências de obstruintes mediais no *Dicionário Aurélio Eletrônico* – versão 3.0

Sequência de consoantes	Exemplo	Número de registros no Dicionário
pt	*apto*	988
ps	*opção*	629
bp	*subproduto*	18
bt	*obtuso*	64
bk	*subclasse*	56
bd	*abdômen*	143
bs	*abcesso*	315
bv	*óbvio*	28
bʒ	*objeto*	100
bm	*submundo*	38
bn	*abnegação*	31
mn	*amnésia*	217
ft	*afta*	141
tm	*atmo*	105
dk	*adquirir*	13
dv	*adverso*	50
dʒ	*adjetivo*	74
dm	*admoestar*	73
kt	*pacto*	1.954
ks	*facção*	287
kp	*ecpiesma*	12[6]
km	-------	8[7]
kn	*técnica*	219
gm	*pigmeu*	190
gn	*digno*	579

Como pode ser visto no Quadro 2, é possível observar que a maior parte das sequências com mais entradas no dicionário apresenta a seguinte combinação de C_1C_2: velar/labial desvozeada + alveolar desvozeada (*pacto, facção, apto, opção*). A presença da consoante obstruinte na coda estaria ferindo uma condição da estrutura silábica do português, que só permite consoantes fricativas /S/, nasais /N/ e líquidas /r, l/.

Apesar de haver um número considerável de itens no dicionário com C_1C_2 mediais, há de se considerar que muitos desses registros são formados por abreviaturas, siglas, palavras compostas e derivadas. Destacam-se no Quadro 2, pelo número de entradas no dicionário, em ordem decrescente, as sequências kt > pt > ps > gn > bs > ks > kn > mn > gm.

A sequência /kt/, mesmo tendo desaparecido em muitas palavras na evolução da língua (*redactor, facto* etc.), é a que mais se apresenta no léxico atual, em vários itens (1.954). Curioso também é que esta é uma das C_1C_2 que mais apresenta variação presença/ausência de C1 na fala, como *aspecto/aspeto, expectativa/expetativa, conectivo/conetivo, contacto/contato, espectro/espetro*, por exemplo. Em segundo lugar, há a sequência /pt/, que também é variável na fala atual, como ocorre em *corrupção/corrução, excepcional/excepcional*, entre outras, conforme aponta Luft (1971: 13).

Segundo Câmara Jr. (1985), a reintrodução de consoantes mediais ocorreu pela língua escrita. Na língua oral coloquial não existem esses grupos, pois se desenvolveu uma nova sílaba com a vogal /i/ ou /e/ no Brasil: "*Assim, um verbo como* ritmar, *se conjuga no presente singular* ritimo, ritimas, ritima, *de acordo com o padrão prosódico de substantivo esdrúxulo em correspondência com forma verbal grave* (número: numero; fábrica: fabrica *etc.*)" (1985: 61).

Para Câmara Jr., a realização desta consoante em final de sílaba estaria apenas na ortografia e não na língua falada. A inserção de uma vogal epentética, formando uma nova sílaba, é o recurso usado pelo falante para não se violar o padrão silábico do português brasileiro.

A discussão sobre as sequências de consoantes gira em torno do licenciamento na estrutura silábica (Nogueira, 1948; Nascentes, 1960, Câmara Jr., 1985, entre outros): formam um *onset* (ataque) ou uma *coda* complexos (*ri.tmo* ou *rit.mo*). Quando licenciada como ataque de um núcleo vocálico, criado por epêntese (Itô, 1996), essa *consoante perdida*, nos termos de Collischonn (2002), é mantida na palavra, formando-se uma nova sílaba (*a.fi.ta* e *di.gi.no*).

Comum em muitas variedades do português brasileiro, a epêntese em C_1C_2 é variável, podendo-se realizar-se por vogais de natureza diferentes, segundo Cagliari (2005). A realização da epêntese parece estar relacionada a fatores linguísticos e sociais.

As propriedades das consoantes parecem ter papel na regra variável da epêntese, segundo Collischonn (2004: 67). No caso da posição em C2, a fricativa não sibilante (*advogado*) favorece mais a epêntese do que a nasal (*mogno*), e esta última parece favorecer mais significativamente a epêntese do que a oclusiva não nasal (*rapto*). No caso de sequências de alveolar-oclusiva (*adquirir*) e de labial-oclusiva (*optar*, *corrupto*) são mais favoráveis à epêntese do que velares oclusivas (*aspecto*, *mogno*) e de velares-sibilantes (*opção*, *ficção*).

Segundo Collischonn (2004), a noção de sonoridade, proposta por Murray e Venemann (1983) e Clements (1990) pode ser uma explicação para a pressão para a C1 ser modificada. A primeira consoante de uma sequência tem um grau de sonoridade menor do que a segunda, como é o caso de oclusiva e nasal (*acne*, *signo*, *admitir* etc.), o que não acontece com sequências oclusivas-oclusivas, por não terem grau de sonoridade distinto. No caso das fricativas, Collischonn (2004: 68) crê que essa classe forme uma africada com a oclusiva, não implicando uma violação à sequência de sonoridade.

O vozeamento da consoante parece exercer alguma influência também na inserção de uma vogal entre os dois C_1C_2. A vogal epentética é favorecida quando uma das consoantes do encontro é vozeada, conforme experimentos acústicos de Cristófaro-Silva e Almeida (2006) e Silveira (2007).

As transformações relacionadas às sequências de consoantes ocorrem somente na primeira consoante da sequência, e os processos não são regulares em cada tipo. Segundo Beckman (1998), efeitos posicionais atuam em certos ambientes. Alterações segmentais ou de traços nas línguas parecem ocorrer segundo posições de não proeminência. Jun (2011) defende o efeito dominante de C2 em dados empíricos de várias línguas, como elemento resistente a processos fonológicos.

Talvez o reaparecimento de algumas palavras com sequências de obstruintes tenha sido originado por questões de prestígio em relação à erudição grecolatina, conforme a literatura aponta, na tentativa de se estabelecer uma norma linguística para o português. Contudo, o porquê de as sequências persistirem na ortografia poderia indicar que essas formas não seriam marcadas na língua.

A realização de C1 parece, em algumas situações, estar ligada à palavra. Segundo Collischonn (2003: 290), para alguns indivíduos da região Sul do Brasil, existem estereótipos em relação à pronúncia de algumas formas para serem utilizadas "*de modo correto*" com a "*consoante muda, sem a inserção de uma vogal*", como nas palavras *pneu, advogado e psicólogo*. Essa avaliação dos falantes não parece estar relacionada à frequência de ocorrência dessas palavras, pois outras palavras, como *digno* e *aspecto*, por exemplo, não são mencionadas por eles.

Bisol (1999) propõe, diante da existência de sequência de consoantes obstruintes mediais no português brasileiro atual, um *afrouxamento na condição de coda*, como um resquício de uma regra antiga. Examinando-se dados de língua falada do português brasileiro, verifica-se que as consoantes obstruintes podem ser realizadas em final de sílaba, acompanhada ou não de uma vogal epentética, que ressilabaria esta consoante para a posição de ataque, como em *as.pe.[ki~ke].to* (*aspecto*), por exemplo. A consoante na coda poderia também ser apagada, como em [as.pɛ.tu].

As obstruintes velares e labiais desvozeadas /k, p/ parecem resistir à epêntese. Segundo Collischonn (2003), a regra variável da epêntese aplica menos quando a C1 for labial, como *optar,* e quando velar, como *aspecto*. Isso parece mostrar que o falante prefere manter sequências como /kt/ e /pt/, em seu léxico do que reestruturar a sílaba com a inserção de uma epêntese vocálica.

Alguns aspectos linguísticos, apontados por Collischonn (2002) em relação ao que favorece ou não à aplicação de epêntese entre essas consoantes, parecem sustentar a manutenção de sequências desse tipo, como a relação com a posição do acento (se pretônica ou postônica) e o tipo de C1 e C2. A epêntese parece interferir no acento da palavra, como pode ser observado na variedade da fala carioca do português brasileiro, em que há a alteração do acento primário da palavra (de *ápito* para *apito*; *indignádo ~ indig[i]nado*).[8]

O fato de consoantes velares /k/ aparecerem em mais contextos de sequências de obstruintes em palavras no dicionário e de resistir mais à regra variável da epêntese vai ao encontro da suspeita de Collischonn (2004: 69) de que a velar poderia ser entendida como uma consoante não marcada.

Sumariando, em relação às sequências de obstruintes no português brasileiro atual, é possível afirmar a partir do exposto anteriormente que:

a. há entradas no dicionário com quase todas as sequências de consoantes obstruintes, sendo muitas delas formadas por abreviaturas (*ATM*), siglas (*CNPq*), símbolos químicos (*Cs-Césio*), prefixos (*sub/submergir*), palavras compostas (*bem-nascido*) e estrangeirismos (*walkman*). As sequências com o maior número de palavras são as que seguem: kt (1.954) > pt (988) > ps (629) > gn (579) > bs (315) > ks (287) > mn (217) > kn (219) > gm (190);

b. acredita-se que a presença da consoante na coda possa ser um resquício de uma regra antiga, como um afrouxamento da condição de coda (Bisol, 1999);
c. é possível garantir a preservação de C1 pela regra variável de epêntese vocálica que passa a consoante de coda para ataque (*ap.to* > *a.p[i].to*);
d. é possível estabelecer relação presença de C1 e a manutenção de /k/ em muitas palavras, por se entender que possa ser uma consoante não marcada na coda (Collischonn, 2005).

CONSIDERAÇÕES FINAIS

Apesar de as sequências mediais de obstruintes (C_1C_2) sofrerem um processo de simplificação desde a passagem do latim para as línguas românicas no sentido de se transformar a primeira consoante por meio de processos fonológicos variados (apagamento, assimilação, vocalização), muitas delas permaneceram no português, através dos tempos. A modificação de C1 não foi sistemática e regular na história, pois muitas palavras mantiveram-se na evolução, segundo critérios arbitrários de ordem etimológica e fonética.

Variações de pronúncia entre presença/ausência de C1 na língua portuguesa colocaram em evidência a necessidade de se estabelecer regras ortográficas para sua representação. Propostas de simplificação adotaram o critério de pronúncia, o que é visivelmente frágil e dependente da variedade linguística. Assim, há formas alternativas de ortografia, como *assignatura/assinatura*; *respectiva/respetiva*, *corrupto/corruto*, dentre outras.

O levantamento de C_1C_2 em impressos do século XIX e a comparação com entradas no dicionário parecem indicar que sequências mediais de obstruintes continuam presentes na língua portuguesa atual em pequena quantidade, se comparadas a outras palavras, mas em diferentes tipos de contextos. Não se verificaram diferenças qualitativas entre os tipos de contextos, presentes na época oitocentista para os dias atuais, apesar de muitas palavras simplificarem a C1 por apagamento.

As velares /k/ e as labiais /p/ são as mais numerosas na posição de C1 desde muito tempo. Ademais, essas C1 parecem ser as que menos sofrem o processo de epêntese de vogal, segundo os dados de Collischonn (2002, 2003, 2004), em variedades que optam por pronunciá-la na coda. Já Câmara Jr.

(1985) acredita que a presença de obstruintes na coda se dá apenas na língua escrita, com a reestruturação da sílaba, passando a consoante de coda para *onset* pela inserção de uma vogal.

Há, portanto, indicativos para um resquício de uma regra antiga, nos termos de Bisol (1999), que permitiria codas com obstruintes na língua, tendo em vista que muitos contextos de C_1C_2 são utilizados em diferentes textos e em diferentes épocas. As palavras encontradas nos dados dos *corpora* do PHPB parecem mostrar que, semelhantemente, ao estado atual da língua, as sequências mediais de obstruintes são de ordem variada segundo o contexto.

NOTAS

1 As variedades português brasileiro e português europeu atribuem valores fonológicos distintos às vogais que precedem sequência de consoantes obstruintes mediais. Segundo Valada (2010), a proposta do novo Acordo Ortográfico de suprimir consoantes que não seriam pronunciadas é insustentável no caso do grafema <c> em sequência de palavras com -*cção* em Portugal. A letra <c> tem função diacrítica em relação à vogal anterior de torná-la mais fechada, situação inexistente na variedade do português da América. No português brasileiro, a vogal precedente deixa a vogal média-baixa e aberta em algumas palavras, como *objectu*, particípio da forma *objicere* latina, e não fechada nas palavras derivadas, como *objetivo* e *objetivar*.

2 Apesar de a sequência <MPT> ter desaparecido na maioria das palavras do português brasileiro, há registros no dicionário de poucas palavras com esta sequência, como *perempto, eclampsia, consumpto* (variável com *consunto*), dentre outras.

3 O *corpus* utilizado em Monaretto (2015) contemplou jornais oitocentistas do Rio Grande do Sul (Nasi, 2012) e parte do material do PHPB de três estados brasileiros: Ceará, Bahia e Rio de Janeiro.

4 Silveira (2007) trabalha com um *corpus* de encontros consonantais heterossilábicos do banco CETEN-Folha (*Corpus* de Extratos de Textos Eletrônicos NILC/Folha de São Paulo) que, segundo a autora (2007: 22), possui 24 milhões de palavras em português brasileiro, disponível em http://acdc.linguateca.pt/cetenfolha.

5 A escolha desses estados procurou contemplar regiões que disponibilizassem para consulta, na plataforma PHPB, os dois tipos de cartas (redatores e leitores) do mesmo período (1ª metade do século XIX), para fins de comparação.

6 Os registros de <cp> são todos de siglas (CPMF), com exceção da palavra *ecpiesma* que significa "fratura do crânio, quando ocorre compressão de meninge por esquírolas", do grego *ekpíesma*.

7 Todos os casos são siglas ou estrangeirismos (*km*, *walkman*).

8 A epêntese vocálica parece ser comum na fala do português brasileiro, como já apontava Câmara Jr. Contudo, faltam estudos descritivos de variedades brasileiras acerca deste assunto para generalizações.

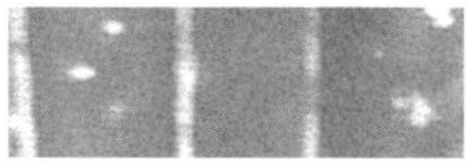

METÁTESE

Dermeval da Hora
Stella Telles

SUMÁRIO

APRESENTAÇÃO

O processo de metátese é conhecido historicamente e bastante referido como um fenômeno irregular, esporádico e restrito a erros de fala ou à produção da fala de crianças em fase de aquisição. No português brasileiro (daqui por diante PB), o processo também tem sido assim interpretado. Entretanto, ao revisitar manuscritos dos séculos XVIII e XIX, provenientes de diferentes variedades sociais do PB, observa-se que a metátese requer maior atenção, por se apresentar como um processo decorrente de distintas motivações fonológicas e mais frequente do que se supunha. Em linhas gerais, a metátese é compreendida como uma transposição de segmento no interior de uma palavra, a exemplo de *pergunta > pregunta, vidro > vrido.*

Os objetivos que circunscrevem esse trabalho são: (a) discutir sobre o processo da metátese como um fenômeno fonológico variável presente no PB; (b) analisar a ocorrência da metátese em manuscritos do PB dos séculos XVIII e XIX, considerando variantes padrão e não padrão; (c) refletir sobre a ocorrência da metátese à luz das propostas de Blevins e Garrett (2004) e Hume (2001, 2004).

Como hipóteses de trabalho, definiu-se o seguinte:

- O PB é uma língua de metátese.
- A implementação da metátese em português se restringe a variedades não padrão, representa fenômenos distintos, e sua explicação deverá ser melhor alcançada a partir das perspectivas sincrônica e diacrônica.
- O uso da metátese não é aleatório, decorre da conjugação de fatores sociais e estruturais.

Ao proceder ao estudo sistemático da metátese nos manuscritos (Fonseca, 2003; Oliveira, 2006), constatou-se ser esse fenômeno não aleatório e irregular, como sempre se pretendeu esboçar. Ao contrário, há restrições que claramente condicionam sua ocorrência, a exemplo da direcionalidade, do domínio prosódico e do contexto segmental. Salienta-se, portanto, que o estudo sistemático de um fenômeno aparentemente aleatório e irregular pode favorecer a compreensão do comportamento fonológico da língua, no que diz respeito a aspectos estruturais e sociais.

Considerando fatores que envolvem produção e percepção, observa-se a natureza não gradiente da metátese, do que resulta seu *status* mais marcado sincronicamente, de forma a se restringir em sua ocorrência, ou permanecer em nível da variação, não se firmando como um processo lexical. Isso justifica o fato de ela ser fortemente regulada por fatores externos ou sociais. Dessa feita, para uma compreensão mais larga do fenômeno na língua, faz-se necessário seu estudo em variedade não padrão, onde o controle social é menos saliente.

Este capítulo está assim estruturado: na primeira seção, serão apresentadas algumas concepções acerca da metátese; na segunda seção, estão apresentados os modelos teóricos que nortearão a análise; na terceira seção, está discutido o fenômeno no PB em relação ao seu comportamento variável e fonológico; na quarta seção, a compreensão dos dados de metátese; e na última seção, é apresentada a descrição dos dados à luz dos modelos teóricos propostos.

SOBRE A METÁTESE

Estudos sobre a metátese são muito escassos, principalmente quando se trata de sua ocorrência no PB. A sua aparente irregularidade e assistematicidade, talvez, tenham contribuído para o pouco interesse demonstrado por estudiosos que se dedicam à análise de certos processos fonológicos, a exemplo da assimilação, dissimilação, apagamento etc., considerados mais comuns.

O termo *metátese* (do grego *metáthesis*, "transposição, mudança de lado") é a transposição de sons; é uma mudança em que os sons trocam de posições com um outro dentro de uma palavra. A maioria dos exemplos de metátese, segundo Campbell (1998: 37), são esporádicos, mas a metátese também pode ser uma mudança regular.

Para Edwards e Shriberg, regras que permutam ou mudam a ordem dos segmentos são chamadas de regras de metátese:

> Tais regras podem ser escritas de várias formas. Informalmente, elas podem ser escritas como segue: C1C2 → C2C1. Ambos os segmentos aparecem tanto no *input* como no *output*, mas sua ordem é invertida. Para ilustrar, uma regra de metátese comum inverte a ordem de /s/ e /k/ nos grupos /sk/ em posição final, como [øks] para *ask* em alguns dialetos do inglês. Esta regra pode ser escrita informalmente como: sk → ks/ _ #. (1983: 76)

Estudos mais recentes acerca da metátese têm sido desenvolvidos, dentre eles o de Blevins e Garrett (2004), segundo os quais os neogramáticos e os estruturalistas consideraram a metátese como fenômeno marginal, precisamente porque ela pareceu contradizer as doutrinas-padrão que separam a Fonética da Fonologia. Esses autores salientam que os especialistas que estudaram o problema chegaram a conclusões similares as de Grammont (1923), para quem a metátese de CC surge a fim de evitar grupos impronunciáveis. Grammont (1946) afirma que a metátese é também governada fonotaticamente: consoantes menos sonoras (aquelas com abertura menor) são sempre colocadas mais próximas de uma fronteira silábica, e as consoantes mais sonoras, mais próximas do núcleo silábico. Em outras palavras, diferente da maioria dos processos, a exemplo da assimilação, a metátese era vista como processo fonológico direcionado para o *output*.

Estendendo tal concepção à metátese que atinge a relação consoante-vogal, Blevins e Garret (2004) sugerem quatro tipos de metátese: (i) metátese perceptual; (ii) metátese compensatória; (iii) metátese coarticulatória; (iv) metátese auditiva.

A metátese perceptual envolve traços de longa duração em cadeias multissegmentais que se espraiam sobre uma sequência inteira; a compensatória é prosodicamente condicionada, o que significa que traços em uma sílaba fraca migram para uma sílaba forte; a coarticulatória surge em grupos de consoantes com o mesmo modo de articulação, porém com diferentes pontos de articulação, sendo essa metátese resultante de uma coarticulação facilitada pelos gestos articulatórios compartilhados; e, por fim, a metátese auditiva, que resulta da segregação auditiva do barulho sibilante do resto da cadeia da fala.

Os fenômenos contidos nessa tipologia não são, necessariamente, observáveis em todas as línguas ao redor do mundo, nem tampouco são todos tipos encontráveis em uma dada língua. No caso do PB, por exemplo, os tipos (i) e o (ii) podem ser detectados, como em *pergunta* > *pregunta* e *tábua* > *tauba*, respectivamente, mas não os referentes a (iii) e (iv).

A partir dos avanços teóricos do final do século XX, novas concepções acerca da metátese foram desenvolvidas, procurando justificar a sua análise não mais como fenômeno restrito a erros de fala ou a linguagem infantil, como as que trataremos nas seções a seguir.

MODELOS TEÓRICOS

Para o estudo aqui proposto, serão considerados dois modelos: o de Hume (2004) e o de Blevins e Garret (2004). Tais modelos são os que buscam entender a metátese como um processo que merece a mesma atenção destinada a outros processos.

Hume (2004) apresenta uma proposta direcionada especificamente para os casos de metátese, a partir da observação de um conjunto de dados levantados de diferentes línguas. Central para ela, entretanto, é a metátese de consoante/consoante, complementada, quando necessário, por dados de metátese do tipo consoante/vogal, em ambos os casos estando os segmentos contíguos na sequência fônica.

A partir da análise dos dados, ela afirma: (a) a direção de mudança na metátese pode diferir de língua para língua, o que significa que uma mesma combinação em línguas diferentes pode assumir ordens diferentes; (b) para algumas combinações de sons, apenas uma ordem é geralmente observada interlinguisticamente como resultado da metátese, enquanto outra ordem parece apenas provável para outras combinações; (c) as pistas acústicas/auditivas para a identificação das sequências que resultam da metátese são sempre melhor, ou otimizadas, se comparadas àquelas da ordem esperada. Assim, espera-se que um modelo bem-sucedido de metátese deva ser capaz de oferecer explanações para cada um desses aspectos.

Esses padrões, para a autora, podem estar subordinados a dois importantes fatores: a natureza dos sons envolvidos e a influência de padrões existentes na língua. Para que a metátese seja implementada, duas condições devem ser satisfeitas: deve haver indeterminância no sinal e a ordem dos elementos oposta à que ocorre no *input* deve ser atestada na estrutura da língua.

Indeterminância no sinal diz respeito à experiência do ouvinte com os elementos envolvidos – sons, sequências de sons, morfemas, palavras etc. – e à qualidade de informação no sinal, determinada pelos tipos de sons envolvidos, o contexto em que aparecem, as pistas fonéticas presentes e assim por diante.

De acordo com essa proposta, a indeterminância estabelece os estágios para a metátese. O conhecimento dos padrões sonoros da língua influencia como o sinal é processado e, portanto, a ordem em que os sons são processados.

> Para ser específico, a ordem inferida do sinal é consistente com o que ocorre mais frequentemente na língua. Esta proposta é consistente com as primeiras especulações de Fay (1966: 88) ao considerar a metátese: "quando os ouvintes ouvem a fala que é esperada encontrar na língua nativa, suas identificações perceptuais são dirigidas por seu conhecimento das probabilidades sequenciais na língua como também pelo estímulo acústico". (Hume, 2004: 210)

Para Hume, entretanto, nem a natureza fonética dos sons envolvidos nem a familiaridade com as sequências de sons da língua materna, isoladamente, é suficiente para oferecer uma consideração preditiva da metátese. É necessário levar em conta ambos os fatores para que se entenda por que algumas combinações de sons tendem a sofrer metátese, por que outras são favorecidas como o resultado dela, por que padrões de metátese diferem entre línguas e por que a metátese ocorre em primeiro lugar.

Na concepção de Blevins e Garret (2004), com orientação teórica distinta da de Hume, definida em uma perspectiva evolucionária, a metátese tem colocado, para a teoria fonológica, problemas de duas naturezas: (a) ela tem resistido a análises em termos de mudança foneticamente natural ou de motivação sonora; (b) o reordenamento dos sons na metátese tem exigido formalismos fonológicos altamente restritivos. Para os autores, a metátese pode, apesar dos problemas mencionados, ser explicada de forma foneticamente natural, baseada nas mesmas hipóteses necessárias para entender outros fenômenos fonológicos.

Blevins e Garret (2004), ao discutirem a evolução da metátese, afirmam que seu objetivo é mais programático. Segundo eles, nos anos atuais, os fonólogos tendem a aceitar a visão de que os padrões fonológicos, tanto intra como interlinguísticos, podem ser explicados com base nas descobertas da Fonética Experimental, porém não há consenso que determine a ligação explanatória entre a Fonética e a Fonologia. Buscando contrastar essas duas áreas, os autores se valem de duas abordagens: a *Otimização Fonética* e a *Fonologia Evolucionária.*

A Otimização Fonética procura explicar os padrões fonológicos como o resultado da otimização de alguns aspectos da Fonética e também como a facilidade articulatória ou a saliência perceptual, que coaduna a perspectiva de Hume (2004: 215) antes mencionada. Nessa visão, "*os padrões sonoros podem ser explicados pela otimização fonética que eles produzem, e as mudanças sonoras ocorrem porque seu output é foneticamente melhor de alguma forma – por exemplo, mais fácil para articular ou perceber*". Essa abordagem, apesar de ser a defendida por vários estudiosos, não é a contemplada por Blevins e Garrett (2004).

Para eles, as regularidades diacrônicas desempenham papel importante para determinar a tipologia fonológica.

> Desde que os sistemas fonológicos reais têm evoluído diacronicamente, suas propriedades refletem restrições sobre as mudanças sonoras como também restrições sobre a natureza dos sistemas fonológicos. Explica-

> ções para os padrões fonológicos podem residir na análise sincrônica ou na evolução diacrônica. Que explanações surgirão em qualquer caso é problema que pode ser resolvido baseado na evidência, porém, visto que considerações históricas permitem modelos gramaticais mais simples, eles são preferíveis a qualquer outro. (Blevins e Garrett, 2004: 2)

Um dos objetivos da Fonologia Evolucionária é ajudar a simplificar os modelos sincrônicos, desenvolvendo explanações diacrônicas foneticamente plausíveis para os padrões fonológicos.

Ao considerar a diacronia fonológica, qualquer modelo, de acordo com Blevins e Garrett (2004), deve preocupar-se tanto com o mecanismo de mudança como com a causa de sua típica regularidade. A postura desses autores é de que a mudança sonora é causada, principalmente, pela reinterpretação baseada no ouvinte. Como isso pode acontecer?

> Por exemplo, a sequência fonética real pode apresentar um ouvinte com múltiplas análises fonológicas potenciais; ou um ouvinte pode simplesmente perceber mal o enunciado devido a tendências no sistema perceptual; ou um ouvinte pode confrontar uma escolha da análise fonológica devido à variação do falante no *continuum* da fala "clara" hiperarticulada orientada para o ouvinte para uma fala "casual" hipoarticulada. No último caso, a reanálise reflete ambiguidade apresentada por formas fonéticas múltiplas no *input*, não a natureza ambígua de uma única forma fonética. (Blevins e Garrett, 2004: 2)

Em relação à regularidade da mudança sonora, os autores entendem que isso se justifica pela mesma razão que os aprendizes da língua consistentemente classificam categorias fonéticas contextualmente determinadas com categorias fonológicas paralelas. Ao comparar diferentes abordagens para a mudança sonora, deverá ser enfatizado que a questão da otimização é distinta da questão que diz respeito a se as explanações fonéticas para os padrões sonoros pertencem à área diacrônica ou à sincrônica. Considerando esse aspecto, pode-se pensar em uma tipologia quádrupla:

a. sincrônica + não funcionalista
b. sincrônica + funcionalista
c. diacrônica + funcionalista
d. diacrônica + não funcionalista

Apesar de, na teoria fonológica, a abordagem padrão ser o tipo "a", Blevins e Garrett (2004) optam pelo "d", segundo a qual as explicações fonéticas desempenham um importante papel diacrônico na explicação dos padrões sonoros, mas a otimização é irrelevante; é irrelevante, mas não excluída.

A premissa central da Fonologia Evolucionária assumida por Blevins (2004) é a de que as "*as explicações baseadas em princípios diacrônicos para os padrões sonoros têm prioridade sobre as explicações sincrônicas em competição, a menos que evidência independente demonstre que uma consideração sincrônica seja desejada*". Os modelos sincrônicos para os padrões fonológicos, dessa forma, podem ser simplificados pelo desenvolvimento de explanações diacrônicas foneticamente plausíveis.

Considerando a pertinência das propostas anteriores, entende-se que a metátese, termo largo para a caracterização de diversos processos fonológicos, pode ser explicada com o recurso de ambas as perspectivas, as quais não são, em tese, necessariamente excludentes entre si. Assume-se a metátese como fenômeno foneticamente natural, baseando-se precisamente nas mesmas hipóteses exigidas para entender outros fenômenos fonológicos. Donde se conclui que, embora não haja necessidade de se elaborar uma proposta teórica voltada especificamente para esse fenômeno, nos termos de Blevins, a metátese também carece de associação interpretativa funcional, a fim de que se possa melhor dar conta dos diferentes tipos do processo em uma mesma língua.

A METÁTESE NA LÍNGUA PORTUGUESA E SEU COMPORTAMENTO FONOLÓGICO

O processo de reordenamento de segmentos dentro de uma mesma palavra é um fenômeno antigo e persistente na língua portuguesa. Da passagem do latim para o português, há formas derivadas por metátese que se consolidaram em uma única forma escrita no português moderno, como em *fenestra* > *fresta* e em *semper* > *sempre*. Já outras palavras mantêm registro gráfico variável em dicionários atuais, como é o caso, por exemplo, de *parlar* ~ *palrar* e de *enjoar* ~ *enojar*.

Conforme Silva Neto (1956: 31), a metátese já existia no latim falado, denominado *sermo usualis*, como pode ser visto no *Appendix Probi*, no caso de *glatri non cracli*. Esse fenômeno parece ter se mantido ao longo da evolução do português e ter sido comum, como atestam Nunes (1945), Ali (1965), Coutinho (1976) e Câmara Jr. (1975).

Há casos registrados na passagem do latim para o português de transposição de segmentos, como as consoantes coronais /r, l, n, s/; de vogais e de glides; e de sílabas, como pode ser observado nos exemplos em (1).

(1) Exemplos de metáteses do latim para o português

a. Consoantes /r, l, n, s/	b) Vogais e glides	c) Entre sílabas
semper > sempre	*ravia > raiva*	*chantar > tanchar*
crepare > quebrar	*primariu > primairo > primeiro*	
sibilare > silvar	*geneculu > geolho > joelho*	
remussiare > resmungar	*enojar > enjoar*	
anhelitu > alento		

Segundo Sá Nogueira (1958: 109), os fenômenos de metátese podem distribuir-se em três variedades: *progressiva*, quando há a transposição de um fonema da esquerda para a direita em um vocábulo (de *bridão* para *bidrão*); *regressiva*, quando há uma transposição de um fonema da direita para a esquerda (de *festra* do latim *fenestra*, para *fresta*) e *recíproca*, quando envolve a transposição entre dois fonemas de um mesmo vocábulo (de *canalização* para *calanização*).

Há vários exemplos no português antigo que permitem verificar os diferentes casos apontados por Sá Nogueira. Exemplos na diacronia são frequentes e demonstram movimentações de segmentos tanto para esquerda como para a direita,[1] como atestados em (2):

(2) Exemplos de metáteses em textos antigos em PB, segundo a direção de deslocamento

direita → esquerda	esquerda → direita
preguiça ~ perguiça	*prove ~ pobre*
garganta ~ graganta	*preto ~ perto*
guerlande ~ grinalda	*pretender ~ pertender*
torcer ~ torcer	*estupro ~ estrupo*

Ali (1968) reconhece que já no português antigo era comum a metátese envolvendo a líquida vibrante, e a justificativa era a busca pela contiguidade com outras consoantes, a exemplo de t , p, f, como em *perverter > preveter, torcer > trocer, fermoso > fremoso.* O autor atesta tais ocorrências em textos de língua padrão de escritores como Fernão Lopes, Vieira e Leite de Vasconcelos.

A maior parte de casos de reordenamento ocorre ou apenas com o rótico /r/ ou envolvendo o rótico e a lateral /l/, mas há, no português arcaico, a transposição de /d/, como em *palude* > *padule*, segundo registra Silva Neto (1956: 221). Historicamente, os segmentos /l, r, n, d/, além de serem os desencadeadores da metátese, são solidários em outros processos fonológicos, como a dissimilação, evidenciando que os sons envolvidos pertencem a uma classe fonológica e que são influenciados por padrões de língua.

Embora a dissimilação seja menos frequente que a assimilação, um som não pode ser transformado em qualquer outro, e a motivação para o processo estabelece-se na organização dos traços segmentais. Segundo Lloret (1997), a dissimilação é um processo fonológico de alteração de um segmento para evitar sequências de segmentos iguais restringidas pelo Princípio do Contorno Obrigatório (OCP), como pode ser observado em *liliu* (latim) > *lírio* (português). A dissimilação é o efeito de superfície de duas operações: desligamento e preenchimento *default*. Há, assim, o desligamento de traços para que um segmento perca a semelhança com outro, e novos traços sejam inseridos para constituir um som distinto.

Conforme Lloret (1997), a dissimilação das consoantes soantes, nasais e líquidas, apesar de esporádica, é um fenômeno recorrente nas línguas românicas, causador de mudanças e de variação sincrônica. Há uma tendência geral nas línguas românicas de nasais e laterais passarem a vibrantes, como ocorreu, por exemplo, em *anima* (latim) > *arma* "*alma*" (italiano siciliano) e em *locale* (latim) > *lugar* (português); de vibrantes passarem a laterais, como em *arbitriare* (latim) > *albirar* (catalão) e *alvidrar* (português) e, embora mais rara, há a possibilidade de nasais passarem a oclusivas ou laterais, como em *memorare* (latim) > *lembrar* (português), e em *barcinone* (latim) > *barcelona* (espanhol) e laterais passarem a nasais, como em *qualsevol* ~ *quansevol* "*qualquer um*" (catalão).

Além do fato de as consoantes que sofrem transposição compartilharem processos fonológicos, como a dissimilação, há dúvidas sobre a natureza da metátese e seu comportamento variável e fonológico. Como ocorre? Por que ocorre? Em que circunstâncias? Sob que condições? Como interage com outros aspectos que afetam a estrutura sonora? Algumas das respostas a essas perguntas poderão ser vistas na última seção deste capítulo.

A metátese parece ser frequente entre as líquidas não laterais, como é o caso do rótico, que se mostra o preferido na mudança e variação, ao contrário da lateral, que se mostra vocalizar-se em posição de coda no PB. Normalmente, o /r/ é requerido na diacronia no lugar da lateral em grupos consonantais já existentes (*fluxu* > *frouxo*); na criação de grupos derivados por síncope em proparoxítonas (*abóbora* ~ *abobra*).

No PB, parece que o processo de transposição de sons está relacionado à escolaridade, principalmente, pois sua realização ocorre preferencialmente em informantes com poucos anos de escolarização. Dados de fala do Sul do país, obtidos no banco de dados do Projeto Variação Linguística Urbana no Sul do país (Varsul/1989), revelam que a metátese ocorre em muito poucos casos. Por outro lado, dados dos *corpora* provenientes do Nordeste evidenciam a ocorrência mais larga desse fenômeno. Em ambas as regiões, sequências com /p/ são as preferidas (*pretender, preciso, perguntar, prateleira, pedestre* etc.), e os deslocamentos em estruturas CC para CVC parecem sofrer algum estigma social.

COMPREENSÃO DOS DADOS RELATIVOS À METÁTESE

Como foi dito na seção anterior, a metátese é um fenômeno recorrente na história do PB. Por essa razão, fez-se um levantamento em dados linguísticos do século XVII, XVIII e XIX, extraídos das fontes apresentadas a seguir, elencadas em ordem cronológica:

a) Século XVII:

Telles, Henrique Moniz. Carta de Henrique Moniz Telles, escrita na Bahia de Todos os Santos, em 5 de junho de 1638. Manuscrito do Fundo Geral da Biblioteca de Lisboa, número 1555, folhas 292 a 298.

b) Séculos XVIII, XIX:

Como foi dito na seção anterior, a metátese é um fenômeno recorrente na história do PB. Por essa razão, fez-se um levantamento em dados linguísticos do século XVII, XVIII e XIX (Aguilera e Vasconcelos, 2007; Carneiro, 2005; Fonseca, 2003; Oliveira, 2006). Além desses, foram consultados os textos disponíveis nos repositórios <http://www.tycho.iel.unicamp.br/cedohs/corpora/CDM/312-AFM-28-07-1898.xml> e <http://www.letras.ufrj.br/PHPB-RJ/>.

As fontes anteriores correspondem a documentos manuscritos dos seguintes estados brasileiros: Paraná, Bahia, Paraíba, Rio de Janeiro, São Paulo, Pernambuco, Rio Grande do Norte, Minas Gerais e Santa Catarina, cujos dados estão arrolados nos Quadros 1 e 2. Incluímos nos dois Quadros dados atuais de metátese, para favorecer a visualização do percurso histórico da ocorrência do fenômeno, considerando as variedades linguísticas padrão e não padrão.

Quanto às variedades linguísticas, as variedades padrão e não padrão foram definidas a partir da consideração sócio-histórica dos tipos dos textos e autoria dos mesmos. Os dados do português não padrão estão presentes apenas a partir do século XIX, em face da dificuldade de se encontrar registro de escrita correspondente à língua não padrão anteriormente a isso.

Quadro 1 - Ocorrência da metátese tautossilábica[2]

DADOS HISTÓRICOS	**Desfazendo** ***onset* complexo** **CCV > CVC**	**Formando** ***onset* complexo** **CVC > CCV**
Séculos XVII, XVIII, XIX Paraíba Salvador Rio de Janeiro Londrina Pernambuco Rio Grande do Norte Minas Gerais Santa Catarina	*porferir, perferir* *pertender* *pertenderaõ* *pertendia* *percizo(a)* *logar* *porvíncia*	*pressistir, premitir* *pretubação* *pregunta, pretencer* *detriminará* *treseiro* *fromoso, fremoso* *trumenta* *prefazendo* *premitir, premita* *precursos*
Final do século XIX (Bahia) Mãos inábeis	*percizava* *percurado, pertendia* *disfurtarun*	*preziste , intrevalo* *preceguido* *recruço*
DADOS ATUAIS	*percura* *perfere*	*braganha* *broboleta* *detreminar* *drumir, fromiga* *prefume, trocer* *frevura, pregunta*

Quadro 2 – ocorrência da metátese heterossilábica

DADOS HISTÓRICOS	Deslocamento de líquida em *onset* complexo não local (heterossilábica)	Deslocamento de líquida em coda complexa não local (heterossilábica)	Deslocamento de vogal (núcleo → coda) local (heterossilábica)
Final do século XIX (Bahia) Mãos inábeis	*apretexos*		
Século XX (1916-1924) Rio Grande do Norte		*largata*	
DADOS ATUAIS	*vrido* *vrinage* *vridaça* *grangena* *preda* *predeiro* *croba* *trige* *estrupar* *beflar* *pegriçoso*	*cardaço* *largatixa* *largata* *iorgute* *sastifeito*	*tauba* *estauta* *raido* *oido* *vigairo* *histoira* *armairo*

Avaliando os dados encontrados nos *corpora* mencionados, é possível constatar que a metátese mais frequente é do tipo tautossilábica, concorrendo indistintamente em variedades padrão e não padrão da língua. O tipo heterossilábico é quase inexistente, mesmo na produção de mãos inábeis. Em todo o *corpus*, apenas encontrou-se o caso de *largata* em documento do início do século XX.

Comparando os dados históricos com o português atual, observa-se, contrariamente, uma incidência considerável da metátese heterossilábica, mesmo que restrita a variedades não padrão, conforme dados constantes dos Quadros 1 e 2.

O Quadro 3 fornece maior visualização dos dados disponíveis, considerando a caracterização dos mesmos quanto aos dois fatores, *tempo histórico* (século em que se situa o *corpus*) e *variedade linguística*:

Quadro 3 – Dados disponíveis das variáveis padrão e não padrão nos séculos XVIII e XIX

Variedade	**Século**	
	XVIII	XIX
Padrão	X	X
Não padrão		X

Após a identificação dos casos de metátese nos dados, precedeu-se à organização dos mesmos, comparando os fenômenos, verificando a sua frequência nos textos particulares e a sua ocorrência através dos séculos. Visando ao entendimento diacrônico do processo de metátese no PB, partiu-se da fonte histórica das palavras (no latim) que apresentavam o fenômeno, uma vez que a informação estrutural daquelas seria de relevância fundamental para classificação dos fenômenos encontrados e entendimento/interpretação de sua ocorrência ou não nos diferentes textos. No Quadro 4, apresenta-se o resultado do procedimento de análise. O negrito na caixa baixa evidencia o elemento que desenvolve a metátese, e na caixa alta, a efetuação do processo:

Quadro 4 – Percurso diacrônico do processo de metátese no PB

Fonte histórica (latim)		**Séculos XVII-XIX (padrão)**		**Atual XX-XXI (padrão)**	**Século XVIII (não padrão)**		**Atual XX-XXI (não padrão)**
*pe**r**mittere*	>	*p**R**emitir*	>	*pe**r**mitir*	*p**R**emiti(a)*	>	*p**R**emitir*
*p**r**oferere*	>	*po**R**ferir*	>	*p**r**oferir*	*pe**R**ferir*	>	*po**R**ferir*
*p**r**aecunctare*	>	*p**r**egunta*	>	*pe**R**guntar*	*p**r**ogunta*	>	*p**r**eguntar*
*fe**r**vere*			>	*fe**r**ver*			*f**R**ever*
*ve**r**miculu*			>	*ve**r**melho*			*v**R**emelho*

Com a ocorrência sistemática de um mesmo fenômeno em todos os períodos históricos, nas duas variedades, foi plausível hipotetizar a possibilidade de ocorrência do fenômeno em palavras particulares não constantes nos *corpora* dos períodos anteriores ao presente, mesmo quando sua ocorrência era apenas atestada em um dos séculos observados. Nesse sentido, consideraram-se válidos os dados como os constantes nas duas últimas linhas do Quadro 4, que se referem à verificação da metátese apenas em dados atuais, para a interpretação do fenômeno no PB. Por outro lado, o mesmo não se processa quando se tratam das variedades da língua. Como pode ser observado no Quadro 4, há uma tendência de a variedade padrão atual coincidir com a fonte histórica do latim, ou seja, não apresentar fatos de metátese. Entretanto, dos séculos passados, registros de variedades padrão são ricos em casos de metátese, sinalizando para a possibilidade de o fenômeno ter sido variável na fala considerada "culta", particularmente antes da institucionalização do ensino no país, quando fatores externos ganham força na regulação da norma.

Além disso, o fenômeno observado em textos históricos oficiais e, portanto, presumidamente, da variedade padrão, correspondem a apenas um dos subtipos observados de metátese no português, cuja classificação segue adiante. Com isso, afirma-se que, apesar de a metátese ser encontrada atualmente em variedades não padrão, o que reflete a existência do fenômeno em variedade padrão dos séculos anteriores ao presente, essa afirmação não é válida para todos os casos – ou tipos – de metátese observadas sincronicamente no português de hoje.

ANÁLISE DOS DADOS

O procedimento de análise dos dados consistiu na aplicação da tipologia de metátese proposta por Blevins e Garrett (2004) e na interpretação do fenômeno face ao *General Model of the Interplay of External Forces and Phonology*, de Hume (2004), por sua vez pautado no *Modelo da Interação de Percepção de Fala e Fonologia* de Hume e Johnson (2001).

No exame dos dados referentes aos séculos XVIII e XIX, que constituíram o *corpus* deste capítulo, foram encontrados casos de metátese que podem ser classificados, de acordo com a proposta de Blevins e Garrett (2004), como metátese perceptual.

Os fatores que se mostraram relevantes no comportamento da metátese e a sua tipificação no PB foram: 1. direção do segmento, 2. tonicidade da palavra, 3. posição da(s) sílaba(s) envolvida(s), e 4. domínio prosódico. Desses, o domínio prosódico apresenta uma restrição válida para ocorrência de metátese, nomeadamente a da palavra morfológica. Com isso, afirma-se que fronteira de morfema, no interior da palavra, ou sequência de palavra e clítico não desencadeia processo de metátese.

Metátese perceptual tautossilábica

Envolve o *rótico* na segunda posição de ataque complexo (C**r**V) ou em coda silábica (CV**r**). O segmento rótico pode migrar no interior de uma sílaba, tratando-se, portanto, de fenômeno que envolve a permuta posicional entre segmentos tautossilábicos adjacentes. Por envolver segmentos adjacentes, esse processo é também conhecido como metátese "local". Um outro comportamento do rótico em metátese perceptual caracteriza-se pela migração do segmento em uma sílaba para outra, no que se observa um processo heterossilábico entre segmentos não adjacentes. Ao contrário do primeiro, esse último é considerado caso de metátese "não local" (à distância) (Grammont, 1946; Blevins e Garrett, 2004) por envolver a migração do segmento para além dos segmentos contíguos. Salientamos que nos dados do PB não foram observados casos de metátese heterossilábica entre segmentos adjacentes. Exemplos de metátese perceptual tautossilábica são fornecidos em (3):

(3) a. *to**r**.cer* > *t**r**u.cer*
b. *do**r**.mir* > *d**r**u.mir*
c. *p**r**o.fe.rir* > *po**r**.fe.rir*
d. *p**r**é.sidente* > *pe**r**.sidente*

QUANTO À DIREÇÃO

O rótico em metátese perceptual tautossilábica pode migrar de uma posição de coda para a de segunda posição de *onset* complexo – CV**r** > C**r**V – (dados (3a) e (3b)) ou, reversamente, o rótico pode sair dessa última posição para ocupar a de coda silábica – CrV > CVr – (dados (3c) e (3d)). Em ocorrendo na mesma sílaba, as duas possibilidades de migração do rótico resultam na bidirecionalidade do fenômeno, revelando uma simetria direcional, porém com "notável" preferência do movimento à esquerda.

Em sendo a frequência predominante do processo com direção à esquerda, a tendência maior é a formação de *onset* complexo e a perda de coda silábica.

QUANTO AO ACENTO

Mesmo podendo envolver segmento em coda, a metátese perceptual não é motivada pelo acento, e ocorre tanto em sílaba pretônica como tônica. Nos exemplos em (4), as sílabas tônicas estão sublinhadas.

(4) a. *fo**r**ça* > *f**r**oça*
b. *c**r**avícula* > *ca**r**vícula*

QUANTO À POSIÇÃO DA SÍLABA ENVOLVIDA

A tendência observada na ocorrência da metátese perceptual (incluindo a do tipo heterossilábica) é a de o fenômeno se dar no início da palavra, mais recorrentemente em sua primeira sílaba.

(5) a. *pe**r**turbação* > *p**r**eturbação*
b. *fo**r**miga* > *f**r**omiga*
c. *to**r**menta* > *t**r**umenta*

RESTRIÇÃO FONOTÁTICA E CONTEXTUAL

Em termos das restrições que inibem a ocorrência da metátese perceptual tautossilábica, o comportamento da língua revela-se condicionado à fonotática e ao contexto seguinte.

Do ponto de vista da fonotática, a metátese não ocorre quando a migração resulta em sequência malformada na língua:

(6) a. *la**r**va* < ***lr**ava*
b. *mo**r**te* < ***mr**ote*

Em termos do contexto seguinte ao rótico em coda, os dados confirmam maior tendência à preservação da coda, quando a consoante seguinte é [-contínuo], e favorecimento à metátese quando o segmento é [+ contínuo], como em (7a) e (7b), respectivamente:

(7) a. *po**rc**o* > *proco*
fortalecer > * *frotalecer*
b. *força* > *froça*
perseguir > *presseguir*

Como foi dito anteriormente, a tendência saliente da direção da metátese é a do deslocamento do rótico à esquerda de sua posição na palavra. A metátese tautossilábica implica necessariamente a passagem do segmento em coda para segunda posição de *onset*, conforme já descrito.

Metátese perceptual heterossilábica

Quando a metátese é heterossilábica, o rótico pode ocupar as duas posições já mencionadas (coda ou *onset*), porém preservará sua posição ocupada na sílaba de origem: CrV > CrV (dados 8a e 8b) e CVr > CVr (8c e 8d).

(8) a. *po.b**r**e* > *p**r**o.be*
b. *vi.d**r**o* > *v**r**i.do*
c. *ca.de**r.**ne.ta* > *ca**r**.de.ne.ta*
d. *la.ga**r**.to* > *la**r**.ga.to*

QUANTO À DIREÇÃO

Na metátese perceptual heterossilábica, há uma restrição direcional quase categórica, definindo uma assimetria na migração do rótico, que se desloca à esquerda de sua posição lexical. O rótico em metátese migra comumente para uma sílaba anterior, em geral a adjacente à silaba de origem, definindo a direção predominantemente à esquerda, no interior da palavra: *es.t**r**u.pí.ci.o* > **es.tu.p**r**í.ci.o*

O caso de *p**r**o.tes.tan.te* > *po.t**r**es.tan.te,* embora aparentemente isolado, evidencia a ocorrência da metátese perceptual heterossilábica com direção à direita.

QUANTO AO ACENTO

A metátese heterossilábica não é condicionada pelo acento. Entretanto, sua ocorrência é preferencial em direção à sílaba tônica, sobretudo em palavras dissílabas, em que o rótico está na posição de *onset* (dados em (9)). Casos que não coincidem com esse comportamento mais geral são exemplificados em (10). As sílabas acentuadas foram sublinhadas:

(9) a. *pedra* > *preda*
b. *cobra* > *croba*
c. *cobre* > *crobe*
d. *tigre* > *trigue*

(10) a. *dobrar* > *drobar*
b. *estuprar* > *estrupar*
c. *gangrena* > *granguena*
d. *vinagre* > *vrinague*

RESTRIÇÃO FONOTÁTICA

Observa-se larga ocorrência da metátese do rótico em posição de *onset*, conforme dados em (9) e (10), em que se encontra o subtipo CV.CCV > CCV.CV. Restrições fonotáticas bloqueiam o processo, como em (11):

(11) a. *sobra* < *sroba
b. *rubro* < *rrubo
c. *lastro* < *lrasto
d. *sofrer* < *srofer

Além do rótico, são observados casos de metátese do tipo perceptual heterossilábica envolvendo a sibilante alveolar /s/ em coda, em palavras que compartilham da mesma base radical, como pode ser visto em (12):

(12) a. *sa.tis.fa.ção* > *sas.ti.fa.ção*
b. *sa.tis.fei.to* > *sas.ti.fei.to*

Até onde foi possível atestar, outros radicais na língua não apresentaram a ocorrência do fenômeno envolvendo a sibilante.

CONSIDERAÇÕES FINAIS

Esse capítulo não esgotou o fenômeno de metátese no PB, entretanto os casos de metátese levantados e analisados já parecem suficientes para considerar o fenômeno diacrônico como não aleatório ou irregular nessa língua, revendo o proposto por Hora e Telles (2007).

Ao tomar como parâmetros para a análise a origem latina das palavras e a ocorrência sistemática de diferentes casos de metátese na sequência histórica da língua e em diferentes variedades, pôde-se melhor mapear a regularidade do processo, a sua evolução e o seu *status* atual no português. De acordo com o apresentado, a metátese foi operante em todos os séculos, independentemente da variedade linguística. A frequência do fenômeno em textos oficiais, sendo esses presumivelmente representantes de variedade padrão, fortalece a hipótese de que a metátese no passado ocorria largamente como regra variável, não condicionada socialmente.

Por outro lado, o mesmo não se processa no presente. Textos atuais de variedades padrão, sejam de fala ou de escrita, não apresentam a regra variável da metátese (português atual coincide com a fonte histórica do latim). Observando o curso da evolução da língua, tendo em vista a variedade padrão do presente, que é amplamente uniformizada, comprovamos uma tendência conservadora do PB, particularmente no que se refere à metátese. Por essa razão, fenômenos tomados como metátese sincrônica decorrem ou de variedade não padrão ou de mudanças já implementadas na língua, e, portanto, lexicalizadas, como é o caso do item *perguntar*, que na origem latina apresentava na primeira sílaba da palavra um *onset* complexo com a líquida /r/ e não a coda sincrônica. Por outro lado, tendo em vista esse comportamento da língua, consideramos que as evidências de metátese sincrônica em variedade não padrão sinalizam para a sua também ocorrência no passado, independentemente da variedade considerada, mesmo quando os dados correspondentes não foram encontrados no *corpus* histórico.

Com relação à metátese diacrônica, encontrada em textos de variedades padrão e não padrão do português, a identificação de sua motivação estrutural, de acordo com o apresentado anteriormente não favorece a interpretação de que o processo seja regular. Para Hock (1985: 529), entretanto, a metátese é regular quando tem um fim estrutural, como, por exemplo, para atender a uma preferência fonotática da língua.

Considerando a interpretação de Blevins e Garrett (2004), a metátese diz respeito tanto à transposição do segmento quanto a do traço, os quais envolvem mecanismos similares. Essa visão integrada do processo se assemelha à mudança de som gradual regular, resultado da interface entre a produção e a percepção, como observou Ruch (2013) citando Ohala (1993, 2003).

Com essas observações, e diferente do que é largamente assumido das descrições gramaticais históricas, pode-se admitir que o fenômeno da metátese no processo evolutivo do PB, pelo menos considerando as variedades observadas, não se restringia entre os séculos XVII-XIX a variedades menos cultas, e não correspondia a "erros/lapsos" de fala. Assim, também, se desfaz a ideia, alternativa à do erro, de que a metátese resulta de processo de mudança diacrônica estritamente localizado em alguns itens do léxico, tal como em *semper* que passou a *sempre*, no português padrão. Por outro lado, não podemos considerar a metátese como um fenômeno regular, uma vez que sua ocorrência é variável num mesmo texto e sua frequência depende do autor.

Por fim, entende-se que fatores mais sincrônicos, explicados pela indeterminância de sinal ou otimização, de um lado, considerados por Hume (2001, 2004), ou fatores pautados no processo evolucionário da fonologia, de acordo com Blevins e Garrett (2004), precisam ser tomados conjuntamente e associados a fatores de natureza sociolinguística, a fim de se alcançar uma explanação satisfatória do fenômeno de metátese no PB.

NOTAS

1 O registro da metátese é um dos casos mais frequentes em dados de português histórico. Por tratar de transposição de segmentos, não há problemas em se identificar se o dado registrado tem interferências do sistema gráfico e ortográfico, o que é um problema para o estudo de variáveis fonológicas em textos escritos antigos. Mais detalhes, ver Monaretto, "O estudo da mudança de som em registro escrito: fonte para o estudo da fonologia diacrônica", *Letras de hoje*, Porto Alegre, v. 40, n. 3, p. 117-135, 2005.

2 A metátese tautossilábica que forma *onset* complexo implica o apagamento da coda. Sobre esse fenômeno, ver o capítulo "Apagamento e vocalização em coda silábica", de Pedrosa e Lucena, neste volume.

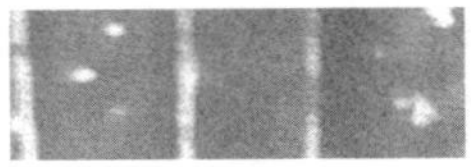

HIPOSSEGMENTAÇÃO DE SEQUÊNCIAS COM CLÍTICOS

Elisa Battisti

SUMÁRIO

APRESENTAÇÃO

A alteração da palavra com clítico (*ioscompanheiros* "*e os companheiros*", *quisto* "*que isto*", *assuas cartas* "*as suas cartas*"), ou hipossegmentação, é, conforme Monaretto (2005), um dos empregos variáveis de letras fonologicamente significativos que se podem verificar em documentos antigos. Esse tipo de ocorrência na escrita pode indiciar a prosodização dos clíticos,[1] isto é, o modo como clíticos relacionam-se a outros elementos na escala prosódica (Nespor e Vogel, 1986).[2]

Clíticos são vocábulos gramaticais sem acento (Camara Jr., 1984a: 39) que dependem estruturalmente da palavra vizinha na construção (Crystal, 2000: 49). Em português, são clíticos os pronomes átonos (*se, me, te, nos, o, a, lhe*), os artigos (*o, a, um, uma*), as preposições (*de, com, sem, a, p(a)ra*), algumas conjunções (*e, mas, ou, se*) e pronomes/conjunções (*que*) (Bisol, 2005: 164). São formas com pouco corpo fonético, átonas e em geral monossilábicas, que só são realizadas na fala porque recebem estrutura (prosódica) da palavra vizinha, tecnicamente chamada hospedeiro.

Na enunciação, os clíticos, prosodizados, figurarão como uma ou mais sílabas do hospedeiro, ficando em próclise ou em ênclise (Camara Jr., 1984a: 39). Na escrita, recursos gráficos assinalam a presença dos clíticos na sequência de palavras: hífen, como na ênclise dos pronomes oblíquos átonos em português (*olhou-me*); ou espaço em branco (*me olhou, de casa, os dois*). Outros recursos gráficos podem ser usados, como o apóstrofo, em inglês (*you're, I'm, he's*, "*você é/está, eu sou/estou, ele é/está*").

Em documentos atuais ou antigos, como os que serão analisados neste capítulo, não assinalar a presença do clítico deixando de empregar apóstrofo, hífen ou espaço em branco (hipossegmentação) pode ser indício de que o escrevente não perceba a presença do clítico e de que a sequência esteja sendo usada como uma unidade lexical (*porisso, detarde*); ou de que perceba o clítico, mas assinale a dependência (prosódica) do clítico em relação ao hospedeiro (*oBarão*).

Esses indícios, e o fato de que podem evidenciar a organização prosódica envolvendo clíticos em vigor no português brasileiro desde o século XIX, são o tema e a hipótese de trabalho aqui explorados. Ao apresentarmos e discutirmos os resultados da análise de documentos que vão do século XIX ao XX, veremos que a hipossegmentação pode dar-se tanto entre um clítico e o hospedeiro como entre os próprios clíticos, quando dois ou mais deles estiverem em sequência. No primeiro caso, tende a ocorrer com hospedeiros paroxítonos dissilábicos ou monossílabos tônicos iniciados por consoante, no segundo, com os próprios clíticos. Além disso, a hipossegmentação predomina com clíticos situados à esquerda do hospedeiro (adjunção do clítico para a direita).

Listados por século e tipo, os documentos utilizados na análise são:

- Século XIX

Lopes e Machado (2004): cartas pessoais de avós, brasileiros, escritas no Rio de Janeiro a seus netos;

Carneiro (2005): cartas oficiais e não oficiais escritas por brasileiros de diferentes estados;

Oliveira (2006): atas de reuniões da Sociedade Protetora dos Desvalidos, da Bahia, irmandade integrada por escravos haussás;

Nasi (2012): dissertação de mestrado que lista alterações ortográficas passíveis de análise fonológica encontradas em jornais gaúchos.

- Século XX

Carneiro, Santiago e Oliveira (2011b): cartas pessoais de indivíduos pouco escolarizados da zona rural de municípios da bacia do Jacuípe e da região do sisal, Bahia;

Oliveira (2009b): bilhetes escritos por cangaceiros do grupo de Virgulino Ferreira da Silva, o Lampião, e pelo próprio líder.

Pressupõe-se que uma grafia não convencional como a hipossegmentação não resulta da transposição direta de características da fala para a escrita. É dado complexo, que indicia a organização prosódica da língua (Abaurre, 1999; Tenani, 2010). Além disso, acredita-se que, na prosodização do clítico, seu papel gramatical – pronome, preposição, conjunção, artigo – é menos importante do que a relação dominante-dominado ou forte-fraco que se estabelece entre clítico e hospedeiro.

Inicia-se o capítulo com uma breve abordagem à fonologia dos clíticos e sua interação com critérios ortográficos, principalmente os vigentes no século XIX. Segue-se a análise realizada em diferentes conjuntos de dados,[3] com apresentação e discussão dos resultados obtidos. Por fim, as conclusões.

FONOLOGIA DOS CLÍTICOS: A FALA E A ESCRITA

Em termos fonológicos, a discussão em torno dos clíticos diz respeito a seu estatuto: são vocábulos mórficos, mas não constituem vocábulos fonológicos porque não possuem estrutura fonológica mínima – duas moras ou duas sílabas. Segundo Anderson (2005), são elementos linguísticos que não projetam estrutura no nível da palavra fonológica.

Kenstowicz (1994) afirma que muitas línguas evitam esses elementos, isto é, palavras fonológicas de uma mora ou uma sílaba, para satisfazer uma exigência de bimoraicidade/dissilabicidade mínima. Se numa língua como o inglês, que satisfaz essa exigência, palavras monomoraicas tais quais os artigos *the* (*o*, *a*, *os*, *as*), *a* (*um*, *uma*) se realizam, é porque adquirem a estrutura que lhes falta na frase, no nível pós-lexical, formando um constituinte prosódico por adjunção a um hospedeiro com estrutura prosódica suficiente.

No português, nas palavras de Bisol (2000: 23-24), "*clíticos nunca se integram a uma palavra fonológica, mas a ela se anexam, por adjunção, sob o domínio de um constituinte prosodicamente mais alto*". Conforme a autora, só por sândi ocorreria integração com a palavra seguinte. O constituinte formado, portador de um só acento, compõe-se de um ou mais clíticos e uma palavra fonológica, a palavra fonológica pós-lexical (Bisol, 2005).

Essa aquisição pós-lexical de estrutura prosódica, no entanto, incorre em violação à restrição MWord=PWord (para cada palavra morfológica existe uma palavra prosódica com bordas direita e esquerda alinhadas; Selkirk, 1995), razão pela qual os clíticos podem não ser percebidos como elementos independentes do hospedeiro. É o que motiva a eventual hipossegmentação na escrita.

Camara Jr. (1984b) reconhece a competição entre essa motivação e as normas ortográficas no desencadeamento da hipossegmentação: "*As pessoas mal alfabetizadas de hoje e os copistas medievais, escrevendo olivro*, sefala, falasse, *sem espaço em branco, estão adotando um critério fonológico, que não é autorizado pelas convenções atualmente vigentes da ortografia portuguesa*" (Câmara Jr., 1984b: 36). Afirma ser o acento o caracterizador do grupo de força que clítico e hospedeiro formam.

Dentre os clíticos do português, há alguns que não são átonos (*para*), mas que, segundo Bisol (2005), tendem a perder acento, comportando-se como clíticos num mesmo grupo prosódico. Bisol (2000, 2005) não distingue clíticos pronominais dos demais clíticos, como Vigário (2001) faz para o português europeu, que apresenta uma preferência pela posição pós-verbal (ênclise). No português brasileiro, como em outras línguas românicas, os clíticos pronominais são usualmente pré-verbais. Situam-se à esquerda do hospedeiro, como as demais formas funcionais com *status* fonológico de clítico. É o que se verificará nos documentos analisados.

Essa diferença entre o português europeu e as demais línguas românicas surgiu por volta do século XVII, segundo Vigário (2001). Antes disso, pelo menos desde o século XIII, próclise e ênclise conviviam livremente, conforme registrado nos manuscritos portugueses. Foi a emergência do domínio prosódico frase entonacional com proeminência inicial que tornou a ênclise a posição preferida no português europeu: a ênclise teria evitado que os clíticos se tornassem acentuados.

No português brasileiro, o domínio frase entonacional com proeminência inicial não emergiu, e assim a preferência pela ênclise não se verificou: "*Assume-se que os clíticos do PB, por outro lado, sejam fonologicamente proclíticos, o que é compatível com sua localização típica antes do hospedeiro verbal*"[4] (Vigário, 2001: 329).

No século XIX, como hoje, a norma ortográfica para a escrita em língua portuguesa orientava a separar por espaço em branco as sequências clítico-hospedeiro. É o que se verifica no guia ortográfico *Ortographia ou a arte de escrever e pronunciar com acerto a lingua portugueza, para uso do Excelentissimo Duque de Lafoens,* de João M. M. Feijó, publicado primeiramente em Lisboa em 1734, mais tarde na Bahia em 1820, obra disponível à consulta dos brasileiros que, então, escreviam textos em português.

> A conjuncção, a que os gregos chamam *Hyphen*, he hum signal [...] para unirmos duas palavras, que per si são separadas, como se foram huma só na pronunciação [...] v.g. *Passa-tempo, Guarda-porta.* [...] advertiremos que, excepto nas palavras compostas, em todas as mais, todas as preposiçoens, advérbios, interjeiçoens, e conjunçoens se põem separadas das demais palavras, assim no portuguez, como no latim; mas as conjuncçoens enclíticas *que, ne, ve*, no latim sempre se escrevem encostadas á palavra a que se ajuntão: v.g. *Pedro, e Paulo: Petrus, Palusque.* (Feijó, 1820: 138-9)

Percebe-se na norma a influência do latim e do grego, como também o respeito à etimologia. Entretanto, mesmo havendo normas ortográficas, como essa, vigentes nos séculos XVIII e XIX, a variação no registro ortográfico verificada nos documentos brasileiros disponíveis é significativa, a flutuação maior envolvendo o emprego de consoantes duplas. Vinha daí o apelo dos estudiosos, à época, pela padronização ortográfica e por uma norma simplificada, o que veio a ser alcançado, em alguma medida, apenas no início do século XX.

OS PRIMEIROS DOCUMENTOS ANALISADOS: A BUSCA POR UM PADRÃO DE HIPOSSEGMENTAÇÃO

Inicialmente (Battisti, 2008, 2010), buscou-se analisar apenas cartas pessoais, pelo uso de linguagem supostamente menos cuidada que nelas se encontraria. Acessados documentos em diferentes acervos, descobriu-se que cartas pessoais escritas no Brasil em séculos passados são raridade. Foi assim que se recorreu aos *corpora* do Laboratório de História do Português Brasileiro (Labor Histórico-PB)[5] da UFRJ, disponibilizados eletronicamente.[6] Em um deles, com documentos do século XIX, encontraram-se 41 cartas pessoais escritas no Brasil entre 1879 a 1889, por C. B. Ottoni e sua esposa, Barbara Ottoni, aos netos (Lopes e Machado, 2004).

Vinte e sete das cartas foram escritas pelo avô, C. B. Ottoni, e 14 pela avó, Barbara Ottoni. Cobrem um período de dez anos e formam um conjunto em que as cartas do avô, mais longas do que as da avó, primam pelo apuro da forma (ele aconselha aos netos o "asseio" na escrita e os parabeniza pelos progressos na redação das cartas que escrevem). Nelas não há hipossegmentações.[7] As cartas da avó, ao contrário, são breves, possuem um tom bastante mais coloquial e nelas verificam-se hipossegmentações. Esses 14 documentos, então, tornaram-se fonte de dados para o estudo. Foram 67 as hipossegmentações verificadas nas cartas, nelas predominando a posição clítico-hospedeiro.

Posteriormente, teve-se acesso a outro conjunto de documentos incorporados à análise: atas de reuniões da Sociedade Protetora dos Desvalidos, associação de negros livres ou libertos baianos (Oliveira, 2006). Para equilibrar o número de documentos com os já até então analisados, selecionaram-se 14 atas redigidas por 4 prováveis brasileiros entre 1837 e 1847. Nas atas, faz-se uso de expressões formulaicas, numa organização textual rotinizada, mas num registro ortográfico que se poderia considerar fonético. Nelas, há ocorrências tanto de hipo quanto de hiperssegmentação (*tro cou*), essas em número bem mais reduzido, aquelas com o predomínio da posição clítico-hospedeiro. Diferentemente das cartas, o uso de hífen é raro nas atas. A não ser em casos de translineação e de algumas hiperssegmentações (*aSinar-mos)*, esse sinal não é frequentemente empregado (*feiçe, fesçe*, *fesse* por *fez-se*). Verificaram-se nas 14 atas 182 hipossegmentações.

Algumas das hipossegmentações das cartas, com os clíticos *a, e*, pronomes átonos, estão no Quadro 1:

Quadro 1 – Algumas hipossegmentações das cartas

assuas cartas	*eas pessoas que te querem bem*	*medeo muito prazer*
ade honra	*eum a Deus de Christiano*	*medisse que em principio*
atodos 2	*ea Christiano*	*selembra do anno*
avoce	*ete abençoa*	*setem adiantado*
aquem abraçaras	*equandoelles vem açadinhos*	*noslembramos*
acasa muito vazia	*efoi hoje*	*temandão lembranças*
acemana passada	*eque es um menino de juízo*	*teposso dizer*

Fonte: Battisti (2008, 2010).

No Quadro 2, estão ocorrências das atas, com os clíticos *de, e*, pronomes átonos:

Quadro 2 – Algumas hipossegmentações das atas

demil	*etrinta*	*sefes*
dofalecido	*eIrmã*	*sedeu*
damesma	*edispois*	*seasinaraõ*
daCunha	*enunca*	*ososcrevi*
deNovembro	*eEu*	*ofazer*
danossa	*emais*	*onão*
domes	*eaSignei*	

Fonte: Battisti (2008, 2010).

Usando o aporte quantitativo da Teoria da Variação (Labov, 1972) apenas para, de modo preliminar e sem o compromisso de defender variação da mudança em progresso, captar alguma tipologia dos casos de hipossegmentação, realizou-se análise estatística (de regressão logística) dos dados das cartas e das atas separadamente, com o programa Goldvarb,[8] versão para ambiente Windows do pacote de programas Varbrul. A variável dependente foi a hipossegmentação clítico-hospedeiro. Considerando-se a natureza dos elementos, pensou-se que, quanto menos clara fosse a percepção do clítico como palavra morfológica, maior a tendência do escrevente a realizar hipossegmentação. Controlaram-se, de um lado, a natureza do hospedeiro e, de outro, a natureza do próprio clítico. Na variável Locução, controlaram-se os fatores clítico mais palavra lexical (*a casa*), clítico mais palavra funcional (*a outra*), e clítico mais clítico (***que te*** *deram*). Na variável Clítico, controlaram-se os fatores pronome (***me*** *deram*), conjunção (***e****veio*), artigo (***a****casa*), preposição (***de*** *vocês*), *que* – pronome/conjunção (***que*** *diz*).

Foram 402 os contextos de hipossegmentação nas cartas, com uma frequência total de aplicação da regra de 16%. Nas atas, foram 551 os contextos e 33% a hipossegmentação, valores significativos considerando-se o tipo de fonte de dados, sujeito às sanções da norma ortográfica. Os resultados opõem clítico mais palavra lexical (desfavorecedor) a clítico mais palavra funcional ou clítico (favorecedor). No controle da variável clítico, pronomes mostraram-se favorecedores da hipossegmentação em ambas as análises.

Nas cartas, a hipossegmentação é favorecida em locuções formadas por clítico e clítico ou palavra funcional, o clítico sendo um pronome pessoal ou uma conjunção. Os pronomes verificados na amostra são *me, te, se, nos, vos, o, os*, e as hipossegmentações foram realizadas apenas com os quatro primeiros (*medeo, temandão, se-esqueceu, noslembramos*). As conjunções verificadas foram *e, se, mas,* e as hipossegmentações realizadas com as duas primeiras (*equando, ea Christiano, etam bem, sevoce*). Um único caso de sândi vocálico externo foi registrado (*tenvio*). Já nas atas, a hipossegmentação é favorecida em locuções formadas por clítico e clítico ou palavra funcional, o clítico sendo um pronome. Os pronomes verificados são *se, lhe, os, o*, e as hipossegmentações, com todos esses, exceto *lhe*.

No que se refere à percepção do clítico pelo sujeito, o que desfavoreceria a hipossegmentação, confirmou-se a ideia inicial: ela é maior quanto mais clara for a identificação do hospedeiro como palavra morfológica e prosódica, o que é peculiar às palavras de conteúdo.

Distinguindo-se sequências de um clítico e hospedeiro (C1H) de sequências de dois clíticos e hospedeiro (C2H), buscou-se verificar se o acento (primário e secundário) e o segmento inicial do hospedeiro em C1H têm papel sobre o agrupamento. Em relação a C2H, se há tendências de agrupamento considerando-se os três elementos presentes.

Nas cartas, dos 402 contextos, 334 são sequências C1H, 68 são sequências C2H. Nas atas, dos 551 contextos, 509 são sequências C1H, 42 são sequências C2H.

Das 334 sequências C1H das cartas, ocorre hipossegmentação em 53, 45 delas com hospedeiro iniciado por consoante (*evejo*), 8 com hospedeiro iniciado por vogal (*aella*). Das 53 hipossegmentações, 24 envolvem hospedeiro dissílabo paroxítono (*acaza, temanda*), 10 envolvem hospedeiro monossílabo tônico (*efoi, setem*).

Das 509 sequências C1H das atas, ocorre hipossegmentação em 182, 158 delas com hospedeiro iniciado por consoante (*otermo*), 24 com hospedeiro iniciado por vogal (*aIrmã*). Nas 182 hipossegmentações de C1H, 69 envolvem hospedeiro dissílabo paroxítono (*etrinta*), 36 envolvem hospedeiro monossílabo tônico (*inão, domes*).

Nas hipossegmentações CH1, então, o hospedeiro inicia predominantemente por consoante. A hipossegmentação tende a ocorrer com hospedeiro paroxítono dissilábico ou monossílabo tônico.

Na análise de CH2, das 68 sequências presentes nas cartas, ocorreu hipossegmentação em 14. Das 42 sequências C2H das atas, ocorreu hipossegmentação em 15: *emque eu, ade honra, por amaioria, eonão*. Constatou-se que, nas sequências envolvendo dois clíticos, a hipossegmentação tende a ocorrer com os próprios clíticos. Esses dados apontam para duas hipóteses: satisfação à exigência de minimalidade prosódica (bimoraicidade e/ou dissilabicidade) e atuação do princípio DTE de acento frasal relativo.

No português, conforme Magalhães (2004: 124), na atribuição de acento primário a palavras lexicais exige-se que essas tenham no mínimo dois elementos na rima ou duas sílabas. Poder-se-ia pensar, a respeito das características estruturais de C1H – posição do acento, segmento inicial e de C2H –, que sobre elas atuaria uma exigência de minimalidade dissilábica que se expressa na escrita e que é satisfeita pela hipossegmentação.

Em C2H, além da exigência de minimalidade, a saliência do limite entre elementos designados terminais (DTES) e elemento não designado terminal (não DTE) no constituinte formado por clíticos mais palavra fonológica poderia explicar a tendência de agrupar clítico-clítico. Bisol (2005: 175) afirma que a elisão de /e/ não ocorre entre DTES (*porte arrogante* > **portarrogante*), mas verifica-se entre não DTES (*entre um dia* > *entrum dia*). Além disso, tende a ser inibida pelo DTE relativamente a um não DTE (**entramigos*). Dados de Battisti (2008, 2010) como *eas pessoas, ete abraça, ea Christiano, equandoelles, ade honra, assuas cartas,* *atodos 2* mostram que as hipossegmentações na escrita são favorecidas entre não DTES, considerando-se a borda direita aquela relevante para o português. Parece que o sujeito percebe a ausência completa de saliência prosódica dos clíticos na frase, promovendo na escrita hipossegmentações entre elementos fracos.

As análises mostraram, então, que a hipossegmentação está relacionada tanto a características do hospedeiro quanto do clítico. A menor percepção dos clíticos está envolvida, o que decorre de exigências de minimalidade prosódica. Essas generalizações poderiam ser estendidas a outros documentos do mesmo período? Poderíamos considerá-las tendências indiciadoras da organização prosódica do português? É o que se buscou responder com a análise descrita a seguir.

A ANÁLISE DE OUTROS DOCUMENTOS: A CONFIRMAÇÃO DO PADRÃO DE HIPOSSEGMENTAÇÃO

No exame de outros conjuntos de documentos (Battisti, 2013), não mais se procedeu ao tratamento quantitativo dos dados com o Goldvarb. Já se tinha uma ideia do padrão da hipossegmentação. O que se fez foi levantar as ocorrências de hipossegmentação dos documentos investigados. Essas ocorrências foram, em seguida, organizadas em categorias. Será possível ver que, em geral, as categorias correspondem aos ambientes do padrão, com algumas inovações.

As fontes de dados foram a tese de Carneiro (2005) e a dissertação de Nasi (2012). Na tese, Carneiro editou cartas oficiais e não oficiais escritas entre 1809 a 1904 por brasileiros de diferentes regiões do país. Analisaram-se 208 dessas cartas, todas escritas no século XIX. Sessenta e sete delas forneceram dados, isto é, apresentaram ocorrências de hipossegmentação.

Na dissertação, Nasi levantou alterações ortográficas passíveis de análise fonológica de 155 exemplares de 8 jornais gaúchos (abolicionistas, farroupilhas, políticos, populares, de negócios), publicados de 1835 a 1900. Dentre essas alterações, verificaram-se casos de hipossegmentação, o que é de certa forma surpreendente, considerando-se o processo de revisão que supostamente ocorre antes da impressão dos jornais. Diferentemente da tese de Carneiro, em que se pode ter acesso direto aos documentos editados, há apenas algumas reproduções de trechos de jornais na dissertação de Nasi. Nela, há uma lista de tipos de alteração, com a quantidade de ocorrências em cada tipo. É essa lista que alimenta a análise aqui realizada.

A hipossegmentação em jornais populares do século XIX

Nasi (2012) registra apenas onze ocorrências de hipossegmentação, a maior parte de *A Gazetinha*, jornal popular. Veja-se o Quadro 3.

Quadro 3 – Hipossegmentações nos dados de Nasi (2012)

enfrente	*porisso*
emfrente	*parapresente*
embicas	*queder*
encima	*aslistas*
derepente	*oschafarizes*
davictoria	

Fonte: Battisti (2013).

Todas as hipossegmentações são adjunções à direita (proclíticas). Quase metade das ocorrências são formas combinadas de preposição + advérbio ou pronome (*porisso, enfrente*), o que confirma a tendência de a hipossegmentação ocorrer com palavras funcionais, não com palavras lexicais, pelo fato de a presença de clítico e hospedeiro na sequência ser menos perceptível naquele contexto. As hipossegmentações nos dados de Nasi (2012) confirmam, também, a tendência de o hospedeiro ser monossílabo tônico ou dissílabo paroxítono iniciado por consoante.

A hipossegmentação em cartas oficiais e não oficiais de brasileiros do século XIX

Como se afirmou anteriormente, 67 das 208 cartas de Carneiro (2005) analisadas apresentaram hipossegmentação. Foram 227 ocorrências, principalmente com clíticos não pronominais, valor expressivo, considerando-se que tanto cartas não oficiais quanto oficiais apresentaram registros.

As hipossegmentações nas cartas, como nos jornais, são casos de adjunção à direita (*oresoltado*). Nas sequências com um clítico, predomina a hipossegmentação com hospedeiro dissílabo paroxítono iniciado por consoante (*detodas*). Nas sequências com mais de um clítico, há casos de hipossegmentação dos próprios clíticos (*epor saberem, eme despensem*). Pode-se afirmar, então, que essas ocorrências confirmam as tendências verificadas nos estudos anteriores.

Além da confirmação das tendências, a análise dos dados suscitou novas hipóteses sobre a hipossegmentação. Elas serão levantadas à medida que se apresentarem, a seguir, as diferentes categorias de ocorrência.

Várias das ocorrências de hipossegmentação de clíticos envolveram a conjunção *e* mais um clítico seguinte, como se vê no Quadro 4.

Quadro 4 – Hipossegmentações de e + clítico

ede *confiança*	***eas*** *nossas*
eque *o General*	***eos*** *Irmãos*
eos *tractando*	***equem*** *os tem*
epara *si igualmente*	***eme*** *despense*

Fonte: Battisti (2013).

É possível que, além da satisfação à exigência de minimalidade prosódica (dissilabicidade, nesse caso), o pequeno corpo grafo-fônico da conjunção *e* dificulte sua percepção como palavra morfológica e, portanto, esteja em jogo nesses casos de hipossegmentação.

Outro caso revelador da interação entre exigências prosódicas e o pequeno corpo grafo-fônico na hipossegmentação com clíticos diz respeito a sequências com formas do verbo *haver*, como se vê no Quadro 5.

Quadro 5 – Hipossegmentações de fomas de haver + clítico

hade *ser*	***heide*** *procurar*
hade *medrar*	***hasde*** *lembrar-te*
lhe ***hade*** *caber*	

Fonte: Battisti (2013).

As ocorrências na coluna da esquerda do Quadro 5 parecem sugerir que o escrevente esteja registrando uma forma fixa, constituinte de uma locução verbal, sem operar com uma forma do verbo *haver* separadamente da preposição *de*. As da coluna da direita, no entanto, mostram que o escrevente sabe estar lidando com uma forma verbal que se flexiona, independentemente da preposição. A minimalidade binária (dissilabicidade) parece estar, novamente, desempenhando papel na hipossegmentação.

O que mais chama a atenção nos dados do Quadro 5, contudo, é o fato de o clítico estar à direita do hospedeiro, sugerindo prosodização do clítico para a esquerda, como na ênclise. Entende-se que, aqui, a direcionalidade, como a própria hipossegmentação, é consequência de exigências prosódicas, não princípio orientador. Além das exigências prosódicas que incidem sobre o próprio clítico, satisfeitas com sua adjunção ao hospedeiro, parece estar em jogo também um ritmo binário frasal, que contribui para *haver* + *de* ser interpretado como grupo paroxítono e, junto aos demais vocábulos, venha a implementar o ritmo forte-fraco no enunciado.

Outro dado interessante, que reforça a sugestão de estudos anteriores (Battisti, 2008, 2010) com documentos antigos, são sequências hipossegmentadas de um clítico mais hospedeiro em que este é registrado com maiúscula. Observe-se o Quadro 6.

Quadro 6 – Hipossegmentações de clítico + hospedeiro com inicial maiúscula

daCurveta	***oSenhor***
doBrasil	***oParlamento***
emBuenos *Ayres*	***oSaldanha***
aoRio *Grande*	***aFrança***

Fonte: Battisti (2013).

Nessas ocorrências, fica claro que o escrevente percebe a existência do hospedeiro, como também do clítico. O clítico não é parte do hospedeiro, não é uma de suas sílabas pretônicas, como seria se clítico e hospedeiro formassem uma palavra fonológica. Esse registro é indício de que o escrevente lida com um elemento prosodicamente dependente do hospedeiro.

Cabe registrar, ainda, a presença de hipossegmentação nas fórmulas de abertura e de fechamento empregadas nas cartas (Quadro 7) e em sequências que, por envolverem clíticos e hospedeiros que ocorrem invariavelmente juntos, formam combinações usadas como palavras (Quadro 8).

Quadro 7 – Hipossegmentações em fórmulas de abertura e fechamento

eobrigado *Criado*	***doCoraçam***

Fonte: Battisti (2013).

Quadro 8 – Hipossegmentações em combinações lexicais

afim *de*	*muito* ***depropósito***
afavor *de*	***apar*** *de tudo*

Fonte: Battisti (2013).

A cristalização no emprego de certas sequências de palavras deve contribuir para obscurecer a percepção da existência do clítico antes do hospedeiro. A esse obscurecimento soma-se mais uma vez o pequeno corpo grafo-fônico do clítico, que não satisfaz a minimalidade binária na concepção de uma palavra e, por sua vez, pode fomentar a hipossegmentação.

A análise das cartas, então, confirmou as tendências relativas a características do hospedeiro e à possibilidade de hipossegmentar sequências de clíticos. Além disso, sugeriu outras hipóteses: (a) a satisfação da minimalidade binária estende-se à frase; (b) a hipossegmentação decorre não só de o escrevente não perceber o clítico enquanto palavra morfológica. O escrevente pode perceber o clítico enquanto tal, mas, com a hipossegmentação, registrar a relação de dependência prosódica do clítico em relação ao hospedeiro. É o que se verifica também nos demais documentos analisados.

A HIPOSSEGMENTAÇÃO EM CARTAS PESSOAIS E BILHETES DE INDIVÍDUOS POUCO ESCOLARIZADOS ESCRITOS NO SÉCULO XX

O conjunto de documentos de Carneiro, Santiago e Oliveira (2011) contém 91 cartas pessoais de indivíduos pouco escolarizados da zona rural de municípios da bacia do Jacuípe e da região do sisal, Bahia. Foram escritas no segundo e terceiro quartéis do século XX por diferentes autores para diversos destinatários.

O *corpus* levantado por Oliveira (2009b) é constituído por 12 bilhetes escritos por cangaceiros do grupo de Virgulino Ferreira da Silva, o Lampião, e pelo próprio líder, entre 1900 e 1940.

Em linhas gerais, vale destacar que, tanto nas cartas quanto nos bilhetes, o número de hipossegmentações é reduzido em comparação com o que se encontrou nos documentos do século XIX. Isso talvez se deva ao fato de, resguardada a pouca habilidade dos escreventes, as normas ortográficas do português estarem fixadas no século XX, e as práticas letradas, mais difundidas.

Das 91 cartas de Carneiro, Santiago e Oliveira (2011), 41 apresentaram hipossegmentação com clíticos, num total de 72 ocorrências. Dentre essas 72 ocorrências, estão 11 com uma sequência combinada num item lexical: "*do prezado amigo*", no fechamento das cartas, apareceu como *depezado amigo*, e também *despezado amigo, dirpezado amigo*. Outra sequência tomada como item é "*em paz*": *empais, inpaz, Empaz, enpais, empas, impaz,* totalizando 9 ocorrências. Seis sequências com preposição *por* também parecem seguir essa tendência formulaica: *porfim, poriço, pormim, purmin, pulaqui* (*por aqui*), *porla* (*por lá*).

As demais 46 ocorrências envolvem a preposição *a* (10 casos): *aele, aDeus, atodos*; a conjunção *e* (8 casos): *ia Ceu filinho* (*e a seu filhinho*), *iA comadi* (e *a comadre*), *itoiu* (*e Tonho*), as preposições *de, em,* o artigo *a,* e os pronomes oblíquos átonos, com predomínio da próclise, nos demais casos:

Quadro 9 – Hipossegmentações com pronomes oblíquos átonos

parlidizer (para lhe dizer)	*lidiga (lhe diga)*
selinbra (se lembra)	*liama (lhe ama)*
miescrever (me escrever)	*dezerli (dizer-lhe)*
relembralo (relembrá-lo)	*lidar (lhe dar)*
jasisqueceu (já se esqueceu)	

Afora os pronomes *se, me, lo,* aparece apenas *lhe* nas hipossegmentações, registrado conforme a pronúncia vernacular possível, com lateral alveolar, não palatal.

Nos 12 bilhetes de Oliveira (2009b), há apenas 3 ocorrências de hipossegmentação com clíticos, e em apenas 2 documentos: *mandarmi* (*mandar-me*), 2 ocorrências; *si Alteroci* (*se alterou-se*). Os 3 casos envolvem pronomes oblíquos átonos. Chama a atenção o emprego de ênclise, cuja motivação talvez esteja no caráter dos bilhetes: continham exigências a fazendeiros e autoridades. O emprego da linguagem escrita conforme uma norma idealizada contribuiria, por suposição, para atribuir maior seriedade ao conteúdo expresso nos documentos.

O exame dos dados das cartas de Carneiro, Santiago e Oliveira (2011), mais do que dos bilhetes de Oliveira (2009b), confirma as tendências verificadas na análise dos outros *corpora*: a hipossegmentação tende a ocorrer entre clítico e hospedeiro dissílabo paroxítono; se entre clíticos, parece ser indício de que o escrevente opera com alguma exigência de minimalidade binária associada à concepção de palavra no registro escrito. Além disso, e mais importante, ganha relevo o papel que as combinações lexicais em fórmulas de fechamento e abertura têm no obscurecimento da percepção de clítico e hospedeiro: fazem com que certas sequências sejam tomadas como uma só "expressão" e assim escritas.

CONSIDERAÇÕES FINAIS

A análise realizada em cartas, jornais e bilhetes escritos em português por brasileiros nos séculos XIX e XX permite concluir que a eventual hipossegmentação afeta preferentemente um clítico e seu hospedeiro dissílabo paroxítono. Pode também afetar os próprios clíticos se esses estiverem em sequência. A adjunção à direita atinge clíticos pronominais e não pronominais e parece consolidada no século XIX.

O exame dos diferentes documentos sugeriu outras hipóteses para a hipossegmentação, hipóteses essas que articulam ortografia e fonologia dos clíticos em sua organização prosódica. A hipossegmentação entre clítico e hospedeiro iniciado por maiúscula indicia que o escrevente percebe o limite da palavra. Nesse caso, a ausência de espaço em branco marca, antes que a integração da sílaba ao hospedeiro, a dependência desse elemento em relação ao hospedeiro, o que é indício de possibilidades distintas de relação entre clítico e hospedeiro na escala prosódica.

A hipossegmentação entre clíticos, por sua vez, parece sugerir que o pequeno corpo grafo-fônico dos clíticos, interagindo com a satisfação à exigência de minimalidade binária, tenha papel nos agrupamentos formados na escrita. Esses assemelham-se a palavras dissílabas paroxítonas que, junto aos demais vocábulos em cadeia, contribuem para imprimir o ritmo forte-fraco ao enunciado.

Finalmente, a hipossegmentação envolvendo clíticos em fórmulas de abertura e fechamento das cartas, bem como em expressões cristalizadas, mostra que o léxico também pode ter influência no obscurecimento da presença dos clíticos em certas sequências.

No que se refere à história do português brasileiro, a análise dos documentos forneceu evidências esclarecedoras da organização prosódica que vem dirigindo o português brasileiro: o ritmo binário sustentado pela dissilabicidade e com papel também na prosodização dos clíticos, como indiciam os casos de hipossegmentação investigados.

NOTAS

1 Uma proposta recente de prosodização de clíticos pronominais e não pronominais é a de Guzzo (2015). Para a autora, os primeiros são prosodizados no grupo composto (do inglês *composite group*, de Vogel (2008, 2009, 2010), um constituinte da escala prosódica entre a palavra e a frase fonológica; os segundos, na frase fonológica.

2 A escala prosódica é um arranjo hierárquico de constituintes ou domínios de aplicação de regras fonológicas. Do menor para o maior constituinte, a escala compreende, minimamente, a sílaba, o pé métrico, a palavra fonológica, a frase fonológica, a frase entoacional e o enunciado.

3 A análise de dados dos diferentes *corpora* foi feita e divulgada em etapas (Battisti, 2008, 2010 e 2013). É o que se retoma no presente capítulo na seção "Os primeiros documentos analisados: a busca por um padrão de hipossegmentação" e nas subseções "A hipossegmentação em jornais populares do século XIX" e "A hipossegmentação em cartas oficiais e não oficiais de brasileiros no século XIX". A análise na seção "A hipossegmentação em cartas pessoais e bilhetes de indivíduos pouco escolarizados escritos no século XX" é inédita.

4 "BP clitics, by contrast, are assumed to be phonologically proclitic, what is compatible with their typical location before the verbal host."

5 Conforme Célia Regina dos Santos Lopes (site da UFRJ), pesquisadora responsável pelo Labor Histórico-PB, esse "originou-se da demanda criada pelo projeto integrado Para a História do Português Brasileiro. O seu principal objetivo é organizar e tornar disponível o acervo documental do PHPB para estudos sobre mudança linguística, mais especificamente, sobre a história da língua portuguesa no Brasil". Acesso em 5 de maio de 2015.

6 Disponível em <http://www.letras.ufrj.br/phpb-rj/>. Acesso em 5 de maio de 2015.

7 Pelas normas de edição dos diferentes *corpora* do PHPB, como é o caso do acervo de documentos da UFRJ, prima-se pela preservação das características gráficas dos documentos originais. Assim, mantêm-se espaços em branco onde o escrevente de fato os empregou, as hipossegmentações (ausência de espaço em branco entre palavras) são exatamente aquelas verificadas nos documentos originais. O mesmo vale para o emprego de maiúsculas.

8 Disponível em <http://individual.utoronto.ca/tagliamonte/goldvarb.html>. Acesso em 6 de junho de 2015.

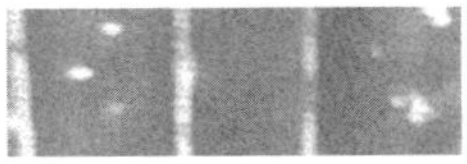

ACENTOS EM NOMES

Gladis Massini-Cagliari

SUMÁRIO

APRESENTAÇÃO

O presente capítulo pretende dar uma visão diacrônica do percurso do fenômeno prosódico da acentuação dos nomes e demais categorias não verbais no português brasileiro (PB), focalizando suas origens e sua realização no português registrado em documentos do Brasil dos séculos XVIII e XIX, tendo em vista como ponto de chegada a localização do acento nas palavras, em sua forma atual nas variedades do português faladas no Brasil.

A noção de acento, quando tomada do ponto de vista linguístico, difere da maneira como esse termo é visto tradicionalmente nas gramáticas escolares, em que se relaciona principalmente com o uso de diacríticos sobre vogais (acentos grave, agudo e circunflexo, além do til) na representação escrita. Em termos fonéticos, o acento corresponde a uma saliência fônica, estando mais relacionado à noção de "tonicidade" da Gramática Tradicional – que classifica as palavras do português em oxítonas (*ca**fé***), paroxítonas (***ca**sa*) e proparoxítonas (***lâm**pada*), conforme a sílaba acentuada recai, respectivamente, sobre a última, a penúltima ou a antepenúltima sílaba. No português brasileiro (PB) atual, o acento de palavra é marcado no nível fonético tanto a partir de uma maior duração da sílaba acentuada, em comparação com as átonas, quanto pelo decréscimo da intensidade nas postônicas. Além da variação da duração e da intensidade, há alterações do timbre das vogais, relacionadas à pauta prosódica da sílaba em que se situam (Massini-Cagliari, 1992).

Uma sílaba só é tônica ou átona por comparação com as demais. Em termos fonéticos, uma sílaba isolada não é tônica nem átona. No nível da palavra, a sílaba mais proeminente corresponde ao acento lexical ou primário (exemplo: *chu*, em ***chu**va*). Por razões morfológicas ou rítmicas, outras sílabas podem receber proeminência além do acento lexical. Por exemplo, os compostos do PB se caracterizam por apresentar proeminências em todas as bases: uma primária, na base final (*chu*, em *guarda-**chu**va*), e uma secundária, na base inicial (*guar*, em ***guar**da-**chu**va*). Outras palavras, por serem longas, recebem uma ou mais proeminências secundárias, por razões rítmicas não relacionadas à estrutura interna da palavra (exemplo: ***A**raraquara* ou *A**ra**raquara*). No nível frasal, o acento sempre coincide com uma sílaba que tem também um acento primário ou com um monossílabo (exemplo: *qua*, em *Comprei este guarda-chuva em Arara**qua**ra*) (Massini-Cagliari e Cagliari,

2001). Dadas as dificuldades metodológicas envolvidas na análise diacrônica de fenômenos prosódicos aos quais se fará referência adiante, neste trabalho, apenas o acento lexical será considerado.

Um fenômeno bastante conhecido dos estudos fonológicos é o privilégio da sílaba acentuada em relação às posições átonas (Beckman, 1998). Dessa maneira, por se constituir em um contexto de força, sílabas tônicas tendem a ser mais preservadas do que as átonas, no que diz respeito a processos de redução. Assim sendo, o esperado é que haja historicamente poucas alterações quanto ao posicionamento da proeminência acentual de palavras. De fato, os estudos sobre a evolução histórica do português têm indicado desde há muito tempo que normalmente a sílaba acentuada no português atual corresponde quase sempre à sílaba em que recaía o acento latino (Vasconcellos, 1959: 59). Por este motivo, o que se espera, com relação aos padrões regulares de acentuação das palavras dos documentos dos séculos XVIII-XIX que serão aqui analisados, é que eles correspondam, em maioria, ao posicionamento etimológico do acento latino, por um lado, e, por outro, aos padrões atestados nas variedades do PB atual. Nesse sentido, este capítulo tem por objetivo averiguar o quanto o processo de posicionamento do acento lexical já se apresentava estabilizado nos séculos XVIII-XIX, já que, enquanto proeminência rítmica favorecida, a determinação da pauta prosódica das palavras dessa época é de crucial importância para a viabilização de outros estudos fonológicos que façam referência ao acento.

A busca da metodologia adequada de análise é o ponto central deste trabalho, uma vez que, desde os primórdios dos textos considerados como escritos em português (e não mais em latim), nossa língua sempre foi representada a partir de um sistema de escrita de base alfabético-ortográfica (Massini-Cagliari, 1998), que não adota notações especiais para os fenômenos prosódicos. Dada a falta de marcas especiais para a representação da prosódia na escrita, fica praticamente impossível de serem extraídas informações a respeito desse tipo de elementos do português desse período a partir de textos escritos em prosa. Para resolver esse problema, os trabalhos de Massini-Cagliari (1995, 1999, 2005, 2015, entre outros) e Costa (2006, 2010), que descreveram e analisaram a localização do acento no período medieval galego-português, ancestral das variedades de português faladas em Portugal e no Brasil hoje, recorrem a textos poéticos como meio favorecedor de uma possível visualização dos fenômenos rítmicos de localização e concatenação das proeminências. A metodologia inaugurada no trabalho de Massini-Cagliari (1995, 1999) mostra que os textos poéticos, principalmente os rigidamente metrificados, ao levarem em conta o número de sílabas e/ou a localização dos acentos em cada verso, trazem informações relevantes da prosódia da época, sobretudo no que concerne ao ritmo, a partir da observação de como o poeta conta as sílabas (poéticas) e localiza os acentos em cada verso, dos quais podem ser inferidos os padrões acentuais e rítmicos da língua na qual os poemas foram compostos. Além disso, nesse tipo de texto estão presentes também todas as informações necessárias sobre os elementos segmentais (tanto quanto os textos em prosa). Por exemplo: da localização dos acentos poéticos, pode-se concluir a localização do acento nas palavras, ou seja, os padrões de acento lexical da língua, e, da concatenação desses acentos dentro dos limites de cada verso, os padrões rítmicos da língua em questão.

Entretanto, dada a natureza dos textos disponíveis ao projeto Para a História do Português Brasileiro (PHPB), no seio do qual esta pesquisa se desenvolve, adotar uma metodologia baseada na análise de textos poéticos seria, por um lado, dispersora, uma vez que colocaria essa pesquisadora a lidar com textos diferentes dos demais membros do projeto, e, por outro, de alta demanda, já que exigiria uma coleta de dados paralela à já despendida pelos membros da equipe, durante vários anos.

Outro fato a ser considerado na escolha metodológica diz respeito à prévia existência de trabalhos sobre a localização do acento em períodos históricos anteriores e posteriores ao recortado pelo projeto. Com relação aos períodos históricos anteriores ao do PB, devem ser consideradas as informações advindas tanto das gramáticas históricas sobre a localização do acento em latim (Meillet, 1933; Lindsay, 1937; Williams, 1975 [1938]; Grandgent, 1940; Devoto, 1944; Niedermann, 1953; Faria, 1970, entre muitos outros), como os estudos sobre o português arcaico (PA), a partir de abordagens fonológicas mais atuais – a partir das teorias não lineares ou da Otimalidade (Massini-Cagliari, 1995, 1999, 2005; Costa, 2006, 2010). Além dos resultados advindos de estudos de análise linguística, podem ser consultadas informações etimológicas, a partir de dicionários que focalizam a origem das palavras do português (os tradicionais António de Morais Silva, 1789; e Bluteau, 1712, além de Cunha, 1996).

Já com relação ao "ponto de chegada" (entre aspas, uma vez que, dada a dinamicidade sócio-histórica das línguas, esse termo só pode ser tomado enquanto tal do ponto de vista de uma "fotografia sociolinguística" – Tarallo, 1989), vários são os trabalhos já realizados sobre a localização do acento no PB atual (Leite, 1974; Duarte, 1977; Costa, 1978; Maia, 1981; Bisol, 1992, 2013; Wetzels, 1992; Alvarenga, 1993; Massini-Cagliari, 1995, 1999; Lee, 1995, 1997; Cagliari, 1998; Magalhães 2004, 2006, 2008a, b).[1]

Como existem descrições extensas e confiáveis sobre períodos da língua anteriores e posteriores ao aqui focalizado, algumas conclusões importantes a respeito da atribuição do acento em português foram já alcançadas pelos pesquisadores citados. Dentre essas conclusões (como será visto na próxima seção deste capítulo), deve ser realçado o fato de que os padrões de acentuação pouco ou nada mudaram, desde o início do português (quando ainda era identificado com o galego, sendo denominado de galego-português) até os dias de hoje.

A partir das considerações anteriores, optou-se por adotar uma metodologia baseada na comparação dos padrões existentes em períodos anteriores e posteriores com os padrões localizados nos textos contidos no *corpus* do PHPB. A metodologia baseia-se, portanto, no mapeamento nos textos[2] de palavras com terminações específicas, ligadas nos trabalhos sobre períodos históricos anteriores e posteriores a determinadas pautas prosódicas, existentes em períodos anteriores e posteriores, para que, com base na sua ocorrência (ou não), possam ser feitas hipóteses sobre a manutenção ou a mudança dos padrões acentuais ao longo da história do português no Brasil e, mais especificamente, sobre o comportamento do acento no português registrado nos documentos dos séculos XVIII-XIX.

Dada a impossibilidade de serem considerados textos (como os poéticos) que operam, em nível estilístico, com as sonoridades da língua, fato que faz com que possam ser vislumbradas mais diretamente pistas da prosódia da língua que a eles subjazem, optou-se por considerar, de todas as possibilidades abertas pela variedade de textos compilados e publicados pelo Projeto, aqueles que apresentam um nível menos tenso de formalidade e, portanto, uma maior proximidade com a materialidade da fala, dada a interlocução mais direta proposta por esse gênero. Dessa forma, nossa escolha recaiu sobre as cartas, atas de uma associação e outros textos escritos por mãos "inábeis", segundo Oliveira (2009b). Dentre os documentos compartilhados pelos pesquisadores reunidos neste volume, foram focalizados apenas os redigidos no espaço de tempo aqui recortado (de 1700-1899).[3] Foram consultados os textos disponíveis no repositório <https://sites.google.com/site/corporaphpb/> e dados do *corpus* comum mínimo (PHPB). Apresentam-se, adiante, os documentos utilizados na análise, separados por século e tipo.

- Século XVIII

Aguilera e Vasconcelos (2007): cartas oficiais e não oficiais escritas por paranaenses.

Rumeu (2008): cartas particulares de cidadãos do Rio de Janeiro a seus familiares.

- Século XIX

Carneiro (2005): cartas oficiais e não oficiais escritas por brasileiros de diferentes estados.

Oliveira (2009a): textos variados escritos por escravos.

Oliveira (2006): atas de reuniões da Sociedade Protetora dos Desvalidos, da Bahia, irmandade integrada por escravos.

Cyrino, Barrichelo e Paula (2004): cartas familiares ao Sr. José Lourenço.

Ataíde e Vieira Filho (2010): cartas particulares redigidas por pernambucanos.

Rumeu (2008): cartas particulares de cidadãos do Rio de Janeiro a seus familiares. Algumas das cartas são escritas por cidadãos proeminentes, como Casimiro de Abreu.

Callou, Barbosa e Carmo (2011): cartas particulares endereçadas a Rui Barbosa.

Simões e Kewitz (2006): cartas pessoais provenientes de São Paulo, do acervo da Biblioteca Nacional do Rio de Janeiro (BNRJ), escritas por paulistas proeminentes, como José Bonifácio de Andrada e Silva, natural de Santos, e relações pessoais, homens, naturais das cidades paulistas de Itu, Santos, São Paulo e Sorocaba.

Kewitz (2006): cartas pessoais enviadas a Washington Luiz (correspondência passiva).

Para facilitar a localização dos exemplos citados neste capítulo, foi escolhida uma abreviatura, por meio de uma sigla, para cada um dos documentos anteriores. O Quadro 1, organizado a partir do estado de procedência dos dados considerados, relaciona os documentos à sigla pela qual serão referidos, doravante, na apresentação dos exemplos.

Quadro 1 – Identificação dos documentos considerados na análise, organizados por estado de procedência

Estado		Edição	Século XVIII	Século XIX	Sigla
Bahia		Carneiro (2005)		X	BA1
		Oliveira (2009a)		X	BA2
		Oliveira (2006)		X	BA3
Paraná	Curitiba	Cyrino, Barrichelo e Paula (2004)		X	PR1
	Antonina	Aguilera e Baronas (2007)	X		PR2
	Guaratuba	Aguilera e Baronas (2007)	X		PR3
	Paranaguá	Aguilera e Vasconcelos (2007)	X		PR4
Pernambuco		Ataíde e Vieira Filho (2010)		X	PE
Rio de Janeiro		Rumeu (2008)	X	X	RJ1
		Callou, Barbosa e Carmo (2011)		X	RJ2
		Simões e Kewitz (2006)		X	SP1
		Kewitz (2006)		X	SP2

ORIGENS DOS PADRÕES ACENTUAIS DO PORTUGUÊS BRASILEIRO

Atualmente, não existe mais controvérsia com relação à origem latina do português e das demais línguas românicas. Com relação ao nosso ancestral, o latim, na sua variedade denominada "clássica", foi construída uma teoria de metrificação, pelos gramáticos da época, que descrevia muito bem os fenômenos prosódicos da língua, sobretudo com relação à duração (que desempenhava um papel crucial no sistema da língua, assumindo uma função distintiva no nível lexical, diferenciando palavras pela oposição *vogais longas/vogais breves* – ex.: *amīcus* X *facĭlis*) e à localização do acento (assumindo a duração como fator primordial da quantidade silábica, localizadora do acento no domínio da palavra fonológica, como será explicado no parágrafo seguinte, e causadora de modificações na localização de proeminências, no nível do grupo clítico – *árma* → *armáque*, conforme Massini-Cagliari, 1999).

Em termos de localização do acento das palavras, o latim clássico seguia uma regra que se pautava na duração (enquanto peso, quantidade) da penúltima sílaba da palavra: sendo esta longa (pesada), retém o acento (ex.: *amīcus*, *pepérci*); sendo a penúltima sílaba breve (leve), o acento se desloca para a antepenúltima sílaba da palavra (ex.: *lácrĭma*) (Meillet, 1933: 29; Lindsay, 1937: 25; Williams, 1975 [1938]:15-16; Grandgent, 1940: 11; Devoto, 1944: 109; Niedermann, 1953: 13-14; Maurer Jr., 1959: 68; Faria, 1970: 134-135). Em latim clássico, a aplicação desta regra produzia apenas palavras paroxítonas e oxítonas (com exceção dos monossílabos que, pela sua própria natureza, obviamente não podiam seguir esses padrões).

Em se considerando a localização do acento no latim vulgar, variedade popular da qual se originam o português e as demais línguas românicas, as modificações observadas em relação à vertente clássica se restringem a poucas palavras:

1. deslocamento do acento da antepenúltima para a penúltima sílaba, quando a vogal da penúltima sílaba for seguida de uma consoante oclusiva mais R: *íntegrum* → *intégrum*;
2. acentos originariamente sobre um ĕ ou ĭ em hiato na penúltima sílaba deslocavam-se para a vogal seguinte, com a ressilabação da sequência como ditongo: *mulíerem* → *muliérem*;
3. começa a haver distinção entre o padrão acentual dos elementos compostos e não compostos, diferenciação que não existia em latim: *rétinet* → *retínet* (Massini-Cagliari, 1999: 109-111).

Apesar dessas pequenas alterações com relação ao latim clássico, o padrão geral das palavras quanto à pauta acentual se mantém inalterado no latim vulgar, ou seja, continua a haver uma predominância de itens paroxítonos e proparoxítonos.

Entretanto, nos séculos XIII-XIV, desde os primeiros textos escritos em galego-português, começa a haver uma mudança nesse panorama: passa a haver uma predominância de oxítonos e paroxítonos, sendo que alguns autores, como Nunes (1973, vol. I: 361), afirmam nem existirem palavras proparoxítonas naquela época.

Massini-Cagliari (2005: 181) mostra que, mais do que sílabas, o processo de atribuição do acento lexical em português arcaico (PA), que é sensível ao peso silábico, conta moras (μ), posicionando o acento sobre a sílaba que contenha a segunda mora, da direita para a esquerda (sendo as moras contadas a partir da margem final da palavra). A partir desse algoritmo, os padrões lexicais canônicos no PA, quanto ao acento, são as paroxítonas terminadas em sílaba leve (como *amigo*, em 1a, por exemplo) e as oxítonas terminadas em sílaba pesada (como *amor*, em 1b).

(1)	a.	a	mi	go	b.	a	mor
		μ	μ	μ		μ	μ
			↑				↑
			acento				acento

Em (2), são listados os padrões acentuais regulares do PA, segundo Massini-Cagliari (2005: 182):

(2) a. Paroxítonas terminadas em sílaba leve:

amigo	*religiosa*	*lume*
namorado	*maravilhada*	*connoçuda*
doo	*mercee*	*eigreja*
folia	*requeza*	*braço*

b. Oxítonas terminadas em sílaba travada por consoante rótica:

amor	*prazer*	*pastor*
pesar		

c. Oxítonas terminadas em sílaba travada por consoante fricativa:

solaz	*dinis*	*aduz*
cortes	*frances*	*assaz*

d. Oxítonas terminadas em sílaba travada por consoante lateral:

portugal	*mortal*	*donzel*
natural	*sotil*	*sinal*

e. Oxítonas terminadas em sílaba travada por consoante nasal:

enton	*coraçon*	*poren*
affan	*jardin*	*capelan*

f. Oxítonas terminadas em sílaba travada por ditongo:

virgeu	*sandeu*

Entretanto, apesar de o PA ser sensível ao peso silábico na atribuição do acento, a consoante /S/, quando corresponde à realização da desinência de número plural dos nomes, parece ser invisível ao processo de contagem de moras (fenômeno conhecido como "extrametricidade", nas abordagens derivacionais não lineares do acento). Os exemplos em (3) comprovam essa "invisibilidade":[4]

(3)	Palavra	Estrutura morfológica	Estrutura moraica
	solʹáz	$[\text{solaz}]_{rad} + \text{Ø}_{gen} + \text{Ø}_{num}$	$[\mu]_\sigma [\mu\mu]_\sigma$
	amíga	$[\text{amig}]_{rad} + \text{a}_{gen} + \text{Ø}_{num}$	$[\mu]_\sigma [\mu]_\sigma [\mu]_\sigma$
	amígas	$[\text{amig}]_{rad} + \text{a}_{gen} + \text{s}_{num}$	$[\mu]_\sigma [\mu]_\sigma [\mu(\mu)]_\sigma$

A grande maioria das palavras do PA (mapeadas por Massini-Cagliari (2005) nos *corpora* de cantigas profanas e religiosas) encaixa-se, quanto à pauta acentual, no padrão descrito anteriormente. Entretanto, existiam, no PA, ancestral do período aqui enfocado, padrões que constituem exceção a essa tendência, padrões esses identificados a seguir.

As oxítonas terminadas em sílaba leve constituem um desses padrões. Esse padrão engloba dois subtipos: advérbios e pronomes (em 4a) e nomes (4b). Entretanto, em ambos os casos, o acento recai sobre a última vogal do radical derivacional.

(4) a. *aqui* b. *Rubi*
ali *javali*
alá *Tomé*
assi *maravedi*
acá *Salomé*
aló *Aloé*
outrossi *Jesu*

Outro padrão acentual excepcional é o das proparoxítonas. No *corpus* de cantigas profanas e nos glossários considerados em Massini-Cagliari (2005), a ocorrência de proparoxítonas é bastante marginal. Já no *corpus* das cantigas religiosas e nos glossários das CSM as proparoxítonas são um pouco menos raras, embora seja esse padrão ainda bastante excepcional. Em (5a), encontram-se alguns exemplos de nomes proparoxítonos mapeados no *corpus* de cantigas religiosas. Entretanto, há também casos (raríssimos) de proparoxítonas em que uma das duas últimas sílabas é pesada, porque travada por consoante (5b).

(5) a. *Prologo* *angeo* *espirito*
Dicipolo *ydolo* *letera*
Filosofo *poboo* *crerigo*
Paravoa *sabado* *camara*
Lampada *Evora* *folego*
Duvida *citola* *perigoo*
b. *Locifer* *mercores* *Princeps*

Um tipo bastante recorrente de proparoxítonas no universo das cantigas religiosas, mas também atestado em algumas poucas cantigas profanas, é o daquelas terminadas por hiato, sempre constituído das sequências *ia* ou *io*, como em (6):

(6) *Cecilia* *neicio* *Perssia*
Basilio *Segovia* *ostia*

Outro padrão excepcional de acentuação, que, no entanto, é bastante paralelo ao padrão proparoxítono (e, por este motivo, tão marginal quanto este), é o das paroxítonas terminadas em sílaba pesada – exemplos em (7).

Note-se que, na maior parte desses raros exemplos, a sílaba final é travada por nasal; mas há também casos de travamento por outras consoantes permitidas na posição de coda.

(7)	*virgen*	*omagen*	*orden*
	vermen	*Ruben*	*omen*
	arvor/arvol	*marmor/marmol*	
	caliz	*alcaçar*	

Os dados de Massini-Cagliari (2005) apresentados anteriormente demonstram que os padrões acentuais dos nomes do nosso ancestral PA, tanto canônicos quanto excepcionais, embora já bastante distanciados dos padrões de acento latino, permanecem basicamente os mesmos, desde o período medieval até os dias de hoje.

A importante mudança, de origem rítmica, que pode ter havido na história do português, sem dúvida ocorreu anteriormente ao período aqui focalizado (séculos XVIII e XIX), na passagem do latim ao PA, afetando o algoritmo de localização do acento nas palavras e gerando, em princípio (no período latino), apenas paroxítonos e proparoxítonos, passando a gerar, depois, prioritariamente oxítonos e paroxítonos (no período arcaico), e, mais recentemente, oxítonos, paroxítonos e proparoxítonos, apesar da evidente predominância de paroxítonos no PB atual (Câmara Jr., 1970).

O objetivo deste capítulo é, pois, explorar um ponto medial entre o PA e o PB atual, focalizando a realização das proeminências acentuais em nível lexical nos séculos XVIII e XIX.

OS PADRÕES POSSÍVEIS DE ACENTUAÇÃO NOS SÉCULOS XVIII E XIX

Foram considerados, para as observações a seguir, a etimologia das palavras focalizadas, a partir de dicionários,[5] e (principalmente) os padrões atestados em análises para períodos anteriores e posteriores da língua. No caso de os padrões de acentuação (oxítono, paroxítono ou proparoxítono) serem os mesmos nos períodos anterior (séculos XIII-XIV) e posterior (séculos XX-XXI), sendo atestada a palavra e não havendo razões para considerar uma modificação de padrão acentual, considerou-se a manutenção da pauta prosódica, uma vez que seria muito custoso, em termos de explicação da mudança, imaginar que teria acontecido uma alteração de padrão nos séculos XVIII-XIX, que retrocede nos séculos XX-XXI, sem uma evidência comprobatória forte.

Da mesma forma que já acontecia no PA (séculos XIII-XIV) e que continua acontecendo até os dias de hoje no PB (séculos XX-XXI), os padrões regulares de acentuação no português dos séculos XVIII e XIX para os nomes e demais categorias que se encaixam no rótulo "não verbos" são as paroxítonas terminadas em sílabas leves e as oxítonas terminadas em sílaba pesada. Abaixo, em (8), são apresentados exemplos de palavras que se encaixam nesses dois padrões canônicos, exemplificando os tipos de terminação que acarretam a acentuação oxítona regular.[6]

(8) a. Paroxítonas terminadas em sílaba leve

guerra (BA1-37) *vigorosa* (BA1-117)
febre (BA1-390) *escravo* (BA2-ARN)
saúde (BA2-ARN) *doudice* (BA2-TIM)
amigo (PE-2ª½-4) *amizade* (PE-2ª½-6)
palavra (PE-2ª½-7) *bôbo* (PE-2ª½-9)
môço (PE-2ª½-4) *justiça* (PE-2ª½-9)
dinheiro (PR1-6) *queita* (PR1-7)
Profeçora (PR1-21) *cabeça* (SP-1)
goarda (SP-1) *panela* (SP-1)
trabalho (BA2-3.1.1-1) *vontade* (BA3-3.1.2-1)
Coffre (BA3-3.1.3-2) *vassalos* (PR4-1)
pobreza (PR2-11) *objeito* (PR2-11)
conhecenças (PR2-12) *felescidade* (PR2-12)
amparo (PR2-12) *rota* (PR3-5)
pobre (PR3-5) *semilhante* (PR3-14)
zellozo (PR4-17) *propina* (PR4-20)
pocibillidade (PR4-20) *farinha* (PR4-22)
viuva (BA3-3.2.1-3) *Seportura* (BA3-3.2.1-12) / *Serputura* (BA3-3.2.1-14)

b. Oxítonas terminadas em sílaba travada por consoante rótica:

Imperador (BA1-17)
vapor (BA1-16)
Desembargador (BA1-416)
altar (PE-2ª½-4)
Salvador (PE-2ª½-4)
singular (PE-2ª½-10)
lugar (PE-2ª½-8)
superior (RJ2-17)
favor (RJ2-3)
theor (PR2-12)
fervor (PR3-5)
pior (PR3-5)
ouvidor (PR4-20)
particular (PR4-24)
Dreminitador (BA3-3.1.6-1) / *Adreminitador* (BA3-3.1.6-2)[7]

c. Oxítonas terminadas em sílaba travada por consoante fricativa:

Ingles (BA1-16)
paiz (PE-2ª½-4)
enfeliz (BA2-TIM)
matris (PR2-12)
filis (PR3-16)
Jesus (PR4-11) / Iesus (PR4-25)
Juiz (PR4-14)

d. Oxítonas terminadas em sílaba travada por consoante lateral:

Brazil (RJ2-12)
papel (BA2-TIM)
bacharel (BA1-415)
actual (PR2-12)
Conventual (PR2-12)
Abril (BA3-3.2.2-3)

e. Oxítonas terminadas em sílaba travada por consoante nasal:

ninguem (BA1-18)
porem (PE-2ª½-4)
papelão (PR1-3)
Cappitam (PR4-9)
compaichão (BA2-VIT)
concederação (PR1-13)
emancipação (PE-2ª½-5)
Eleiçaõ (SP-16) / *eleisam* (RJ1-1)
Devoção (BA3-3.1.2-1)
Comisçaõ / *Comiçaõ* (BA3-3.1.1-2)
escriuam (PR4-7) / *escriuão* (PR4-8)
co[m]mum (PE-2ª½-5) / *comum* (PR3-13) / *comum* (PR4-17)

f. Oxítonas terminadas em sílaba travada por ditongo:

mausoléo (PR1-15)
tabaréu (BA1-330)
cha peo (BA2-CLA1)

A exemplo do que já ocorria no PA e que continua a acontecer até os dias de hoje no PB, a flexão de número não altera o posicionamento do acento tônico nos dados provindos das cartas e atas dos séculos XVIII-XIX. Veja-se o exemplo (9):

(9)	Palavra	Estrutura morfológica	Estrutura moraica
	vapór	$[\text{vapor}]_{rad} + \text{Ø}_{gen} + \text{Ø}_{num}$	$[\mu]_\sigma [\mu\mu]_\sigma$
	vapóres	$[\text{vapor}]_{rad} + \text{Ø}_{gen} + \text{(e)S}_{num}$	$[\mu]_\sigma [\mu]_\sigma [\mu(\mu)]_\sigma$
	amígo	$[\text{amig}]_{rad} + \text{o}_{gen} + \text{Ø}_{num}$	$[\mu]_\sigma [\mu]_\sigma [\mu]_\sigma$
	amígos	$[\text{amig}]_{rad} + \text{o}_{gen} + \text{s}_{num}$	$[\mu]_\sigma [\mu]_\sigma [\mu(\mu)]_\sigma$

Encaixam-se no padrão das paroxítonas terminadas em sílaba leve as palavras terminadas em ditongos crescentes fonéticos, como *língua* (PE-2ª½-4; RJ1-XIX2) e *agua* (SP-19).[8] Com relação a esse padrão de palavras no PA, Massini-Cagliari (2005: 90) assume as consoantes labializadas k^w/g^w como parte do inventário de fonemas do PA. Isso quer dizer que essas consoantes têm *status* de consoantes comuns no que diz respeito à estrutura silábica, assumindo uma única posição no *onset*, que é simples. Um fato já notado por Massini-Cagliari (1999), através de uma análise do ritmo do PA e do PB baseada na recorrência de troqueus moraicos, é que a semivogal /w/ nesses casos nunca é determinante do peso das sílabas iniciadas por QU-/GU-. Se a semivogal fosse moraica, o acento mudaria de posição em algumas palavras do PA, como, por exemplo, em *áugua*>**auguá* e, no português atual, *ambíguo* > **ambiguó*. Isso prova que U não está presente na posição nuclear. O primeiro a propor que as sequências QU-/GU- em PB constituem consoantes complexas foi Câmara Jr. (1970), que as classificou como *unidades monofonemáticas*. Sua posição é assumida por Bisol (1989: 216-217) e Silva (2001: 151-152), mas criticada por Couto (1996), com base principalmente na falta de alternância entre o ditongo U + V e a sua realização como hiato no mesmo contexto (depois de velar) – argumento que não se sustenta, já que uma das evidências que justifica a proposição de k^w/g^w como consoantes complexas é a estreita ligação entre a consoante velar e a vogal posterior.

O fato de os padrões regulares de acentuação das palavras dos documentos dos séculos XVIII-XIX serem os mesmos dos atestados nas variedades do PB atual parece mostrar que, pelo menos em termos de tendências gerais, o processo de posicionamento do acento lexical já se apresentava estabilizado, tendo um comportamento semelhante ao atual.

O mesmo se verifica com relação aos padrões excepcionais de acentuação, que se apresentam basicamente como os mesmos já atestados em PA (séculos XIII-XIV) e sobreviventes até os dias de hoje no Brasil (séculos XX-XXI). Esses padrões marginais de acentuação mapeados nos dados dos séculos XVIII-XIX serão apresentados a seguir.

Entre as oxítonas, o padrão regular é o das palavras terminadas em consoante ou sílaba travada (pesada). Entretanto, foram mapeadas oxítonas terminadas em sílaba leve, ou seja, sílaba aberta, contendo apenas uma vogal no núcleo.

(10) Oxítonas terminadas em sílaba leve
ahi (BA1-86)
aqui (BA1-83)
Pará (BA1-83)
Andre (PR4-3)
Thomé (BA3-3.1.2-2)
Jose (BA1-16) / *Joze* (BA3-3.1.2-2) / *Jozé* (BA3-3.2.2-12)
Parnagoa (PR2-12; PR4-17) / *Paranagoa* (PR3-5) / *Parnagoâ* (PR3-12) / *Pernagua* (PR4-1) / *Pernaguâ* (PR4-10)

Os exemplos em (10) mostram as duas categorias mais comuns de palavras que apresentam pauta acentual oxítona com sílaba final aberta: os advérbios de lugar (*aqui/ali*) e nomes próprios. Note-se que se trata ainda dos dois tipos de palavras que se encaixavam neste padrão desde os séculos XIII-XIV. Nesses dois grupos, que não apresentam vogal de flexão de gênero, o acento recai sobre a última vogal do radical.

Porém, nas cartas provenientes do Paraná, foram mapeados os vocativos afetivos *vôvô* (PR1-1) e *vóvó* (PR1-6), que provêm das palavras *avô* e *avó*, com relação às quais pode ser levantada uma hipótese de análise, que as enquadraria dentro do padrão regular de acentuação. Considerando-se [avɔ-] como o radical dessas duas palavras, a adição da vogal temática de gênero $[o]_{masc.}$ e $[a]_{fem.}$ explica tanto a mudança do timbre da vogal final do radical em *avô*, como o padrão acentual oxítono em ambas as formas, uma vez que pode ser considerada a fusão da última vogal do radical com a da desinência de gênero.

(11)	Radical	Desinência de gênero	Forma fonética
	avɔ-	o	a'vo
	avɔ-	a	a'vɔ

Outra forma oxítona terminada em sílaba aberta bastante recorrente nas cartas é *Vossa Mercê*, tratamento bastante comum para o destinatário, encontrado nas cartas provenientes de todos os estados brasileiros considerados. Essa forma, proveniente de um sintagma, aparece grafada na escrita tanto de forma separada (*vossa mercê* – RJ1-XVIII-2, *Vossa Mercê* – PR1-2), como junta (*Vossamercê* – RJ1-XIX-2). Do ponto de vista da sua evolução histórica, pode-se considerar que o padrão acentual dessa expressão resulta da fusão das duas vogais das sílabas finais da forma latina *mērcēs/-ēdis*[9] (*mercede*), que resulta na forma *mercee* (PA, século XIII). Observe-se que, mesmo que raramente, já ocorre a forma *voçé* (BA2-TEO1), vose (BA2-TEO2), *você* (PE-2ª½-6),[10] que, ao contrário de *Vossa Mercê*, não pode mais ser considerada um sintagma ou um composto.

O padrão marginal das proparoxítonas, a exemplo do que previu Massini-Cagliari (1999), já é bem mais frequente no português das cartas e atas dos séculos XVIII-XIX do que era nos séculos XIII-XIV, quando se restringia, principalmente, ao campo semântico religioso. Exemplos de palavras proparoxítonas terminadas em duas sílabas abertas (ou com a desinência de plural travando a última sílaba) aparecem em (12a); em (12b), aparecem proparoxítonas terminadas em hiato; por fim, em (12c), aparecem as (poucas) palavras proparoxítonas terminadas em sílaba pesada mapeadas no *corpus*.

(12) a. *unico* (RJ2-14)
energico (BA1-311)
obstáculo (RJ1-11)
triplice (RJ1-3)
prestimo (RJ1-10)
catholicos (PE-2ª½-4)
ultima (PE-2ª½-8)
Tachygrapho (PE-2ª½-9)
anonima (PR1-9)
Principe (SP-19; PR2-12)
subditos (PR2-10)
benameritas (PR3-6)
genero (SP-4; PR3-12)
depozito (BA3-3.1.3-2)
replica (PR4-13)
dedicadíssimo (PE-2ª½-6)
justicimas (PR2-12)
Verícimo (BA3-3.1.2-13)
publica (PE-1ª½-1); *publico* (PR2-12; BA3-3.1.5-1; 3.2.1-1)

redicula (RJ1-2)
transito (RJ2-6)
espirito (RJ2-12)
hygienica (RJ1-4)
mallefica (RJ1-3)
pagina (PE-2ª½-5)
mediocre (PE-2ª½-9)
suplicas (PR4-12)
debito (PR1-9) / *devitos* (BA3-3.2.2-5)
titulu (SP-1)
preterito (PR2-11)
duvida (PR3-12)
estimulos (PR3-12)
unannime (BA3-3.1.3-3)
capitulo (BA3-3.1.-11)
amabilíssimo (SP-19)
amicissimos (RJ1-1)
Camera (PR4-1; PR3-11) / *Camar*a (PR2-12)
prosimo (PR4-1) / *proximo* (PR4-16) / *próximo* (BA3-3.2.8-3)

b. *historia* (RJ1-XIX1)
provérbio (PE-2ª½-3)
prefácio (PE-2ª½-5)
intelligencia (PE-2ª½-5)
prezidencia (SP-1)
gênio (BA2-TIM)
officio (PR2-10)
contrario (PR2-12)
obediencia (PR2-12)
famillia (PR3-5)
comercio (PR3-7)
notissia (PR3-16)
molestia (PR1-4)
gloria (PR4-17)
saçretario (BA3-3.1.1-1)
Dependencia (BA3-3.1.1-1)
soçio (BA3-3.1.5-4)
propria (BA3-3.2.1-3)
Rosario (BA3-3.1.1-1)
Gregorio (BA3-3.1.1-1)
Theadorio (BA3-3.2.1-8)
Cladio (BA3-3.2.1-26)

aniversario (RJ1-XIX1)
Providencia (PE-2ª½-3)
memoria (PE-2ª½-7)
influência (PE-2ª½-2)
Provincia (SP-2; BA3-3.2.1-12)
deligencia (SP-1)
Regia (PR2-12)
Remedio (PR2-12)
necessario (PR2-12)
beneficio (PR3-5)
abundancia (PR3-12)
copia (PR3-10)
misterio (BA3-3.1.1-1)
sucidios (PR4-20)
prencipio (BA3-3.1.1-1)
inventario (BA3-3.1.1-1)
Extraordinaria (BA3-3.1.1-1)
sillençio (BA3-3.2.1-3)
Antonio (PR4-3; BA3-3.1.3-1)
Juvencio (BA3-3.1.2-13)
Ignacio (BA3-3.2.1-16)

c. *Junior* (PE-2ª½-8) *Alvares* (PE-2ª½-9)

Em (12a) está exemplificado o padrão mais comum de proparoxítonas no português dos testemunhos dos séculos XVIII-XIX: proparoxítonas terminadas em duas sílabas leves. O travamento silábico que pode ser verificado, nesses casos, é o do morfema de plural que, conforme já visto anteriormente, não afeta o posicionamento da proeminência acentual.

O exemplo em (13) comprova que, já naquela época, a exemplo do que apontou Câmara Jr. (1970: 65) para o PB, ocorriam processos rítmicos que transformam formas irregulares em regulares, ou seja, que transformam proparoxítonas em paroxítonas – "*tipo de acentuação que é o mais generalizado no vocabulário português e que imprime à língua o seu ritmo característico*".

Como exemplo, Câmara Jr. cita a realização de *exército* como *exérço* e de *Petrópolis* como *Petrópis*.

Pode-se observar que processos dessa natureza já eram atuantes no contínuo temporal da língua desde a época latina (vejam-se os exemplos do *Appendix Probi*),[11] podendo-se afirmar que continuavam ativos nos séculos XVIII-XIX, apresentando o mesmo comportamento até os dias de hoje. Sobre a forma *Parcho* (BA3-3.1.3-2), Oliveira (2006: 498) observa em nota de rodapé que "*é mais provável que a grafia desta palavra reflita a dificuldade do autor do documento em representar a proparoxítona, daí a opção por não considerá-la uma abreviatura*".

(13) *Parocho* (PR2-12)
Parcho (BA3-3.1.3-2)

Conforme mostrado em (12b), entre as proparoxítonas, ocorrem já palavras terminadas em hiatos, com relação às quais, atualmente, há a possibilidade de realização fonética com um ditongo crescente final ou com um hiato. Desde os trabalhos pioneiros de Bisol (1989, 1994) sobre os ditongos no PB, considera-se que estas palavras teriam, na forma de base, um hiato que, por razões rítmicas, pode ser realizado foneticamente como um ditongo crescente, já que a vogal alta precede a baixa. Com relação a dados dessa natureza, não é possível saber com certeza, a partir dos testemunhos de que se dispõe, se, foneticamente, a sequência vocálica final dessas palavras era realizada como ditongo ou como hiato; entretanto, dada a manutenção da posição do acento nesses casos, do latim aos dias atuais, possivelmente se pode considerar que a silabação, nos séculos XVIII-XIX, se comportava de maneira semelhante ao que ocorre atualmente nas variedades do PB, ou seja, variação entre hiato e ditongo, em nível fonético, correspondente a um hiato, no nível fonológico. É interessante notar, a partir dos exemplos em (14), que a variação entre ditongos e hiatos na realização fonética de palavras desse padrão pode ser indicada pelos testemunhos escritos da época, que apresentam variação na representação de palavras específicas, em que o (suposto) ditongo fonético é reduzido a um monotongo, gerando um padrão trocaico regular final realizado a partir de duas sílabas abertas leves.[12]

(14) a. *colleijo* (PR1-9)
Colegio (PR4-13) / *Collegio* (PR4-25)
Collejo (PR4-10)

b. *es cotinio* (BA3-3.1.5-1)
escortino (BA3-3.1.2-13; BA3-3.2.1-25)

Por outro lado, em (15), pode estar havendo um processo contrário, de reforço, talvez ocasionado por hipercorreção, que acaba por gerar padrões alternantes em relação a palavras que, atualmente no PB, não apresentam encontro vocálico final, mas uma sílaba leve, contendo uma única vogal:

(15) *Azilio* (BA3-3.2.1-13)
Azilo (BA3-3.2.1-14)

Compremisio (BA3-3.1.4-2)
Comprimicio / *Comprimiçio* (BA3-3.1.6-1)
Comprimiço (BA3-3.1.6-3 e 3.1.5-4)

yurios (BA3-3.2.1-13)

Note-se que, em (12c), aparece apenas um exemplo de proparoxítona terminada em sílaba travada por consoante rótica (termo tomado aqui como uma referência genérica a consoantes grafadas com <r>/<rr>) e um exemplo de proparoxítona terminada em sílaba travada por fricativa, ambos os exemplos nomes próprios. Massini-Cagliari (2010, 2011a,b, 2012, 2013), Souza (2011) e Macedo (2015), que estudaram a adoção e a pronúncia de antropônimos de origem inglesa por falantes de PB, mostram que nomes próprios podem ter um comportamento diferente em termos prosódicos, em contraste com os nomes comuns, porque nem sempre se "enquadram" bem nos parâmetros da fonologia do PB. Muitas vezes, os falantes carregam para o PB traços da pronúncia original do nome, trazendo para o sistema desta língua características que não lhe são comuns. Talvez por esse motivo os exemplos de proparoxítonos terminados em sílaba travada, tão incomuns nos textos dos séculos XVIII-XIX, configurem-se como o padrão mais distante dos canônicos encontrados no *corpus*.

As palavras proparoxítonas mapeadas nas cartas e atas dos séculos XVIII-XIX já apresentam o mesmo comportamento excepcional de acentuação que têm no PB atual. Dessa forma, conclui-se que os condicionamentos (morfológicos ou de outra natureza) para essa localização excepcional de proeminência já eram os mesmos que atuam hoje.

Com relação às palavras paroxítonas, consideram-se irregulares quanto ao acento as terminadas em consoante, ou seja, terminadas em sílaba travada – pesada em termos de quantidade silábica, por apresentar dois elementos na rima. Foram mapeadas paroxítonas terminadas em consoantes fricativas, róticas, nasais e laterais. Vale lembrar que todos esses padrões, apesar de excepcionais, são atestados nas variedades do PB atual.

(16) a. Paroxítonas terminadas em fricativas:

onus (BA3-3.2.1-3) *Alferes* (PR4-9)
Cloves (PE-2ª½-9) *Borges* (PE-2ª½-10)
Goes (BA1-15,16,17) *Pires* (PR4-3) / Pirez (PR4-15)
Gonçalvez (PR4-3) *esteues* (PR4-3)

b. Paroxítonas terminadas em róticas:

cadaver (BA1-128) *caracter* (SP-1, BA1-70)
assucar (PR1-12, SP-3, BA1-132) *Cezar* (SP-1) / *Sezar* (PR4-14)

c. Paroxítonas terminadas em laterais:

impocivel (RJ1-2) *poçível* (PR3-16)
facil (PE-2ª½-4) *estimavel* (PR3-13)
agradavel (PE-2ª½-4) *util* (PE-2ª½-5)
incomparavel (SP-1) *fertil* (SP-4)
respeitavel (PR2-10) *miseravel* (PR2-12)
responsavel (BA3-3.1.3-1) *sociavel* (BA3-3.1.5-6)

d. Paroxítonas terminadas em nasais:

vantagem (RJ1-XIX1) *ordem* (SP-4; PR212; BA3-3.2.1-20)
homem (PE-1ª½-1) *viagem* (PE-2ª½-5)
hontem (PR1-1) *vantagem* (SP-4)
Virgem (BA3-3.2.1-12) *bemção* / *benção* (PR1-2/PR1-4)

Também da mesma forma como ocorre com relação às proparoxítonas, verificam-se processos rítmicos de "regularização" de pautas acentuais marginais, em direção às canônicas. É o que ocorre nos exemplos em (17), originalmente (e até os dias de hoje) terminados em sílaba travada por consoante nasal, que promove a nasalização da vogal precedente, mas que aparece aqui grafada sem qualquer marca de nasalização, o que sugere uma realização oral para a última vogal da palavra, o que torna a sílaba aberta e, portanto, leve.

(17) *ferruge* (PR4-22)
urige (BA2-VIT)
orpha (PR1-13)

As palavras paroxítonas terminadas em sílabas travadas mapeadas nos textos dos séculos XVIII-XIX, tão marginais no *corpus* quanto as proparoxítonas, já apresentam o mesmo comportamento excepcional de acentuação verificado para essa pauta prosódica no PB atual. Dessa maneira, a exemplo do que ocorre com as proparoxítonas, os condicionamentos (morfológicos ou de outra natureza) para essa localização de proeminência já eram provavelmente os mesmos que atuam hoje. Deve-se ressaltar, novamente, a ocorrência de nomes próprios entre os exemplos mapeados dentro desse padrão prosódico, o que, mais uma vez, aponta para a sua marginalidade, dentro do sistema acentual da língua na época.

CONSIDERAÇÕES FINAIS

Como conclusão, pode-se constatar, a partir da observação dos padrões acentuais mapeados no *corpus* das cartas e atas dos séculos XVIII-XIX, que nenhuma pauta acentual diferente das que já ocorriam no PA e das que atualmente ocorrem no PB foi localizada.

Além disso, não há razões para acreditar, diante dos testemunhos observados, que as palavras que ocorrem nos textos considerados ocorressem com um padrão acentual diferente do que apresentavam em períodos anteriores (atestados pela sua etimologia e por análises já realizadas de períodos anteriores da língua) e do que continuaram a apresentar em períodos posteriores (nas variedades atuais do PB). Dessa forma, o que se pretendeu mostrar foi que, pelo menos em termos de tendências gerais, o posicionamento do acento dos nomes e demais itens lexicais não verbais parece não ter sofrido mudanças significativas dos séculos XVIII-XIX ao PB atual.

Desde sempre, as sílabas tônicas têm sido reconhecidas na literatura como um contexto de força prosódica, resistente a mudanças. Do latim ao português atual, gramáticas históricas, desde o século XIX, têm mostrado que "*em regra o acento latino conservou-se na mesma sílaba*" (Vasconcellos, 1959: 29). Esse fenômeno ficou conhecido como "lei da persistência da tônica" (Coutinho, 1954:138). Nesse sentido, desde cedo percebeu-se que, apesar de a sílaba tônica manter-se acentuada, ao longo do contínuo temporal da língua, por conta de processos de redução das átonas, o posicionamento do acento na palavra (e, portanto, a sua pauta acentual) poderia ser alterada. É o que aconteceu em palavras como *óculus* → *ólho*, em que o acento mantém-se na sílaba original, mas a palavra originalmente proparoxítona torna-se paroxítona.

Segundo Kager (1999: 142-143), a extensa pesquisa de Hayes (1995) sobre a tipologia das línguas quanto ao acento primário tem mostrado que os padrões acentuais são um domínio de forças potencialmente conflitantes, entre as quais o *ritmo* (pressão em direção à distribuição regular de sílabas fortes e fracas), a *sensibilidade ao peso silábico* (pressão no sentido de combinar sílabas pesadas com proeminências rítmicas) e a *marcação de fronteira* (pressão na direção de marcar as fronteiras de domínios morfológicos por sílabas fortes).

Neste sentido, segundo mostra Massini-Cagliari (1999, 2005), o posicionamento do acento em latim, sistema do qual se originaram os padrões acentuais do português, tanto oitocentista/novecentista quanto atual, no embate entre as forças conflitantes, dava precedência à sensibilidade ao peso silábico sobre a marcação de fronteira. Dessa maneira, a duração da penúltima sílaba era preponderante na localização do acento, sendo a força predominante na constituição do ritmo. Em termos otimalistas de hierarquia, as restrições de marcação relativas ao peso silábico dominam as restrições de *parsing* (ritmo) e de alinhamento (marcação de fronteira).

Por outro lado, as pautas acentuais dos nomes do PB dos séculos XVIII-XIX, a exemplo de como se comportava o PA (séculos XIII-XIV) e como ainda se comporta o PB do século XX-XXI, são o resultado da tensão entre duas dessas tendências: a tendência rítmica trocaica e a marcação da fronteira morfológica do radical pelo acento. Isso significa dizer que, em termos otimalistas de constituição de hierarquia, as restrições de *parsing* e de alinhamento se equiparam às de marcação, que regulam a sensibilidade ao peso silábico.

De fato, a grande maioria das palavras do PB oitocentista e novecentista é paroxítona – o que reforça a consideração de um ritmo básico trocaico. Neste capítulo foi mostrado, também, que a grande maioria das palavras do PB da época recebe o acento na segunda mora, do final para o início da palavra, o que gera dois padrões básicos de acentuação: paroxítonas terminadas em sílaba leve e oxítonas terminadas em sílaba pesada.

O fato de os padrões básicos de acento dos nomes do PB da época serem as paroxítonas terminadas em sílaba leve e as oxítonas terminadas em sílaba pesada sugere um sistema sensível ao peso silábico, em que o acento é atribuído à segunda mora, contada a partir do limite final da palavra.

Sobre a consideração do peso silábico em PB, Wetzels (2003:107) mostra que existe polêmica em torno da consideração do português atual, tanto na variedade europeia como na brasileira, como sensível ao peso silábico na atribuição do acento. Segundo Wetzels, a origem dessa polêmica talvez esteja em uma interpretação errônea de uma afirmação de Trubetzkoy (1970 [1939]), segundo a qual apenas línguas que possuem distinção fonêmica entre vogais longas e breves poderiam constituir sistemas de acentuação sensíveis ao peso da sílaba, isto é, uma regra de acento que conta moras. Wetzels (2003: 131) conclui que há algumas línguas que contradizem essa generalização, e que, portanto, a rejeição de uma regra de acentuação sensível ao peso para o português, ou qualquer língua sem distinções de duração de vogais, não pode ser justificada apenas por razões tipológicas, mas deve ser baseada em argumentos internos à estrutura da língua.

No entanto, pode-se perceber que o PB dos séculos XVIII-XIX, continuando a tendência da época medieval que perdura até os dias de hoje no PB, dá mais prioridade à formação de pés trocaicos do que ao peso das sílabas da palavra; na verdade, o que importa é somente a quantidade da última sílaba da palavra, uma vez que uma sílaba pesada na antepenúltima posição da palavra seguida de duas leves não atrai para si o acento: *vontáde* (BA3-3.1.2-1), mas **vóntade*.

Dessa maneira, o fato de o acento ser atraído para a sílaba final de *fervór* (PR3-5) não está tanto ligado à sensibilidade do PB da época ao peso das sílabas, mas à tendência de marcação da fronteira morfológica entre radical e desinências. Essa tendência tem sido afirmada com frequência, em relação ao comportamento do acento no português europeu (Mateus, 1983) e no PB (Cagliari, 1999) – o que coloca o português atual como uma língua que, na tensão entre as forças conflitantes que geram os padrões acentuais arroladas por Kager (1999), privilegia o reforço, através do acento, de constituintes morfologicamente importantes (marcação de fronteiras de domínio morfológico). Tal fato comprova a demoção de importância na hierarquia das restrições de marcação relativas ao peso silábico.

Outro fator importante a ser ressaltado é a "janela de três sílabas" (para usar um termo de Bisol, 1992) na atribuição do acento: apenas as três últimas sílabas da palavra são acentuáveis (e, mesmo assim, a antepenúltima, em condições excepcionais). Em outras palavras, o acento do PB (atual e dos séculos XVIII-XIX) nunca pode ultrapassar a barreira de três moras, contadas do final para o início da palavra, caindo prioritariamente na segunda mora. As palavras proparoxítonas e paroxítonas terminadas em sílaba pesada mapeadas nos textos dos séculos XVIII-XIX apresentam o mesmo comportamento marginal de acentuação que têm no PB atual. Dessa forma, os condicionamentos (morfológicos ou de outra natureza) que estariam agindo naquela época, gerando uma localização excepcional da proeminência rítmica, já eram os mesmos que atuam hoje.

Entretanto, o fato mais relevante a ser ressaltado, no percurso diacrônico do acento, do latim ao português atual, é o crescimento constante da importância de condicionamentos morfológicos no posicionamento do acento aos nomes e demais itens lexicais não verbais. No "ponto inicial" do recorte histórico aqui tomado (latim), o posicionamento do acento não sofria quaisquer tipos de restrições morfológicas, sendo atribuído exclusivamente por critérios fonológicos de peso da penúltima sílaba da palavra (Massini-Cagliari, 1995, 1999). Entretanto, já no PA, Massini-Cagliari (2005) mostra que o acento é resultado de interações entre as pressões exercidas pelas tendências a um ritmo trocaico e à marcação da fronteira morfológica entre o radical e as desinências, ao mesmo tempo que evidencia o papel (menos importante do que essas duas tendências, mas também relevante) da consideração do peso silábico, no processo de posicionamento da proeminência acentual, no nível da palavra.

E, como mostram os dados provenientes dos séculos XVIII-XIX aqui focalizados, a frequência dos tipos de padrões acentuais marginais aumenta, abrangendo campos semânticos mais variados. Outro fato que atesta o crescimento da ocorrência de padrões prosódicos reconhecidamente marginais é a sua utilização em nomes próprios, quando se comparam os dados provenientes dos séculos XIII-XIV com os dos séculos XVIII-XIX e XX-XXI (Massini-Cagliari, 2012, 2013).

Enfim, apesar do incremento de usos de padrões marginais (que aumenta ainda mais nos séculos XX-XXI – conforme Massini-Cagliari, 1999), a coincidência dos padrões regulares de acentuação das palavras das cartas e atas dos séculos XVIII-XIX com os atestados nas variedades do PB atual parece mostrar que, pelo menos em termos de tendências gerais, o processo de posicionamento do acento lexical já se apresentava estabilizado no período oitocentista/novecentista, tendo um comportamento semelhante ao atual.

NOTAS

1 Também são vários os trabalhos já realizados sobre o português europeu (PE): Mateus (1982[1975]); Carvalho (1989); Mateus e d'Andrade (2000), Pereira (2007).

2 O mapeamento dos dados nos textos empreendido nesta pesquisa não é exaustivo, uma vez que a abordagem não é quantitativa.

3 Por esse motivo, não foram considerados os seguintes documentos, uma vez que se referem ao século XX: Carneiro, Santiago e Oliveira, *Cartas brasileiras (1809-2000):* coletânea de fontes para o estudo do português, volume 3 (1906-2000), Feira de Santana, UEPS Editora, 2011; Oliveira, K. *Cartas e bilhetes de cangaceiros*, (s/d).

4 Em (3), os símbolos Ø e σ significam, respectivamente, "morfema zero" e "sílaba". As abreviaturas *rad*, *num* e *gen* referem-se, respectivamente, a "radical", "desinência de número" e "desinência de gênero".

5 Foram consultados, além do dicionário considerado o "primeiro dicionário brasileiro" (o *Diccionario da língua portugueza*, de António de Morais Silva, 1789), o *Vocabulario portuguez e latino*, do padre londrino radicado em Portugal, Raphael Bluteau (1712), e o dicionário etimológico de Cunha (1996).

6 Em (8) e nos exemplos seguintes, a abonação das palavras citadas é feita a partir da correlação estabelecida no Quadro 1. Entre parênteses, após as palavras focalizadas, aparece a sigla do estado de origem do documento em que foi mapeado o exemplo, seguida do número do documento na edição considerada. Segue-se sempre a numeração original do editor, inclusive no que diz respeito a subdivisões. Por exemplo, no caso de cartas oriundas de Pernambuco, foi necessário acrescentar a informação $1^{a}½$ ou $2^{a}½$, uma vez que a numeração das cartas se divide em: primeira metade do século XIX/segunda metade do século XIX; em relação a BA2, foram mantidas as abreviaturas identificativas das atas adotadas pelo editor (Oliveira, 2009a); em relação a Oliveira (2006), foram mantidas as subdivisões numéricas da edição filológica apresentada nos dois tomos do volume II da sua tese. No caso de PR1, em que as cartas não estão numeradas na edição, são referidas as páginas. Foram mantidas as grafias originais das edições, inclusive no que diz respeito a maiúsculas.

7 A respeito de fenômenos de metátese, veja-se o capítulo "Metátese", de Hora e Telles, neste mesmo volume.

8 Talvez se encaixe no padrão regular de acentuação a palavra *legoas* (RJ1-1; PR3-5). Entretanto, talvez ela possa ser interpretada como uma proparoxítona terminada em hiato (veja adiante).

9 Etimologia consultada em Cunha (1996: 514).

10 Observa-se que a forma *você* (nas suas diferentes grafias) aparece em textos de proveniência bastante diversa, como em cartas escritas a pedido de escravos e/ou por escravos (BA2-TEO1, BA2-TEO2), como pelo ilustre Joaquim Nabuco a seus amigos.

11 A este respeito, veja-se Silva Neto (1946).

12 Para uma análise dos ditongos no português brasileiro dos séculos XVIII-XIX, veja- se o capítulo de Abaurre, neste mesmo volume. A respeito de fenômenos de metátese, veja-se Hora e Telles, neste mesmo volume.

REPRESENTAÇÃO DAS VOGAIS PRETÔNICAS NOS *LIVROS DO TOMBO*

Célia Marques Telles

SUMÁRIO

APRESENTAÇÃO

Começam-se estas considerações citando uma adivinhação, em língua latina semivulgar, usada no norte da Itália, escrita em letra italiana por mão erudita de origem veronense, datada de final do século VIII ou início do IX, conservada na Biblioteca Capitolare de Verona (cód. LXXXIX):[1]

> *Se pareba boves, alba pratalia araba,*
> *albo versorio teneba, & negro semen seminaba.*
> (Monteverdi, 1952: 131)

Segundo Monteverdi (1952: 131), a adivinhação refere o "ato de escrever" (Monteverdi, 1952: 131; Tagliavini, 1998: 325). Certamente um escriba de um manuscrito do século VIII ou IX não tinha uma visão "suave e leve" do ato de escrever e comparava-o ao duro trabalho dos campos. Os bois eram os dedos; o campo, o arado; o pergaminho, as terras; a charrua era o cálamo (a pena) e, finalmente, os grãos escuros de semente lançados à terra eram a tinta que desenhava as letras de cor negra (Monteverdi, 1952: 131).

E, então, uma pergunta retórica: o que é a escrita? Louis-Jean Calvet, em *Tradição oral e tradição escrita*, ao tratar da imposição da escrita, leva em conta três fatos que lhe parecem indiscutíveis, a saber: a invenção da escrita decorreu de necessidades práticas (fazer contas, redigir contratos, leis) e foi, inicialmente, propriedade das classes sociais que estavam no poder, o que levou, nas sociedades com escrita, a uma discriminação relativamente às sociedades sem escrita (Calvet, 2011 [1984]: 122-123).

Faz-se necessário considerar com McKenzie que "[...] *todos os usos e todas as interpretações do escrito, da imagem ou da palavra, não são equivalentes*" (2005 [1999]: 15). É, ainda, McKenzie quem diz:

> A mudança que supõe passar de ação de moldar um meio material a um sistema conceitual, de tramar uma tela a um tecido de palavras, está também implícito no grego ϋοøς, "tecido ou rede", de ύøaínw "tecer". Como em latim, apenas mediante uma mudança metafórica aplicada à linguagem, o verbo "tecer" se emprega com o sentido de "escrever", a trama de palavras se converte em texto. Em todos os casos, portanto, o sentido original define um processo de construção material. Cria um obstáculo, mas não é exclusivo de uma substância ou de uma forma. A ideia de que os textos são registros escritos sobre pergaminho ou papel deriva apenas do sentido secundário e metafórico de que a escritura de palavras é como o tecido de fios. (2005 [1999]: 31)

Escrever é, desse modo, uma das faculdades privativas do homem. O estudo das escritas não pode ser considerado apenas um ato de leitura ou uma metodologia crítico-analítica, mas como uma história da escrita (Nuñez Contreras, 1994: 19). Deve tomar a escrita como um objeto que tem uma finalidade sócio-histórica, levando-se em conta, na sua interpretação três fatores intrínsecos: em primeiro lugar buscando o que se escreve (tema); o momento da escrita, o quando (a datação); e o local onde foi escrito o documento que se analisa, o onde (isto é, a procedência do escrito); em segundo lugar, verifica-se a técnica de execução do texto escrito no que tange ao ato de escrever; finalmente, em terceiro lugar, verificando quem escreveu e a finalidade do escrito (Petrucci, 2003 [2002]: 80).

A escrita é, assim, legado de poucos eruditos. Como se sabe, para o estudo da língua, até o início do século XX, só se dispunha de documentos escritos, assim, a primeira necessidade do linguista histórico é ser capaz de ler o documento manuscrito. Para tanto, é preciso considerar que o texto escrito, na sua essência, é uma representação de natureza social ao tempo em que é documento da memória de um povo. Nessa perspectiva, se se toma a língua como a história do povo que a fala, o texto é a representação deste povo e da sua história, sendo necessário, portanto, compreender o papel da escrita como fator social, com base na sociologia dos textos. A partir dessa direção, se pode passar ao estudo intrínseco do manuscrito, neste caso, o enfoque grafemático-fonético fornecido pela grafia das vogais.

São ao todo seis os *Livros do Tombo*, que se definem como um conjunto de cadernos, costurados ordenadamente e formando um bloco (Faria e Pericão, 2008: 458), em papel avergoado, filigranado, provavelmente dos séculos XVII e XVIII. Trata-se de um conjunto de folhas dobradas e costuradas no festo, cobertas com uma capa de material duro (papelão e couro), cuja função é servir de registro de doações – *sesmarias* e *escrituras* (Porta, 1958: 242) relativas aos bens imóveis pertencentes ao Mosteiro. Guimarães (2006), ao definir *tombo*, apresenta as seguintes acepções, podendo ambas aplicarem-se aos *Livros do Tombo*: "*arrendamento, registro e arquivamento de papéis, livros e autos de um cartório; livro no qual são registrados os nomes das partes, a espécie da lide, o número recebido por ela, a ordem cronológica das distribuições*" (2006: 533, col. a). Nos *Livros do Tombo* são registrados, a pedido do Dom Abade, os documentos de Cartório (Ofício) referentes aos bens imóveis doados ao Mosteiro de São Bento da Bahia, ou comprados pelo Mosteiro, os nomes dos doadores, o tipo de documento de doação ou de compra, a informação de onde foi extraído (*Livro de Notas*), apresentando, na maioria das vezes, uma ordem cronológica entre a série de documentos trasladados.

O *Livro Velho do Tombo*[2] é uma coletânea de documentos datados dos séculos XVI a XVIII, trasladados no início do século XVIII. Traz no Termo de Abertura e no Termo de Encerramento a data de 1705, tendo sido trasladados 92 documentos, ocupando 192 fólios dos 212 que o integram. O *Livro III do Tombo*,[3] por sua vez, traz o traslado de 94 documentos dos séculos XVI a XVIII, novamente copiados em 1803, conforme solicitação do abade do Mosteiro, ocupando os 300 fólios do *Livro III do Tombo* (Telles 2014d).

Os *Livros do Tombo*, por decreto do Ministério da Cultura, foram reconhecidos como Patrimônio da Cultura Mundial, em 2012 (Brasil, 2012); e, em 2013, obteve-se aprovação do projeto de publicação dos cinco *Livros do Tombo*, a ser subsidiado pela Petrobras.

O LIVRO VELHO DO TOMBO

O *Livro Velho do Tombo*, o primeiro da coleção,[4] acha-se em bom estado de conservação. Mede 410mm 260mm e está encadernado em couro marrom. São 212 fólios de *papel avergoado*, numerados e rubricados no ângulo superior da margem de corte, no fólio recto, dos quais apenas 191 estão escritos no recto e no verso, o fólio 192 apenas no recto e os fólios 16 e 212 apenas no verso, tendo entre 7 e 54 linhas por fólio, escritos em média de 41 linhas por fólio, nos quais ainda se destacam a *scriptio continua* e a presença de abreviaturas e de glosas marginais.

O papel traz *marcas d'água*, uma delas mostra dois círculos com três folhas dispostas em triângulo sobre três semicírculos arrumados em pirâmide; em outra, vê-se um grifo que ocupa quase metade da folha. Escrito em tinta *ferrogálica*, onde podem ser observadas, *scriptae* diferentes, em *letra cursiva* (as duas primeiras *scriptae* são do tipo bastardo italiano), uma das quais é sempre a do tabelião público que autentica o traslado (Telles, 2008). Dos *scriptores*, apenas cinco podem ser identificados: o *scriptor* 1, que é o tabelião Lourenço Barboza, que, por delegação de André Leitão de Mello, juiz de Fora, rubricou o livro e numerou as suas páginas, devendo, ainda, ocupar-se dos traslados dos documentos, acompanhado por outro escrivão; o *scriptor* 2, que é o juiz de Fora, André Leitão de Mello; o *scriptor* 3, que é o tabelião público do Judicial e Notas, João Baptista Carneiro; os *scriptores* 12 e 15, que são, respectivamente, Manuel Afonso da Costa e Joseph Teixeira Guedes, também tabeliães públicos do Judicial e Notas; a esses três últimos coube fazer, entre 1705 e 1727, a autenticação dos documentos trasladados.

O traslado foi iniciado em 1705, conforme atestam o *Termo de Abertura* e o *Termo de Encerramento*, datados de "janeiro de 1705". Nota-se a intervenção de 17 *scriptores* na execução dos traslados, dos quais o primeiro é o tabelião Lourenço Barbosa, que rubrica o livro e faz os termos de abertura e de encerramento, como se disse anteriormente.

Ao todo foram trasladados 91 documentos relativos à Capitania da Bahia e à Capitania de Sergipe, datados entre 1568 e 1716, não seguindo uma ordem cronológica absoluta; o traslado do documento 92, incompleto, traz a data de 1802. Arrola, como todos os *Livros do Tombo*, escrituras, testamentos, despachos, trocas, quitações, reconhecimentos, títulos de terras, petições, posses de terras, dentre outros registros que trazem aspectos passíveis de análises em várias áreas do saber. Essa análise incide em amostragem sobre 26 documentos, datados entre 1568 e 1704, trasladados a partir de 1705. O *corpus* de amostragem selecionado para a presente análise corresponde à intervenção de seis *scriptores*: **1** (doc. 1, 2, 3, 4, 5 e 6), **5** (doc. 18, 19, 20 e 21), **7** (doc. 25, 26, 27, 32, 33, 37 e 38), **10** (doc. 47, 48, 52, 55, 56, 72 e 74), **11** (75) e **14** (81). O *scriptor* 1 é o tabelião Lourenço Barbosa – indicado nominalmente no primeiro documento – enquanto os *scriptores* 5, 7, 10, 11 e 14 não são nominados.

O Livro III do Tombo

O *Livro III do Tombo* do Mosteiro São Bento da Bahia, o quarto da coleção dos *Livros do Tombo*, mostra excelente estado de conservação, trazendo restauro em apenas alguns dos fólios. O primeiro fólio do *Livro III do Tombo* traz a transcrição do pedido do abade do Mosteiro, com data de 2 de julho de 1803, que justifica o traslado a ser feito; em seguida vem o traslado do requerimento, com o despacho indicando o tabelião Tavares como responsável pela cópia em "autêntica forma", trazendo a data de 2 de julho de 1803. No segundo fólio, tem-se o despacho do juiz de Fora, Domingos José Cardoso, datado de 6 de julho de 1803, designando o tabelião José Alvares Quintão para numerar e rubricar as folhas e fazer o Termo de Encerramento do *Livro III do Tombo*, ambos datados de 6 de julho de 1803.

Como o anterior, encerra conteúdos de grande relevância para a história da cidade de Salvador como da Capitania da Bahia e da Capitania de Pernambuco. Os documentos a serem trasladados no *Livro III do Tombo*, segundo declaração do Dom Abbade, seriam os de maior importância para o Mosteiro. Desse modo, o *Li-*

vro III Tombo do Mosteiro de São Bento da Bahia traz, a pedido do Dom Abade em 1803, o traslado de sesmarias e escrituras pertencentes ao Mosteiro, documentos essenciais que precisam ser preservados, e que foram anteriormente lançados no *Livro Velho do Tombo* ou em outros *Livros de Nota*, nos Ofícios dos tabeliães.

Como consta do *Termo de Encerramento* foram numeradas e rubricadas, no ângulo superior da margem de corte, 300 folhas, das quais todas se acham preenchidas com os traslados, no recto e no verso. O livro mede 480mm 345mm e acha-se encadernado em couro de porco, como os demais *Livros do Tombo*. No verso da primeira folha, não numerada, traz a observação: "*De novo encadernado por Pio Zimmermann Em julho de 1924*". No fólio 2r, após o despacho de Domingos José Cardozo, ao centro, aparece "L.4", impresso em um pedaço retangular de papel, colado sobre o papel, e o número "III" manuscrito em algarismos romanos. Papel avergoado, in-fólio, com as verjuras na horizontal e as linhas de cadeneta na vertical, com a distância de 25mm. A escrita é cursiva, em tinta ferro-gálica, inclinada para a direita. Acrescente-se o fato de os fólios terem entre 5 e 44 linhas, escritos em média de 36 linhas por fólio, sempre dentro de margens traçadas com tinta, caracterizada pela *scriptio continua* (Zamudio Mesa, 2010). Traz abreviaturas e glosas marginais, poucos reclamos. Os documentos são trasladados em sequência não cronológica e nota-se um espaço em branco após cada documento, que deveria trazer as autenticações dos traslados.

Ao todo foram trasladados noventa e quatro documentos, datados entre 1552 e 1796. Identificou-se a interferência da mão de 20 *scriptores*, dos quais apenas dois se acham nominados: o *scriptor* 2, Domingos José Cardoso (o juiz de Fora), e o *scriptor* 3, José Alvares Quintão (o tabelião). A análise grafemático-fonética das vogais médias pretônicas incidiu em 22 documentos, datados inicialmente entre 1552 e 1794, trasladados desde 1803, selecionando-se documentos da mão de 8 *scriptores*: **4** (doc. 1, 2 e 3) , **5** (doc. 5, 6 e 7), **6** (doc. 9, 10 e 12), **8** (doc. 24, 25 e 26), **9** (doc. 36 e 37) , **10** (doc. 38, 39, 40 e 48), **11** (doc. 50, 51 e 52) e **12** (doc. 66).

O TRATAMENTO FILOLÓGICO

A partir de uma transcrição diplomática, foi feita a edição semidiplomática dos textos, construindo-se, desse modo, o texto fonte quer para a edição diplomático-interpretativa quer para a edição em hipertexto. A propósito do tipo de edição a ser realizada, são muito elucidativas as observações de Rivarola, na introdução da sua edição de documentos peruanos, quinhentistas e seiscentistas, lembrando as premissas necessárias a edições desse tipo de documentação, destinada: "[...] *a servir de fonte para o estudo de uma realidade linguística do passado, a saber, as relativas ao grau de confiabilidade que apresentam ou devem apresentar as peças que formam o conjunto*"[5] (Rivarola, 2009: 10).

Para melhor compreender o trabalho filológico, é preciso recordar o que disse Picchio (1979) a propósito do filólogo, definindo-o como aquele que, utilizando todos os instrumentos dos quais pode dispor, estuda todos os documentos e se esforça por penetrar no epistema que decidiu estudar, procurando, enfim, a voz dos textos e de um passado que já não considera sufocado pelos estratos sobrepostos (Picchio, 1979: 234).

Para entender o que se tem chamado de edição semidiplomática, deve-se retomar a definição de Duarte (1997) para a edição diplomática, como aquela que descreve e reproduz mimeticamente, lugar a lugar e lição a lição, a universalidade que é um manuscrito. Por um lado, descreve as características dos suportes e dos instrumentos de escrita, da topografia dos fólios, dos hábitos caligráficos, das decorações, enquanto, pelo outro, reproduz o texto, transliterando-o, mantendo a lição do manuscrito, "*guardando-lhe a ortografia, as abreviações, a sintaxe, a variação interna, as lacunas, as repetições, enfim, tudo aquilo que faz dele um* objecto único *e* irrepetível" (Duarte, 1997:12). Para a edição semidiplomática apenas acrescenta-se o desenvolvimento das abreviaturas.

Para a edição semidiplomática dos documentos do *Livro Velho do Tombo*, são seguidos os seguintes critérios gerais, tais como: 1) manutenção da grafia do texto; 2) manutenção da pontuação do original; 3) desdobramento das abreviaturas entre parênteses; 4) indicação das anotações marginais, na margem de corte; 5) transcrição dos títulos em negrito; 6) indicação dos fólios e das linhas, numeradas de cinco em cinco, à esquerda; 7) utilização de operadores, adaptados da crítica genética, para indicar o movimento da escrita. Os operadores – tomados da Crítica Genética – são usados a partir das necessidades de cada um dos *Livros do Tombo*, variando conforme as necessidades do texto.

Vale destacar, como finalidade da edição, que o mais importante é que se chegue a textos fidedignos, não esquecendo de que enquanto não se dispõe de um texto fidedigno, todas as operações hermenêuticas e críticas podem tornar-se arbitrárias, intempestivas e inseguras, como assinala Tavani (1988: 53).

Com esse tipo de edição pretende-se, portanto, possibilitar o acesso e a preservação do conteúdo do volume por meio de edição semidiplomática e edição fac-similada por meio digital,[6] a partir de critérios que restituirão e fixarão sua forma genuína, garantindo a fidedignidade e a acessibilidade necessárias para as produções acadêmico-científicas e para consolidação de um saber público. A transcrição semidiplomática (de caráter conservador) dos textos não literários (Telles, 2009), de qualquer tipo, permite, desse modo, a recuperação dos dados da língua do responsável pela *scripta*.

A variação na grafia das vogais pretônicas

A variação das vogais médias pretônicas na língua portuguesa já aparece descrita por Fernão de Oliveira, pois, dos ortógrafos quinhentistas, é Fernão de Oliveira o único que fala claramente nas vogais átonas.[7] A variação grafemática dessas vogais vem observada por Fernão de Oliveira, no capítulo XVIII ("Da semelhança e proximidade de certas vozes"), e, mais precisamente, no XXVII ("Da quantidade da sillaba a das vogaes grandes e pequenas"). Assim, no capítulo XVIII:

> Até aqui dissemos do proprio genero e particular de cada letra; agora vejamos da comunicação que alghuas têm, ou d'alghua participação que to / das têm antre si. Das vogaes **u** e **o** pequeno ha tanta vezinhença que quasi nos confundimos dizendo huns somir e outros sumir, e dormir ou durmir, e bolir ou bulir e outras muitas partes semelhantes. E outro tanto antre **i** e **e** pequeno, como memoria ou memorea, gloria ou glorea. Ainda que eu diria que, quando escrevemos **i**na penultima, sempre ponhamos o acento nessa penultima, seguindo-se logo a ultima sem antreposição de consoante, como aravia; e se a tal penultima assi de vogaes puras não tever o acento, não na escreveremos com **i**, senão com **e**, como glorea e memorea. (Oliveira, 2000 [1536]: 103-104)

Por outro lado, no capítulo XXVII esclarece: "*Não pareça a alguem que nós confundimos* ***i*** *pequeno com* ***e*** *pequeno, nem* ***o*** *pequeno com* ***u*** *pequeno, porque ellas não são diversas vozes e tão-pouco não temos ahi necessidade de diversas letras*" (Oliveira, 2000 [1536]: 111).

E continua a explicação:

> Mas é desta maneira que antre **i** que é letra delgada aguda e viva, e antre **e** grande soa na nossa lingua hua outra voz mais escura e não mais que hua: e a este chamamos **e** pequeno, o qual em huas partes soa mais e em

> outras menos, como fazem as outras vogaes. E onde soa mais, podemos dizer que é mais vezinho do **e** grande; onde também menos soa, será isso mesmo mais vezinho do **i**. Mas não por isso dizemos que são duas letras, porque não muda a voz senão por respeito das consoantes, mais ou menos; ou por qualquer outra vezinhença de letras que se co'elle ajuntam, gasta mais ou menos tempo e aparece mais ou menos a sua voz, como escreveste, memorea: mais soa **e** pequeno na penultima de escreveste que de memorea, porque em escreveste tem adiante na mesma sillaba hua letra consoante **s**, e em memorea tem logo outra vogal em outra sillaba, a qual lhe tira parte da voz porque "dous sapateiros vezinhos abatem a venda hum ò outro", e os estados baixos junto com os poderosos parecem muito menos. (Oliveira, 2000 [1536]: 111-112)

Mais adiante, adverte que "*Tão pequeno fica este **e** nestas partes, que muitos se enganam e escrevem em seu lugar **i**, o qual nós ahi não sentimos*" (Oliveira, 2000 [1536]: 112).

A propósito dessas considerações de Fernão de Oliveira, E. Coseriu – em um artigo datado de 1975, "'Taal en functionaliteit' bei Fernão de Oliveira" (Coseriu, 1975), traduzido para o português em 1991 (Coseriu, 1991)[8] – ressalta o "enfoque funcional" da interpretação dada por Oliveira às vogais átonas mediais, lembrando que não são unidades vocálicas distintas, mas variação condicionada pelo contexto fonético:

> Ainda mais evidente é o enfoque funcional na interpretação que Oliveira dá para [i], [u] em posição átona, especialmente antes de vogal (onde, em português, se neutraliza a oposição **e**/**i**, **o**/**u**). Oliveira interpreta, com efeito, estes sons como **e**, **o**, respectivamente, apesar da sua semelhança material (fonética) com **i**, **u**, que ele, aliás, admite explicitamente, sugerindo, portanto, que se escreva memorea, neçessareo, continoar (e não memoria, neçessario, continuar). Diz que em tais casos não se trata de unidades vocálicas distintas mas de variação condicionada pelo contexto fônico, o que é também verificável em outras vogais. (Coseriu, 1991: 30-31)

Ainda quanto às observações dos ortógrafos quinhentistas, T. R. Hart Jr., em 1955, no artigo "Notes on Sixteenth-Century Portuguese Pronunciation" (Hart Jr., 1955: 410-411), assinala que a maior dificuldade no que tange a essa reconstrução é seguramente a das vogais pretônicas ***e*** e ***o***. Esclarece, ainda que "[...] *a maior dificuldade relacionada com a reconstrução da pronúncia portu-*

guesa do século dezesseis é seguramente aquela de e *e* o *pretônicos*" (Hart Jr., 1955: 410).[9] É clara a sua constatação de que "[...] *os gramáticos contemporâneos são de muito pouca ajuda*" (Hart Jr., 1955: 410),[10] remetendo, em seguida, para o mesmo trecho de Fernão de Oliveira que vai ser remarcado, mais tarde, por Coseriu. É importante ressaltar, portanto, que Fernão de Oliveira descreve as vogais átonas, mostrando as variações já existentes: ***e*** ~ ***i*** e ***o*** ~ ***u***.

Uma consulta a dois trabalhos sobre a ortografia publicados no século XVIII – aqueles de Alvaro Ferreira de Vera, *Orthographia ov modo para escrever certo na lingua portuguesa*, publicado em 1631 (Vera 2009 [1631]), e o de Joaõ de Moraes Madureira Feijó, *Orthographia ou arte de escrever, e pronunciar com acerto a lingua portugueza*, publicado em 1734 (Feijó, 1734) – nada dizem sobre a variação nas vogais médias. Registram apenas a pronúncia das vogais. Alvaro Ferreira de Vera, no capítulo VII, diz que a vogal *e* é letra simples (Vera, 2009 [1631]: 44) e, no capítulo XVI, informa que a vogal *o* tem apenas uma natureza (Vera, 2009 [1631]: 58). Joaõ de Moraes Madureira Feijó registra o modo de "pronunciar" as vogais **A**, **E**, **I**, **O**, **U**, **Y** no capítulo "DaPronunciaçaõdas vogaes, e dos Dithongos, que dellas se fazem na nossa lingua" (§ 7 e 8) (Feijó, 1734).

Telles (2014a, 2013) lembra que, na língua portuguesa, como em outras línguas românicas, as vogais médias átonas, em posição não final, são marcadas pela perda de oposição (Barbosa, 1983; Câmara Jr., 1975, 1953). Câmara Jr. afirma que o quadro vocálico das cinco vogais átonas mediais em posição não final (*i e a o u*) teria sido trazido para o Brasil na primeira fase da colonização portuguesa (Câmara Jr., 1975: 44). No que tange ao quadro românico da evolução das vogais átonas, Câmara Jr. (1975) afirma:

> Nas vogais pretônicas não se estabeleceu a oposição entre grau fechado nas médias. O resultado foi um quadro de cinco vogais, onde a vogal baixa, mudando de qualidade fonética, é francamente central, ou antes, ligeiramente posterior e se costuma classificar como "fechada" ([ɐ]): [...]. (Câmara Jr., 1975:43-44)

Na tentativa de buscar-se uma explicação para a variação na grafia das vogais pretônicas, relativamente ao processo de alçamento, observaram-se os casos em que se documenta a grafia com uma provável variação com abaixamento. Em artigo recente, Telles (2014a), assinala que as pesquisas sobre o português falado na Bahia e em Sergipe têm trazido uma contribuição para o conhecimento da realização das vogais átonas na variante da língua portuguesa usada nessa região brasileira. Dentre outros trabalhos, destacam-se o de Jacyra Andrade Mota (1979), focado em Ribeirópolis (Sergipe) – analisando o comportamento das vogais átonas em variados contextos – e o de Myrian Barbosa da Silva (1989), sobre o comportamento dessas vogais na norma culta de Salvador (dados do Projeto Nurc), confrontados com os do *Atlas prévio dos falares baianos* (Rossi, 1963) e os de Ribeirópolis, em Sergipe (Mota, 1979). As regras propostas por Mota (1979) não podem ser aplicadas aos casos de variação entre as médias abertas, mas podem vir a explicar algum caso de alçamento.

Na sua tese, Silva (1989) apresenta, para as pretônicas, regras de comportamento categórico, ordenadas antes das variáveis:

> 1. uma regra categórica de elevação (RCE), que precede as demais e torna alto todo *E* em posição inicial absoluta, seguido de *S* implosivo, como em ***i**scola*, ***i**scuro* [...];
> 2. três regras categóricas de timbre (RCT), que se ordenam disjuntivamente: as duas primeiras em relação à terceira, que é uma regra *elsewhere.* São elas:
>   - a RCT-1, que torna média toda vogal *E* que precede uma consoante palatal em verbos e deverbais da primeira conjugação, como em : *f**ê**char*, *f**ê**chadura*, *plan**ê**jar*, *plan**ê**jamento* [...];
>   - a RCT-2, que torna qualquer vogal pretônica, *O* ou *E*, em uma vogal média quando ela precede outra vogal média não nasal, qualquer que seja o padrão silábico em que esteja inserida [...], como *c**ê**rveja*, *c**ô**rreio*, ***ô**relha*, *m**ô**er* e *viol**ê**ta*;
>   - a RCT-3, que torna baixas todas as pretônicas a que não se aplicarem as regras ordenadas antes [...], como: *ass**ò**ciação*, *filmacot**è**ca*, [...]; *im**è**diata*, [...], *d**è**zembro*; ***ò**cupam*, [...], ***ò**rdinariamente*; ***è**ducação*, [...], ***è**ssencial*; *pr**ò**ibido*, *c**ò**ação*, *p**ò**ente*; *r**è**unir*, *l**èò**pardo*, *r**è**agir* etc. (Silva, 1989: 314-315).

E acrescenta, a seguir, enumerando as regras variáveis, que:

> As regras variáveis que atuam depois das regras categóricas, concorrem com elas, pois se aplicam nos mesmos contextos. São quatro: as três primeiras, RVES (regras variáveis de elevação), fazem as pretônicas se tornarem preferencialmente altas em contextos determinados, e a quarta, RVT (regra variável de timbre), faz as pretônicas se tornarem altas, sob certas circunstâncias, especialmente sociais. (Silva, 1989: 315)

A propósito das neutralizações, assinala Câmara Jr. (1953:76) serem fenômenos comuns em posição átona, explicando: "*Assim, basta a ausência de tonicidade para anular as oposições distintivas entre /è/ e /e/, de um lado e, de outro lado, entre /ò/ e /o/, com a fixação do segundo elemento de cada par na pronúncia do Rio de Janeiro.* [...]" (Câmara Jr., 1953: 76).

Acrescentando logo adiante que: "*Em condições átonas particulares, a neutralização é em toda a série (seja a anterior seja a posterior), e temos, então a série anterior representada pelo arquifonema /i/ e a série posterior pelo arquifonema /u/*" (Câmara Jr., 1953: 77).

Ainda Câmara Jr., após lembrar que a "*distribuição do quadro de vogais átonas* [...] *é um dos problemas mais intrincados da fonêmica portuguesa no Brasil*" (Câmara Jr., 1953:77), assinala dois fatos que interessam diretamente ao problema aqui proposto:

> As sílabas pré-tônicas apresentam uma enunciação menos fraca, que condiciona o quadro de 5 vogais, com o desaparecimento das oposições /è/ - /e/ e /ò/ - /o/ apenas [...] Com efeito, [as vogais átonas pretônicas] oscilam numa maior ou menor atonicidade, em função da intenção expressiva ou do estilo articulatório. Tornam-se singularmente fracas não só nos vocábulos pouco relevantes da frase, mas também, generalizadamente, na pronúncia articulatòriamente relaxada da fala familiar. (Câmara Jr., 1953: 78)

A esse propósito, entretanto, é ainda Câmara Jr. que adverte quanto à harmonização vocálica:

> Nestas condições, pode dar-se uma neutralização sui-generis das oposições /e/ - /i/ e /o/ - /u/. Em princípio temos os dois sons de cada par, ao contrário do que sucede em // posição átona final; mas a persistência do /e/ em vez do /i/, ou do /o/ em vez do /u/, é determinada pela natureza da vogal tônica com que a vogal átona tende a se harmonizar em abrimento bucal. (Câmara Jr., 1953:78-79)

Chama, por fim, a atenção para a incerteza e para precariedade das oposições das vogais átonas pretônicas e postônicas não finais /e/ - /i/ e /o/ - /u/, remetendo para o que V. Brøndal denomina cumulação (Câmara Jr., 1953: 82).

Mudanças ortográficas e mudanças fonéticas

Wright (1998: 303), no artigo "Cambios lingüísticos, cambios textuales", afirma que existem diferenças entre a fala e a escrita, verificadas em todas as comunidades não analfabetas. Ele assinala os cuidados que deve ter o pesquisador em quatro situações da análise linguística, destacando as relações entre: *mudanças ortográficas* e *mudanças fonéticas*; entre *mudanças textuais* e *mudanças morfossintáticas*; entre *mudança textual* e *mudança léxica*; e, finalmente, entre *mudança textual* e *mudança semântica*. Para o momento, selecionaram-se apenas os fatos ligados à primeira dessas situações.

Ao tratar das *mudanças ortográficas* e das *mudanças fonéticas*, diz Wright que os enlaces existentes entre o escrito e o falado são mais complicados dentro do campo fonético, pela impossibilidade de representar-se diretamente e de modo global todo o fonético. Conclui alertando para o fato de que o problema se acha na finalidade prática da escrita: não é a de transcrever a fonética, mas a de indicar ao leitor a palavra e os morfemas que a constituem (Wright, 1998: 304).

É sabido que toda a documentação de que se dispõe até o início do século XX é de natureza escrita. Desse modo, para o português escrito no Brasil Colônia, os documentos dos *Livros do Tombo* do Mosteiro de São Bento da Bahia são uma fonte de conhecimento sobre a variante da língua portuguesa utilizada pelos *scriptores* dos documentos trasladados. Assinale-se, entretanto, como escreve Zamudio Mesa (2010:16), que as variedades de representação do escrito transpõem para o meio gráfico os elementos ou unidades que compõem a linguagem oral. Ora, como ressalta Wright (1998: 304), o escrito não pode representar globalmente todo o fonético, mas, quando somente se dispõe de documentação escrita, apenas através dela é possível avaliar o processo de mudança verificado em fases mais antigas da língua. Assim, os documentos dos *Livros do Tombo* são fundamentais para auxiliar no conhecimento da história do fonetismo do português e, entre outros fenômenos, o das vogais mediais átonas (Telles, 2014a).

INDÍCIOS DE MUDANÇA LINGUÍSTICA NOS *LIVROS DO TOMBO*

A partir das quatro possibilidades de relações entre as mudanças textuais e as mudanças linguísticas analisadas por Wright (1998), foram considerados, no *Livro Velho do Tombo*, os registros nos documentos trasladados, vinte e cinco autenticados pelo tabelião João Baptista Carneiro e um, por Joseph Teixeira Guedes (Telles, 2014c). Os documentos trasladados no *Livro* III *do Tombo* não foram autenticados por tabelião, ainda que ali estejam os espaços reservados para tanto e que os traslados tenham "*fe judicial*" (*L3T*, f. 1r, L. 5), pela transcrição "*em publica forma*" (*L3T*, f. 2r, L. 4).

Em continuidade ao estudo da grafia das vogais átonas que se vem fazendo na *scripta* dos *Livros do Tombo* do Mosteiro de São Bento da Bahia, tem-se procurado avaliar quais indícios indicam a realização dessas vogais em posição pretônica (Telles, 2014d). A partir dos resultados obtidos por Silva (1989), tentou-se identificar e classificar os diferentes processos aí documentados mas, com os resultados obtidos, isso não foi possível; entretanto, as variações gráficas mostram uma interferência da fala na escrita. Por sua vez, a proposta de Mota (1979), para a variante de Ribeirópolis (*se*), levou à reflexão sobre a distribuição contextual das vogais átonas, considerando o contexto com as consoantes. Para duas das variáveis analisadas foram obtidos alguns registros sistemáticos, mas a variação gráfica para a representação escrita das vogais médias abertas pretônicas, nos *Livros do Tombo*, é insuficiente pela impossibilidade de determinar o valor dessas médias pretônicas, a partir da escrita.

Segundo o levantamento realizado nos documentos já analisados (originais dos séculos XVI, XVII e XVIII, trasladados no início do século XVIII ou do XIX), acredita-se estar diante de um fenômeno linguístico em processo, como se pode comprovar pelos fatos gráficos, mas que, por vezes, se apresentam, ainda, como variação livre.

Registros no *Livro Velho do Tombo*

Ao começar-se o estudo da *scripta* dos documentos (dos séculos XVI, XVII e XVIII), trasladados no início do século XVIII, do *Livro Velho do Tombo*, verificou-se que as relações grafemático-fonéticas mostram que nesses documentos se corrobora a variação que caracteriza o comportamento das vogais mediais átonas do português europeu (Telles, 2014d, 2011). Nessa perspectiva, foram analisadas as *scriptae* de seis tabeliães-escrivãos:

- o *scriptor* 1, Lourenço Barboza (dois documentos), que se ocupa dos traslados dos documentos lançados aos fólios 1r ao 12v (Vicente, 2013);
- o *scriptor* 5 (traslados nos fólios 37v-47r);
- o *scriptor* 7 (traslados nos fólios 56r-87v);
- o *scriptor* 10 (dois documentos, que faz os traslados dos fólios 100v-159r);
- o *scriptor* 11 (traslados nos fólios 159v-161v);
- e o *scriptor* 14 (traslados nos fólios 162v-166v).

A análise das inúmeras ocorrências registradas no *Livro Velho do Tombo* permitiu que se verificassem exemplos de equivalência grafemático-fonética de que se destacaram as grafias que podem corresponder à transposição para a escrita de hábitos de fala no que tange à realização das vogais mediais átonas pretônicas, quatro séries de correspondências foram registradas:

a. <**i**> equivale a [**e**], como em: ***i**mserraõ*, *Bemau**i**nturado*, *m**i**lhor*, *m**i**lhoramento*, *r**i**ligiozos* (ao lado de *r**e**ligiozos*);
b. <**e**> equivale a [**i**], como em: *rell**e**giaõ*, *cr**e**ado*, *off**e**cial*, *off**e**cio*, *escr**e**ptura* (ao lado de *escr**i**ptura*), *const**e**tuintes*, ***e**mcorporada* (ao lado de ***i**ncorporada*), *est**e**pulante*, *sol**e**citador*, *v**e**rtude*, *l**e**mitez* (ao lado de *l**i**mites*), ***e**stromento* (ao lado de ***i**nstromento*), *d**e**ligencia*, ***e**nvestido*;
c. <**u**> equivale a [**o**], como em: *c**u**stume*, *c**u**stumaõ*, *R**u**berto*, *p**u**deres*;
d. <**o**> equivale a [**u**], como em: *instr**o**mento*, *c**o**mprir*, *c**o**mprimento* (usados ao lado de *c**u**mprir*), *m**o**lher*.

Registros no *Livro III do Tombo*

Para o *Livro III do Tombo*, na direção da análise feita para o *Livro Velho do Tombo*, foram examinadas as *scriptae* de oito tabeliães-escrivãos:

- o *scriptor* 4 (traslados nos fólios 3r-10v, L. 15);
- o *scriptor* 5 (traslados nos fólios 10v, L. 16-16v, L. 27);
- o *scriptor* 6 (traslados nos fólios 16v, L. 28-50v);

- o *scriptor* 8 (traslados nos fólios 59r, L. 6-148r, L. 3);
- o *scriptor* 9 (traslados nos fólios 148r, L. 4-155v; 158v-176v);
- o *scriptor* 10 (traslados nos fólios 156r-158r; 177r-183v, L. 9);
- o *scriptor* 11 (traslados nos fólios 183v., L. 10-218v);
- o *scriptor* 12 (traslados nos fólios 219r-226v).

Os registros do *Livro III do Tombo*, logo no início dos traslados, pareciam mostrar-se bastante promissores, pois, no título do primeiro documento trasladado, "Carta de *S<e>/i/smaria* dos Reverendos Padres deSam Bem / To das terras do Engenho, emais cir cun vizinhas pedidas / Denovo nocitio de Sergype" (f. 3r, L. 1-3), nota-se uma correção no fluxo da *scripta*: foi lançada a escrita de um <**e**>, logo substituído, por superposição, para <**i**>.[11] À primeira vista tal registro permitia supor a grafia <*Sismaria*> para a forma lexical *Sesmaria*. Entretanto, a variação começou a ser registrada já ao f. 3r, L. 4 do documento, e a forma com <**i**>, que foi predominante até a L. 15 do f. 4r, deixa de ser grafada e, a partir da L. 29 do f. 4, tem-se sempre a grafia com <**e**>.

A variação gráfica na representação escrita das vogais átonas pretônicas, para as quatro variáveis analisadas, mostrou os seguintes registros sistemáticos:

a. <**i**> equivale a [**e**]: *S**i**smaria* (com a substituição imediata para *Sesmaria*, anteriormente referida), *Cab**i**seiras* e *Cab**i**çeiras*, *incov**i**niente*;
b. <**e**> equivale a [**i**]: *L**e**mite*, *Rell**e**giozos* (ao lado de *Rell**i**giozos*), *pes**e**b**e**lidade*, *poss**e**b**e**lidade*, *pos**e**bilidade*, *D**e**ligencia*, *as**e**ney*, *circunv**e**zinhas*, *Circumv**e**zinhas*, *Prez**e**dente*, *d**e**minuida*; *Cert**e**fico*, *l**e**mites*; *V**e**via*, *not**e**fiquey*, *d**e**minuição*, *d**e**minuido*;
c. <**u**> equivale a [**o**]: *C**u**mprido*, *C**u**mprimento;* *C**u**stumados*; *l**u**este*;
d. <**o**> equivale a [**u**]: *instr**o**mento*: *s**o**bscrevi*, *s**o**bscrita,* *s**o**bscrevy*: *Cinc**o**enta*; *instr**o**mento*: *tab**o**leiro*.

A que se chegou?

Restava que se buscasse verificar se essa variação já é condicionada pelos contextos fônicos apontados para o português atual (Barbosa, 1983; Câmara Jr., 1975, 1953).

Lembre-se que, a propósito da situação no português do Brasil, Câmara Jr. (1975) afirma que:

> [...] Mais lábil é a expansão do uso da vogal alta, em vez da vogal média, no fenômeno da "harmonização vocálica" [remetendo para *O estudo da fonêmica portuguesa* (Câmara Jr., 1953)], em que uma vogal tônica alta exerce a sua ação assimilatória sobre a pretônica. A harmonização, que não é representada na ortografia, é própria do estilo coloquial e só daí se insinuou na elocução formal. A consequência dessa dupla circunstância é que, de um lado, não apresentam harmonização certas palavras de feição literária (ex.: *fremir*), e, de outro lado, a harmonização pode ficar suspensa em certas situações da linguagem formal: *comprido* "longo" pode ser pronunciado /ko(n)pridu/, cessando a homonímia com *cumprido* "executado", e assim por diante. Há implícito um quadro / com as oposições /e/ - /i/, /o/ - /u/, na posição pretônica com vogal tônica alta, embora com debordamento (ing. *overlapping*) dos dois fonemas. (Câmara Jr., 1975: 45-46)

Na variante *standard* do português do Brasil, esta harmonização "*não é representada na ortografia*". Entretanto, como resultado da *interferência do oral no escrito* (ou interferência da fala na escrita), ela vai ser registrada nos documentos manuscritos, sobretudo quando resultam de processo de *ditado em voz alta* para o *ato de escrita*, como parece ser o *modus faciendi* para os traslados dos *Livros do Tombo*. Veja-se, a título de exemplo, o que se acha lançado no *Livro Velho do Tombo*,

> [...] Ep(ar)a tresladarhe necessario queoEscriuaõ da Cauza Lourenço Barboza junta / Mentecom outroescriuaõ tresladem odito auto pello melhor modo que poder perceber se / o seu theor contido ap(ar)te para o dito effeito p(ar)a tanto P(ede)Av(ossa)m(erce) lhe faça m(er)ce emdar / queseCite o Supp(lica(do) para vir conferir odito auto deposse, e sesmaria, e lhe nomee / hum dos Tabaleaens para como d(it)o Lourenço Barboza fazerem aditaconferencia E / Receberá m(er)ce Desp(ach)o Como pede eserá qual quer escriuam a quem esta for Mostra / da. MendonçaJozeph Simaõ de oLiuejra escriuaõ da Vara do meirinho da Ci / dade eemfantaria [...]. (*LVT*, 1r, L. 7-13)

ou no *Livro* III *do Tombo*, no Despacho do Juiz de Fora, Domingos Jose Cardozo:

> Rubricados osLivros / Seraõ. Copiados em <authen>(tica)[12] / forma pello Tabaliaõ / Tavares, edepois os Con- / Certara Com outro Taba / liaõ dojudicial eNotas / Bahia 2dejulhode1803 / Cardozo (*L3T*, 1r, col.a, L. 11-18).

Nessa direção, entre os registros do *Livro Velho do Tombo*, notam-se exemplos de alçamento, decorrente de harmonização vocálica: *Bem auinturado*, *riligiozos*, *custume*, *custumaõ*. Também no *Livro III do Tombo* documentam-se registros de alçamento, decorrente da harmonização vocálica: *incoviniente*, *Cumprido*, *Custumados* (de *custume*), *Cumprimento*.

Vale lembrar, no que tange às grafias *comprir* e *cumprir*, que o *Livro Velho do Tombo* e o *Livro III do Tombo* mostram uma variação livre (no mesmo *scriptor* ou em *scriptores* diferentes), sem condicionamento semântico algum, como se pode ver nos exemplos 1 a 12. O substantivo *comprimento* (sempre grafado com <**o**>) tanto pode ter a significação de "execução" (em 1, 2, 6, 10, 11 e 12) como a de "extensão" (em 3, 4, 5, 7, 8 e 9).

No *Livro Velho do Tombo*, registram-se:

1. [...] *e para todo asim cumprir ['executar'] hum e outro obrigaram sua pesoa e beñs. / moueis e de rais hauidos e por hauer e o melhor parado delles e q(ue) / pello comprimento ['execução'] de tudo cada hum na p(ar)te que* [...]. (62v, L. 26-28, 24 fevereiro 1632, tabelião, traslado do scriptor 7)
2. [...] *obriga apeSoa ebeñs deSeus Constetuhintes aSim moueis / Como deRaishauidos eporhauer eomilhor parado delles epellos ditos Religiozos foitam= / Bem dito queoBrigam aoComprim(en)to ['execução'] destaesCreptura osbenseRendas dodito Con= / uento esesomentẽtodas as clauzullas desta esCreptura aComprila ['executar'] eguardala Como / nellaseConthem* [...]. (158r, L. 24-28, 29 outubro 1698, tabelião Pedro Cardozo de Mello, traslado do scriptor 10)
3. [...] *que entre osmais beñs deRais quetem / edeque Sam direitos Senhores epesuhidores hebem aSim ComoSam SeisBraças de chaoñs / Çitos abaixo daportas deSamBento Comtodo oComprimento ['extensão'] queSeachar* [...]. (157v, L. 20-22, 29 outubro 1698, tabelião Pedro Cardozo de Mello, traslado do scriptor 10)
4. [...] *asquais Terras aSim Confrontadas Comtodo oComprimento ['extensão'] que Seaçhar p(ar)a / aParte doMar disseelle dito procurador oDoutor Antonio Correaximenes vendia em= / nome dos ditos Seus Constetuintes Como Comefeito Logo vendeu* [...]. (157v, L. 27-29, 29 outubro 1698, tabelião Pedro Cardozo de Mello, traslado do scriptor 10)

No *Livro III do Tombo*, documenta-se a mesma forma gráfica para as duas séries lexicais:

5. [...] *eda hy corre, a leste, a thê, o Rio dos Seixos que / hê oprimeiro que está na dita terra, o qual Rio parte com Paulo Dias dabanda / da leste eda li corre do dito Rio do Seixos domar direitamente, ao Norte das ditas / quinhentas varas de comprido ['extenso'], evai, emtestar com o oiteiro grande, etorna da- / hi, aloeste, aparte com terra deFrancisco de Azevedo* [...]. (11r, L. 23-27, 11 de agosto de 1636, escrivão Diogo Ribeiro, traslado do scriptor 5)
6. [...] *esobre tudo pagará milreis para,o concelho,e / outro sim farâ demaneira que dentro emquatro mezes tenhafeito nellas al- / gum proveito, emantimentos,ecomo forem compridos ['executado'] osditos tresannos que / astenha,aproveitadas comodito Hê sobadita penna* [...]. (13v, L. 24-27, 14 de junho de 1633, Francisco de Moraes, escrivão da Provedoria, traslado do scriptor 5)
7. [...] *dada desesmaria dechaoñs que tinha nodito Sitio que lhefoi da- / da pello Governador Dom Francisco desouza Hindo dadida Crûs pel- / lo caminhovelho que vai para,ovaradouro decontra, aVilla velha, / athê chegar,aomâr dobrando para nossa Senhora daConceição,aoLongo / domâr comprimento ['extensão'] deVinte braças como consta dadita carta de- / Sesmaria,Eescriptura detrespacação* [...]. (17r, L. 6-11, 27 de dezembro de 1687, tabelião Antonio Barrozo, traslado do scriptor 6)
8. [...] *Enospassamos,ao aRecife,aopé dodito Forte daban- / da domâr,edahi fomos pella praia para,abanda denossa Senhora da- / Conceiçáo comprimento ['extensão'] das ditas vinte braças comforme,adita carta / naqual distança dei namão dodito Dezembargador poralguás Vezes / areya,eseixos daditapraya pondo elle asmaoñs pellos,aReçifes della,* [...]. (17r, L. 21-25, 27 de dezembro de 1687, tabelião Antonio Barrozo, traslado do scriptor 6)
9. [...] *para oCappitão JozêPereira Valladares eseus / desendentes hũaLegoadeterra delargo etres decomprido ['extenso'] naparte que / apede principiando ademarcar serta Alagoâ doJuasû comfronta / da emsua petição nesta imcerta não prejudicando aterçeyro* [...]. (33v, L. 16-19, 3 de setembro de 1709, tabelião Luis da Costa Sepulvida, traslado do scriptor 6)

10. [...] *aqual se registrarâ nos Livros dasecretaria do esta- / do fazenda real delle enos do escrivão das sesmarias eseguardarâ / esecomprirá ['executará'] inteiramente como nella secontem sem duvida embargo ou / contradição algua.* (43v. L. 25-28, 7 de janeiro de 1690, Bernardo Vieira Ravasco, traslado do scriptor 6)
11. [...] *pediareçebimen- / to eabsolvição ecomprimento ['execução'] dejustiça=comcustas= segundose continha na- / dita contrariadade dodito reo que lhefora pormim reçebida* [...]. (53r, L. 35-37, 12 de agosto de 1628, Paschoal Teixeira, tabelião, traslado do scriptor 7)
12. [...] *emfê doquefiz passar aprezente por mim sobscrita easig- / nada em Comprimento ['execução'] do despacho napetição retro do Doutor joão Homem Freire / do Dezembargo desua Magestade eseu Dezembargador ouvedor Geral do Civel / deste estado a qual corry e conçertei* [...]. (108r, L. 10-13, 8 de abril de 1717, Manoel Affonço da Costa, Tabelião, traslado do scriptor 8)

Vale notar que Joaõ de Moraes Madureira Feijó (1734), na terceira parte da sua *Othographia* (em "Erros communs da pronunciaçam do vulgo, com as suas emendas em cada letra"), chama a atenção para as grafias da série *Comprir, Comprimento, Cumprir, Cumprimento* (Feijó, 1734: 249-250), concluindo, quanto à variação em uso, que "*o mais he hũa equivocaçaõ errônea, ou abuso sem fundamento*" (Feijó, 1734: 250).

VOGAIS MÉDIAS PRETÔNICAS NOS *LIVROS DO TOMBO*

É necessário, entretanto, lembrar, de início, que a *scripta* dos documentos produzidos no Brasil até as primeiras décadas do século XIX ainda não representa o português brasileiro escrito, como, muito claramente, argumentam Ramos e Venâncio (2006: 581).

A análise das vogais médias pretônicas registradas na *scripta* de dois dos *Livros do Tombo* que vem sendo feita (Telles, 2014d; 2014c; 2014b; 2014a; 2013; 2012) mostra o caminho percorrido até os resultados atuais. A partir da avaliação da grafia das vogais átonas no *Livro Velho do Tombo* (Telles, 2012), considerando a descrição já feita em 1536 por Fernão de Oliveira (2000 [1536]), quando descreve as vogais átonas, mostraram-se as variações já existentes: <*e*> ~ <*i*> e <*o*> ~ <*u*>.

O registro em documentos do Brasil Colônia reforçaria a existência dessa variação em falantes do português na Bahia, em especial entre os escrivãos, os tabeliães e os religiosos, segundo os resultados obtidos em relação à língua portuguesa escrita no Brasil Colônia. A análise incide no exame de quatro fatos, exemplificados em documentos datados dos séculos XVI, XVII e XVIII, que podem refletir a interferência da fala do *scriptor* na sua escrita, como se mostrou anteriormente.

Como primeiro resultado, os dados apontam para o fato de que os indícios do processo de mudança revelaram os seguintes percentuais de registro das vogais átonas no português escrito no Brasil Colônia: século XVI – 8,04%, século XVII – 71,24% e século XVIII – 20,68%. Registraram-se ainda outras grafias para as vogais médias: [o] grafado <a> (*Campainha*), [o] grafado <e> (*pesuhidores*), [a] grafado <e> (*deZempare, Trespaça, treslado*), [e] grafado <a> (*tabaliam*) e [i] grafado <a> (*demanuiSam*). Nesses casos, com exceção das grafias *Campainha* e *demanuiSam*, que são *lapsus calami*, as demais – como em muitos outros casos – são apenas variantes lexicais consagradas pelo uso (como em *treslado, tabaliam, pesuhidores*).

Das regras dependentes do contexto fônico propostas por Jacyra Mota (1979), aquelas referentes à presença das sibilantes (Mota, 1979: 108) e à das nasais (Mota, 1979: 116) podem explicar alguns casos de alçamento.

A primeira das regras propostas por Silva (1988), a *regra categórica de elevação*, não tem exemplos quer no *Livro Velho do Tombo*, quer no *Livro III do Tombo*. A grafia é sempre com <e>: *escravo, escrivão, escrever, escrevy, escrita, escrito, está, estaõ, estarem, estava* etc. As três *regras categóricas de timbre* não podem ser testadas pela inexistência da representação do timbre nas vogais médias: <e> ou <o>. Desse modo, a partir dos resultados obtidos por Silva (1989), não foi possível identificar e classificar os diferentes processos documentados nos *Livros do Tombo*. As análises posteriores mostraram que os dados não permitem a comprovação de que essas regras explicariam as variações encontradas, pois não foram registradas grafias que representassem a aplicação quer de uma quer de outra regra.

O maior número de registros é das equivalências gráficas que podem documentar o abaixamento na realização das vogais átonas pretônicas: **[u]** grafado **<o>**, **[i]** grafado **<e>**. Têm-se exemplos de: *creado, offecial, Rellegiaõ, Constetuintes, Escreptura, estepulante, offecial* (ao lado de *offecio*), *soleçitador, deligencia, lemitez, vertude* para a equivalência de **[i]** grafado **<e>**; enquantopara a equivalência **[u]** grafado **<o>** acham-se registrados: *instromento* (séculos XVI, XVII e XVIII), *comprir* e *comprimento*, além de *molher*, Exemplos como *emcorporada* e *envestido* se acham em contexto com nasal; *estromento* é uma variante lexical, datada do século XIII (Cunha, 1994); e *demanuiSam* parece não passar de um *lapsus calami* (Telles, 2011).

O retorno à proposta de Mota (1979), para a variante de Ribeirópolis (Sergipe), levou à necessidade de examinar-se a distribuição contextual das vogais pretônicas. Na seção 4 da sua dissertação, *Vogais inacentuadas e distribuição contextual* (Mota, 1979: 107-160), Jacyra Mota propõe duas grandes subdivisões: *vogal inacentuada em posição inicial de palavra* e *vogal inacentuada não inicial de palavra* (Mota, 1979: 108). Na primeira dessas subdivisões encontra-se a regra formulada para a "vogal seguida de consoante em posição implosiva", que coincide com a *regra categórica de elevação* proposta por M. B. da Silva (1989). Como se disse acima, não há ocorrência para este fenômeno nos dois *Livros do Tombo* analisados.

Como se pôde ver, não foi possível, a partir dos resultados obtidos por Silva (1989), identificar e classificar os diferentes processos documentados nos *Livro Velho do Tombo* e no *Livro III do Tombo*. Entretanto, entre as regras propostas por Mota (1979) dois casos poderiam explicar alçamentos registrados na *scripta* dos *Livros do Tombo*, a saber: os registros em contextos com sibilante (Mota, 1979, f. 108) e os registros em contexto com nasal (Mota, 1979, f. 116), em qualquer posição em relação à vogal que sofreu alçamento.

O levantamento das variantes gráficas – quer no *Livro Velho do Tombo*, quer no *Livro III do Tombo* – mostra uma variação livre de uso na maioria dos casos, mas é possível observarem-se exemplos que podem ser indícios da mudança em processo, como resultado da interferência da fala na escrita.

DADOS LINGUÍSTICOS NO *LIVRO VELHO DO TOMBO*

No que tange à primeira das possibilidades assinaladas por Wright (1998), as *mudanças ortográficas* e as *mudanças fonéticas*, foram considerados, nos *Livros do Tombo*, os registros relativos ao nível grafemático que podem ser indícios de mudança fonética, ao lado de evidentes casos de *lapsus calami*.

Entre as formas que aí se enquadram acham-se:

- vogais médias pretônicas, como se pode verificar no Quadro 1 adiante.
- harmonização vocálica, como em: *pequinina*, *Custuma* (também *custumado*).

Os dados aqui analisados, a partir da *scripta*, mostram registros desses dois tipos indicados: aqueles que se mostram como indícios de mudanças em processo, vigentes na língua escrita no Brasil Colônia.

Quadro 1 – Grafia das vogais médias pretônicas no *Livro Velho do Tombo*

i eq **e**	**e** eq **i**	**u** eq **o**	**o** eq **u**
Bem au**i**nturado	Ab**e**litissem	C**u**stuma	C**o**minaçaõ
hipot**i**cou	all**e**mentaçaõ	c**u**stumaõ	C**o**mpRimento
imserraõ	all**e**menterâ	c**u**stumado	c**o**mprir
int**i**ligiuel	const**e**tuinte	c**u**stume	n**o**llidade
m**i**lhor	cr**e**ado	dep**u**zitaria	instit**o**hio / insTit**o**ir
m**i**lhoramento	d**e**ligencia	imcom**u**didades	instr**o**mento
n**i**mhum	def**e**nidores	p**u**dia / p**u**deraõ /	m**o**lher
ob**i**diente	d**e**stansia	p**u**deres	s**o**çesores
pequ**i**nina	**e**m culta	R**u**berto	
p**i**nhora	**e**mporta	t**u**sToiñs	
Preuill{**i**gi}ado	deZ**e**sTiaõ		
qu**i**ria	**e**mcorporada		
Requ**i**rimento	**e**mquirissoeñs		
R**i**lligiozos	**e**mpedicem		
S**i**rimon{ia}s	**e**mtreçesao		
sol**i**nidades	**E**mVentario		
	envestido		
	esCr**e**tura		
	esCr**e**ptura		
	EsT**e**pullej		
	EsT**e**pullante		
	estromento		
	ind**e**sposisoiñs		
	l**e**nçençiados /		
	l**e**çenciado		
	l**e**mites		
	not**e**ficado		
	off**e**cial		
	hord**e**narios		
	Pr**e**uilligiado		
	Rest**e**tuidos		
	Prou**e**nçial		
	rell**e**giaõ		
	sol**e**citador		
	v**e**rtude		

DADOS LINGUÍSTICOS NO *LIVRO III DO TOMBO*

Levaram-se em conta os exemplos de grafia das médias pretônicas, ao lado de outros casos já detectados no *Livro Velho do Tombo*. Com base nos exemplos de variação gráfica, encontraram-se exemplos de:

- Variação na grafia das vogais médias pretônicas, como se pode ver no Quadro 2 adiante;
- Harmonização vocálica, como em: *custume* / *Custumada*.

Quadro 2 – Grafia das vogais médias pretônicas no *Livro III do Tombo*

i eq **e**	**e** eq **i**	**u** eq **o**	**o** eq **u**
Cab**i**seiras /	as**e**ney	C**u**mprido	Cam**o**r**o**gipe
cab**i**seira	Cap**e**tania	C**u**mprimento	Cinc**o**enta
conv**i**niente	Cert**e**fico	C**u**stumado	c**o**mpridos
ems**i**adas	circunv**e**zinhos	c**u**stume	instr**o**mento
imCorporada	conc**e**derando	l**u**este	s**o**bescrevo /
inconv**i**niente	d**e**ligençia	p**u**der / p**u**deres /	s**o**bscrevi
interro	d**e**m**e**nutas	p**u**derão	s**o**bscrito
intestar	/ d**e**minuta	p**u**ntual	S**o**cedesse
intrelinha	d**e**minuição		S**o**mete
inviarâ	d**e**minuida		S**o**sseSsore
izemplo	dem**e**tiaõ		S**o**ssivamente
m**i**lhor	d**e**riaõ		Tab**o**leiro
nom**i**adas	d**e**Semssoiñs /		
ob**i**diente	d**e**Sençoeñs		
S**i**smaria	d**e**strito		
	d**e**vino		
	d**e**vizoeñs		
	D**e**zimo		
	emCorporado		
	Emfantaria		
	emitallas		
	emped**e**sse		
	envestido		
	enconviniente		
	emcomodidades		
	emformou		
	emcorporada		
	empede		
	emlimitados		
	Inqu**e**ridor		
	l**e**mite		
	l**e**mita (vb.)		
	med**e**aneiro		
	M**e**lianno		
	M**e**nistros		
	not**e**fiquey		
	Ouv**e**dor		
	poss**e**b**e**lidade /		
	posib**e**lidade		
	Prez**e**dente		
	Rel**e**giozos		
	S**e**queira		
	v**e**rtude		
	v**e**via		

VOGAIS MÉDIAS NOS *LIVROS DO TOMBO*

Frente a esses resultados de variação totalmente inconclusos, parece uma boa solução a que Magalhães (2014) apresenta para a sua análise do material do *corpus* do PHPB, organizado por A. Barbosa e C. Santos, centrado em 29 cartas pessoais e em 29 documentos oficiais (ver capítulo "Vogais pretônicas", neste volume) .

A partir das propostas de Bisol (2009, 1981), Magalhães (2014) propõe uma classificação quadripartida "conforme a identidade dos processos ocorridos" (Magalhães, 2014: 8-11):

i. harmonia: regra que resulta da assimilação dos traços de abertura pela vogal alta seguinte pela [sic]: *melanc**u**lia*, *priv**i**no*;
ii. elevação sem motivação aparente: processo que eleva a vogal média pretônica por default (Bisol, 2009): *m**i**lhor*, *p**i**queno*;
iii. contra-alimentação [opacidade]: interação opaca em que a regra esperada deixa de se aplicar, mesmo tendo presente o contexto para aplicação: *part**e**cipo*, *v**e**zinho*;
iv. abaixamento: situação em que a vogal alta tornou-se média-baixa sem qualquer motivação aparente: *d**e**sposição*, ***e**nteira* (Magalhães, 2014: 10).

Desse modo, a análise dos dados extraídos do *Livro Velho do Tombo* (*scriptores* 1, 5, 7, 10, 11, 14) e do *Livro* III *do Tombo* (*scriptores* 4, 5, 6, 8, 9, 10, 11 e 12) pode ser classificada conforme o que vai nos Quadros 3, 4, 5 e 6 a seguir.

Quadro 3 – Harmonização vocálica nos *Livros do Tombo*

LIVRO VELHO DO TOMBO	*LIVRO III DO TOMBO*
C**u**stumão	c**u**mprido; C**u**mprimento [derivado]
C**u**stume	c**u**stumada; C**u**stumados [derivado]
Dep**u**zitaria	C**u**mprido; c**u**m primento
Estipulante	c**u**stume
Imcom**u**nidades	**i**ntrelinha
Int**i**ligiuel	Obediente
Nenhum	Pontual
Obediente	S**i**smaria; s**i**smaria; S**i**smarias; S<**e**>/**i**\smaria
Qu**i**ria	
P**u**dia	
Requ**i**rimento	
R**i**ligiozos; R**i**lligiozos	
Sirimon{ia}s	
Solenidades	

Quadro 4 – Elevação sem motivação aparente nos *Livros do Tombo*

LIVRO VELHO DO TOMBO	*LIVRO III DO TOMBO*
Hipot**i**cou	p**u**der; p**u**derão; p**u**deres
P**u**deres	
p**u**deraõ; p**u**deres	
R**u**berto	

Quadro 5 – Contra-alimentação (opacidade) nos *Livros do Tombo*

LIVRO VELHO DO TOMBO	*LIVRO III DO TOMBO*
circunv**e**zinhos / circumv**e**zinhos	Cert**e**fico
Investido	c**o**mpridos
l**e**mite; L**e**mite; L**e**mites; l**e**mitez	d**e**minuta; d**e**m**e**nutas
Rest**e**tuidos	dem**e**tiaõ
Virtude	d**e**riaõ
	d**e**strito
	D**e**zimo
	Emfantaria
	envestido
	Inqu**e**ridor
	l**e**mita (vb.)
	l**e**mite; L**e**mite; L**e**mites
	M**e**nistros
	v**e**rtude
	Posib**e**lidade

Quadro 6 – Abaixamento sem motivo aparente nos *Livros do Tombo*

LIVRO VELHO DO TOMBO	*LIVRO III DO TOMBO*
all**e**mentaçaõ	Cam**oro**gipe
all**e**menterâ	Cap**e**tania
C**o**minaçaõ	conc**e**derando
c**o**mprir; c**o**mprimento; C**o**mpRimento	D**e**ligençia
Const**e**tuinte; Const**e**tuintes	d**e**Semssoiñs; d**e**Sençoeñs
cr**e**ado	d**e**vizoeñs
d**e**ligencia	**em**comodidades
d**e**manuiSam	**em**Corporado; **em**corporada
d**e**stansia	**Em**formou
deZ**e**sTiaõ	**e**mitallas
emcorporada	**em**limitados
emculta	**Em**pede
e**m**pedicem; **em**pedisse	**en**conviniente
emquirissoeñs; **em**quirissoiñs	**en**formaçaõ
emtreçessao	Instr**o**mento
EmVentario; **En**Ventario	med**e**aneiro
Escr**e**ptura; esCr**e**tura; EsCreptura; esCr**e**ptura	Ouv**e**dor
EsT**e**pullej; esT**e**pullej; EsT**e**pullante	posib**e**lidade; possib**e**lidade; pos**e**b**e**lidade; p**e**s**e**b**e**lidade
ind**e**sposisoiñs	Prez**e**dente
insTit**o**ir; inst**e**tuhir; instit**o**hio; inst**e**tuo; insT**e**tuo	Rel**e**giozos; Rell**e**giozos
instr**o**mento;Instr**o**mento	S**e**queira
l**e**çenciado; l**en**çençiados	s**o**bescrevo
m**o**lher	S**o**cedesse; S**o**sseSsores
n**o**llidade	S**o**mete
not**e**ficada; not**e**ficado	
off**e**cial	
hord**e**narios	
Pr**e**uilligiado	
Prou**en**çial; pRou**en**çial	
Rell**e**giaõ	

Há ainda casos de alçamento que poderiam ser explicados apenas como exemplos de elevação sem motivo aparente, mas que podem muito bem ser explicados pelas regras de elevação determinada pelo contexto, seguindo duas das regras de Mota (1979): como foi dito anteriormente, a presença das sibilantes (1979: 108) e a das nasais (1979: 116) podem explicar alguns casos de alçamento; a esses dois casos acrescenta-se o alçamento pela presença das palatais:

a) alçamento condicionado pelo contexto com uma consoante nasal (Mota, 1979: 116):

LIVRO VELHO DO TOMBO	*LIVRO III DO TOMBO*
Bem au**i**nturado	Alm**i**ndra
	conv**i**niente; conv**i**nientes;
	inconv**i**niente; inConv**i**ente [sic]; enconv**i**niente
	Interro
	Inviarâ
	nom**i**adas

b) alçamento condicionado pelo contexto com uma consoante sibilante[13] (Mota, 1979: 108):

LIVRO III DO TOMBO
Cab**i**çeira; cab**i**çeira; cab**i**seira; Cab**i**seira; cab**i**çeiras; Cab**i**çeiras; Cab**i**seiras
izemplo

c) alçamento condicionado pelo contexto com uma consoante palatal:

LIVRO VELHO DO TOMBO	*LIVRO III DO TOMBO*
M**i**lhor	milhor
m**i**lhoramentos	
P**i**nhora	

d) alçamento condicionado pelo contexto com fonemas consonânticos sibilante e nasal:

LIVRO VELHO DO TOMBO	*LIVRO III DO TOMBO*
imserraõ	ems**i**adas
t**u**sToiñs	**in**testar

CONSIDERAÇÕES FINAIS

O levantamento das variantes gráficas para as vogais médias pretônicas – quer no *Livro Velho do Tombo*, quer no *Livro* III *do Tombo* – mostra, no uso, uma variação livre na maioria dos casos, mas é possível observarem-se exemplos que podem ser indícios da mudança em processo, como resultado da interferência da fala na escrita.

Os dados aqui analisados, a partir da *scripta*, são registros de dois tipos: aqueles que se mostram como indícios de mudanças em processo, representadas na língua portuguesa escrita no Brasil Colônia; e aqueles que nada mais são do que *lapsus calami*.

No âmbito das mudanças fonéticas, é possível utilizar a proposta de classificação de Magalhães (2014), podendo ser observados quatro fenômenos recorrentes: a harmonização vocálica, a elevação sem motivação aparente, a contra-alimentação (opacidade) e o abaixamento. Outros três fenômenos de alçamento podem ser explicados através de regras de condicionamento pelo contexto com determinadas consoantes (nasais, sibilantes e palatais).

A análise dos fatos de língua a partir de documentos escritos é o único meio que tem possibilitado os linguistas históricos a apresentarem descrições de fases pretéritas das línguas. A partir dos anos 80 do século XX, desenvolveram-se as pesquisas no âmbito da Sociolinguística Histórica, a partir dos trabalhos de Gimeno Menéndez (1998, 1983a, 1983b) e a metodologia da Sociolinguística Histórica foi, mais recentemente, discutida por Medina Morales (2005). Gimeno Menéndez assinala que o texto reflete "*a gramática social da comunidade de fala, isto é, a competência sociolinguística da comunidade, e que a mudança linguística se transmite globalmente dentro dela*" (Gimeno Menéndez, 1983a: 197). Desse modo, a Linguística Histórica e a Filologia (Maia, 2012), desde os últimos vinte anos do século XX, vêm, nessa perspectiva, trilhando novos caminhos, que permitem, no documento, identificar e descrever a dinâmica histórico-social que conduz à covariação de dois ou mais (sub)sistemas no repertório linguístico de uma comunidade de fala (Gimeno Menéndez, 1983a: 209). Assim, a Filologia, beneficiando-se da metodologia da Sociolinguística Histórica, considera a mudança linguística segundo o comportamento social da comunidade de fala, dentro de uma Sociolinguística "substancialista" ou geral. Ressalta ainda Gimeno Menéndez que "*a conclusão do processo, em suma, é o produto da perda da significação social da alternância implicada, e da elevação de uma das variantes à categoria de norma obrigatória*" (Gimeno Menéndez, 1983a: 209).

Os documentos de língua escrita, preservados nos diferentes acervos, uma vez editados com fidedignidade (Telles, 2009), permitem mapear os indícios de mudanças que são transpostos para a escrita pelo *scriptor* que ali deixa marcas da sua oralidade na sua escrita. Esta é a contribuição fundamental, tradicional e clássica da Filologia nos estudos da língua na sua perspectiva histórica.

NOTAS

1 Trata-se de uma adivinhação lançada em um manuscrito espanhol, que reproduz um oracional moçárabe (Tagliaini, 1998: 524-526).

2 Indicado na exemplificação como *LVT*.

3 Indicado na exemplificação como *L3T*.

4 O recto da folha de guarda traz uma etiqueta, colada ao centro, na parte superior, onde estão lançados: "L°. 1"

5 "[...] a servir de fuente para el estudio de una realidad lingüística del pasado, a saber, las relativas al grado de confiabilidad que presentan o deben presentar las piezas que forman el conjunto."

6 A edição semidiplomática, acompanhada dos fac-símiles, deverá ser publicada online.

7 Como já foi discutido em outro artigo (Telles, 2014a).

8 Reproduzido na edição de Amadeu Torres e Carlos Assunção da *Gramática da linguagem portuguesa* de Fernão de Oliveira (Coseriu, 2000).

9 "The most difficult of all the problems connected with the reconstruction of sixteenth-century Portuguese pronunciation is surely that of pretonic e and o".

10 "the contemporary grammarians are very little help".

11 O que é demonstrado na transcrição semidiplomática, com o uso do operador <> / \, indicando emenda por superposição <de> /para\.

12 A forma está abreviada, o que se indica com o uso dos parênteses, mas o início está riscado, o que é indicado com o auxílio dos parênteses uncinados <>: *authentica*.

13 Pelos dados, somente registrado no *Livro III do Tombo*.

HARMONIZAÇÃO VOCÁLICA COMO INDÍCIO DE UMA MUDANÇA HISTÓRICA

Leda Bisol

SUMÁRIO

APRESENTAÇÃO

O tema deste capítulo[1] é a mudança histórica que dividiu o português em dois dialetos: o português europeu (PE) e o português brasileiro (PB), aqui considerada sob o prisma da Fonologia. Mudanças não são bruscas nem espontâneas, mas resultantes de um processo de múltiplos envolvimentos que se desenrola lentamente através dos séculos, por vezes sugerido pelo comportamento de regra variável, mas sempre de difícil captação senão quando efetuada, isto é, quando os seus resultados permitem um olhar para o passado.

É nessa linha que se vai observar a harmonização vocálica, uma regra variável, como um indício da mudança histórica que dividiu o português em dois dialetos, o PE e o PB, mudança que eclodiu no declinar do século XVIII com evidências translúcidas no início do XIX. Trata-se, pois, de um breve olhar para o passado que, à moda de uma investigação histórica, necessita de periodização.

A periodização é um recurso para captar épocas em que o objeto em estudo se apresenta com certa coerência. Em se tratando de mudança que ocorre lenta e imperceptivelmente no percurso histórico de uma língua, o ponto inicial e o ponto final exatos, isto é, a delimitação temporal não tem o rigor de uma marca estrita, mas é um indicativo de uma história que se desenvolve no decorrer de certa periodização, independentemente de sobrepujar ou subexpor os limites indicados.

Não havendo consenso sobre o início da língua portuguesa – fala-se em século IX, fala-se em século XIII –, serão considerados, sem compromissos com divisões estabelecidas, cinco períodos, assim denominados: a) fase inicial, b) fase medieval, c) fase clássica, d) fase crítica e) fase contemporânea, respectivamente, português inicial do século IX a XIII, português medieval do XIII ao XV, português clássico do XVI ao XVIII, período crítico, século XIX e português contemporâneo, século XX-XXI.

O português e o espanhol têm inicialmente uma história em comum. Quando o Império Romano se estendeu por diferentes regiões, entre as quais a península ibérica, o latim, em contato com línguas autóctones, foi tomando aqui e acolá coloridos diferentes da língua falada no Lácio, criando-se os romanços, futuras línguas românicas ou neolatinas. Ao nordeste da península ibérica, um pequeno povoado, conhecido por Galícia ou Galiza, tinha certo prestígio cultural na Idade Média, pois cultivava teatro e poesia. Ali, o latim falado com as peculiaridades da região, referido por galaico-português ou simplesmente galaico ou galego, foi a primeira língua românica da península ibérica. Somente depois do declínio do Império Romano, ou melhor, depois das guerras ou invasões que se sucederam, três línguas latinas destacaram-se na península: o galaico-português, de que o português se origina, o castelhano e o catalão. Mas, voltando à Galícia com sua língua românica, vale observar que o galaico-português ou galego foi a língua das cantigas trovadorescas originadas na Provença, sul da França, que se estenderam por toda a península na voz dos trovadores, tornando-se a língua da poesia lírica no período medieval, século XIII a XV. Nobres a cultivaram, entre eles D. Dinis, de Portugal, e Afonso X, de Leão e Castela. Classificadas como cantigas de amigo, de amor e de escárnio, estão guardadas em quatro Cancioneiros, o Colloci Brancuti, o Cancioneiro da Vaticana, o Cancioneiro da Ajuda e o Cancioneiro de Santa Maria de Afonso X de Castela, figurando como um legado importante da Idade Média.

Ragutti, em *Letras castelhanas: história literária espanhola* (1944: 20), referindo-se aos romanços e dialetos de Espanha, diz: "*El gallego, galaico ou galiciano, lengua de Galícia, que de los romances espanholes fue el primero a desarrollarse, de tal modo que ya em el siglo XIII lo adoptan como lengua poética los mismos trovadores de Castilla, y dió origen al português.*" É esse o ponto que o português e o espanhol têm em comum em termos de história.

A Galícia, no século XVI, entra em declínio em razão de forças emanadas do reino central, a ponto de desaparecer para reaparecer tão somente na época do Romantismo, graças ao esforço de escritores. Desde então, é uma comunidade autônoma espanhola, cuja capital é Santiago de Compostela. Tem hoje duas línguas oficiais: o galego e o espanhol, mas existe um grupo de intelectuais que defende que o galego, o português brasileiro e o português europeu são três dialetos do português.

Todavia, o português começa sua história em particular no Condado Portucalense, região situada entre Minho e Douro, com parte de Galícia, e que, incluindo Coimbra, foi doada a Henrique de Borgonha pelo rei de Leão e Castela, por mérito de suas façanhas na Guerra da Reconquista, ou seja, na guerra contra os árabes. Com isso, o centro cultural dessa região, outrora Galícia, desloca-se para Lisboa, a sede do monarca. Mas o Condado Portucalense continua ligado ao Reino de Leão e Castela. É tão somente com o filho D. Henrique no poder, Afonso XIII, que Portugal se separa do reino dominante e, desde então, a língua portuguesa segue livremente seu caminho para situar-se com o tempo, inovações e conquistas marítimas entre as línguas mais faladas do mundo. O português e o espanhol têm, portanto, inicialmente uma história em comum.

Feita esta breve introdução, detenhamo-nos no tema, uma mudança linguística espelhada por uma regra fonológica, a harmonização vocálica.

A harmonia ou harmonização vocálica, em português, consiste na substituição da vogal média /e, o/ pela vogal alta /i, u/ respectivamente, quando a média precede a alta, a exemplo de *pepino ~ pipino, coruja ~ curuja, bonito ~ bunito*. Por tratar-se de regra de aplicação variável, isto é, não categórica, ambas as formas coocorrem. E por ter sido encontrada em palavras do *Appendix Probi*, uma coleção de 227 palavras latinas contrapostas a formas ditas incorretas, supostamente atribuídas a um autor africano, consideramo-la herança do latim vulgar. Exemplos de entradas do *Appendix Probi*[2] estão em (1):

(1) *aquaeductus non aquiductus*
festuca non fistuca
formica non furmica
robigo non rubigo

A HARMONIA DA PRETÔNICA DO PORTUGUÊS NO ANDAR DOS TEMPOS

Fase inicial

As primeiras palavras portuguesas aparecem em documentos escritos na tradição latim-português, em que o português aparece mesclado com palavras latinas, período que se estende do século IX ao século XI. Entres os estudos dessa fase, cita-se o de Norman P. Sack (1941), *The Latinity of Dated Documents in the Portuguese Territory*, que foi elaborado com o objetivo de mostrar o latim em palavras portuguesas. Em (2) registram-se os dados encontrados relativos ao tema em estudo, harmonia vocálica, doravante HV, que, como se viu consiste, em português, na alteração da vogal média diante de uma sílaba com vogal alta, a exemplo de *menina ~ minina*. Registram-se também dados de alçamento da vogal média sem motivação aparente (doravante ASM), que se dá sem a presença de uma sílaba subsequente com vogal alta, a exemplo de *boneca ~ buneca*.

(2)

HV	ASM
custume < consuetudinem	*cugnomento < cognomentum*
contuversia < controversiam	*cumtestamus < contestamus*
mulinos < molina	*lugares < locales*
pigureiro < pecuria	*riumvender < vendere*
obturgare < auctoricare	
vindigar < vendicare	

São poucas as palavras, mas têm uma significação especial, pois mostram que a alteração da vogal média pretônica, sobretudo por harmonização, está presente na língua desde seus primeiros balbucios, como uma herança do latim vulgar.

Fase medieval

É nesta fase, século XIII a XV, que o português desponta com autonomia em textos de diferentes ordens, entre os quais os de teor religioso, característica do período medieval. A maioria são documentos produzidos em mosteiro, com dedicação e letra cuidadosa, mas de difícil leitura não só pela distância que nos separa como também pela letra gótica fora de nossos hábitos. Dois foram os textos básicos para este estudo: *Orto do Esposo* e *Tratado de Confisson*.

O *Orto do Esposo* (1385), de índole religiosa, é de autor desconhecido. As palavras lexicais que constituem essa obra foram organizadas em glossário por Bertil Maler (1964), que as compilou aos pares, classificando-as em dois grupos, prováveis e não prováveis, com um dos membros entre parênteses quando não encontrado. Desse glossário, extraíram-se as palavras em (3). Apenas três delas apresentam ASM, *dileytamento* (*deleitamento*), *possisson* (*possessom*) *e ticer* (*tecer*), o mais são casos de HV:

(3) HV

1. *acuntycia (acontecia)*
2. *acurrimento ~ acorrimento*
3. *acustumar ~ acostumar*
4. *apustura ~ apostura*
5. *bevydice ~ bevedice*
6. *buticaryo (boticairo)*
7. *cigidade ~ ceguidade*
8. *cilício ~ celício*
9. *cubertura ~ cobertura*
10. *cubiibiçoso ~ cobibiçoso*
11. *cubrir ~ cobrir*
12. *concibimento ~ concebimento*
13. *consintyr ~ consentyr*
14. *consintysse ~ consentysse*
15. *custume ~ costume*
16. *cumunalmente ~ comunalmente*
17. *dilicado ~ delicado*
18. *dirritido ~ derretido*
19. *descubrir ~ descobrir*
20. *desmiricimento desmerecim*
21. *desobidiente ~ desobediente*
22. *encubrir ~ encobrir*
23. *engulir ~ engolir*
24. *esculphir ~ escolphir*
25. *enfirmidade ~ enfermidade*
26. *espicialmente ~ especialmente*
27. *esplandicimento (esplandecimento)*
28. *falicimento ~ falecimento*
29. *furtuna ~ fortuna*
30. *gimido ~ gemido*
31. *grussura ~ grossura*
32. *mancibia ~ mancebia*
33. *midida ~ medida*
34. *milhor ~ melhor*
35. *mindigar ~ mendigar*
36. *minino ~ menino*
37. *myntir ~ mentir*
38. *miricimento ~ mericimento*
39. *mizquindade ~ mesquindade*
40. *mizquinho ~ mesquinho*
41. *myndigo (mendigo)*
42. *murdedura (mordidura)*
43. *murdimento (mordimento)*
44. *padicimento ~ padecimento*
45. *pidir ~ pedir*
46. *persyguiçom ~ perseguidor*
47. *percibimento ~ percebimento*
48. *pitiçom ~ petiçom*
49. *priguiça ~ preguiça*
50. *priguiçoso ~ preguiçoso*
51. *pudridom ~ podridom*
52. *rimir ~ remir*
53. *rispirar ~ respirar*
54. *siguidor ~ seguidor*
55. *siguir ~ seguir*
56. *siguinte ~ seguinte*
57. *sintido ~ sentido*
58. *testimunhar ~ testemunhar*
59. *vilhice ~ velhice*
60. *vistir ~ vestir*

Não se faz estatística, mas a simples contagem é expressiva, permitindo afirmar que, na fase em que o português atinge sua autonomia, a HV, uma assimilação regressiva comum às línguas humanas, está fortemente presente nos dados.

Do período medieval considerou-se ainda o *Tratado de Confisson*, impresso em Chaves (1489), também de autor desconhecido, que, destinado a clérigos, trata de pecados e penitências. Foi consultado na edição de José V. Pina Martins (1973), o descobridor da obra, que faz um levantamento das palavras do texto no estilo de Maler, classificando-as em prováveis e não prováveis, do qual se extraíram as que estão em (4), apenas quatro com ASM: *jugatais* (jograis), *pumar* (pomar), *timer* (temer), *timor* (temor), o mais são ocorrências de HV:

(4) HV

1. *acustumado ~ acostumado*
2. *avurricível ~ avorrecível*
3. *bebidice ~ bebedice*
4. *celistial ~ celestial*
5. *cirimonias ~ cerimônias*
6. *cibiça ~ cobiiça*
7. *concibido (concebido)*
8. *consintido (consentido)*
9. *conhicimento (conhecimento)*
10. *custume ~ costume*
11. *convinhável ~ convenhável*
12. *dilicado ~ delicado*
13. *desconhicido (desconhecido)*
14. *desfalicimento (desfalecimento)*
15. *descuberta ~ descoberta*
16. *duçura ~ doçura*
17. *espicial ~ especial*
18. *esturminho (estorminho)*
19. *fumigasti ~ formigasses*
20. *favoricível (favorecivel)*
21. *infirmidade ~ enfermidade*
22. *irrigular ~ irregular*
23. *friguesia (freigueses)*
24. *mancibia ~ mancebia*
25. *mintir, mintiste ~ mintira (mentir)*
26. *midida, midir (medir)*
27. *milhores ~ melhores*
28. *mericimento ~ merecimento*
29. *mysquinho (mesquinho)*
30. *priguiça (preguiça)*
31. *priguiçoso (preguiçoso)*
32. *pididos, pidir (pedir)*
33. *promitimento ~ prometimento*
34. *siguir (seguir)*
35. *stabilicido (estabelecido)*
36. *testimunho ~ testemunho*
37. *vistidura ~ vestimenta*
38. *turpidade (torpidade)*

Também nesse texto, a HV com sua regularidade contextual está bem documentada, enquanto a ASM continua a parecer mero equívoco. Considerando-se que a escrita ainda não estava sob o controle da rigidez de normas, admite-se que os textos consultados, embora produzidos com o cuidado de bem escrever, refletem a fala da época, permitindo-nos afirmar que a HV, como assimilação regressiva, faz parte do sistema do português medieval, com o estatuto de regra de aplicação variável.

Fase clássica

É no andar dos séculos XVI a XVIII que a língua desponta com toda a sua potencialidade, "*capaz de expressar com elegância qualquer conteúdo ideológico*", segundo Cuesta e Luz (1980: 195-196). Supõe-se que, paralelamente, seja essa também a fase da língua falada, condutora legítima da história de uma língua, ainda que possam existir variedades socioculturais em estágios mais tardios. Nessa fase de três séculos, dado o alto nível de produção da escrita, que vai da epopeia a grandes romances que celebrizam o português, a expectativa de encontrar a variação em foco era menor do que nos períodos anteriores. No entanto, o desenvolvimento da escrita não interceptou a presença da harmonia em trabalhos clássicos. Na primeira edição de *Os Lusíadas* (1572), há 29 casos de HV e apenas 1 de ASM, *cigueira* por *cegueira.* Os dados em (5) foram extraídos do "Índice analítico do vocabulário de *Os Lusíadas*", organizado por Poggi de Assis et al. (1966).

(5) HV na primeira edição de *Os Lusíadas*

1. *Apinino (Apenino)*
2. *Cyfísia (Cefísia)*
3. *cubiça ~ cobiça*
4. *cubiçado ~ cobiçosos*
5. *cubrir, cubrio (cobrir)*
6. *cubertas, cuberta (cobertos, coberta)*
7. *custume ~ costume*
8. *custuma ~ costuma*
9. *costumado ~ custumado*
10. *difiria, difirisse (deferir)*
11. *divido ~ devido*
12. *descubridores ~ descobridor*
13. *descuberto (descoberto)*
14. *diriva (derivado)*
15. *embibidos ~ embebidos*
16. *encuberto (encoberto)*
17. *engulindo (engolir)*
18. *gingiva (gengiva)*
19. *insufribil, insufridas (insofrível)*
20. *Milindano (Melindano)*
21. *minino (menino)*
22. *mintirosa ~ mentirosa*
23. *misilhões (mexilhões)*
24. *milhor (melhor)*
25. *pirigo ~ perigo*
26. *rigurosos (rigorosos)*
27. *regurosos (rigorosos)*
28. *Sivilha (Sevilha)*
29. *surrindo (sorrindo)*

Tão natural deve ter sido a HV na fala da época que Camões não se dera conta que a deixava transparecer na escrita.

Nessa fase, surgem as duas primeiras gramáticas da língua, a de Fernão de Oliveira (1536) e a de João de Barros (1540), essa com teor didático, dedicada às escolas, aquela com o estilo de descrição de língua com reflexões do autor sobre o que observa no português de seu tempo.

> Não pareça a alguém que nós confundimos *i* pequeno com *e* pequeno, nem *o* pequeno com *u* pequeno, porque elas não são diversas vozes e tão-pouco não tem necessidade de diversas letras. Mas é dessa maneira que antre *e* que é letra delgada, aguda e viva, e antre Ɛ grande soa na nossa língua hũa outra voz mais escura e não mais que hũa; e a este chamamos *e* pequeno, o qual em hũas partes soa mais *e* e em outras menos, como fazem as outras vogais. E onde soa mais, podemos dizer que é mais vizinho do *e* grande; onde também menos soa será isso mesmo mais vezinho de **i**.

Eis que Fernão de Oliveira sinaliza a variável vogal escura, cuja presença vai se avolumando aos poucos, à qual se retornará, pois, ao lado de HV, é um dos condutores do processo de mudança que vai desvendar-se claramente no século XIX. A partir daqui, conta-se com dois indicadores da mudança: a vogal escura assinalada por Fernão de Oliveira e HV que se está a contemplar. Essa, depois de chegar ao ápice de seu domínio, desaparecerá, enquanto aquela passará de índice à característica do sistema.

Do século XVII, visitamos *Thesouro da língoa portuguesa* (1647) e *Regras Gerais* (1666), de Bento Pereyra, que, no estilo de 'não diga isso mas aquilo', a exemplo de *não tuturia mas tutoria*, faz recomendações com vistas ao aprimoramento da língua escrita, apresentando uma longa relação de palavras, entre as quais as que estão em (6), separadas em HV e ASM:

(6) HV

1. *cigude ~ cegude*
2. *cubrir ~ cobrir*
3. *cubiça ~ cobiça*
4. *curucheo ~ corucheo*
5. *curuja ~ coruja*
6. *custume ~ costume*
7. *divido ~ devido*
8. *fucinho ~ focinho*
9. *gimido ~ gemido*
10. *milhor ~ melhor*
11. *milhoria ~ melhoria*
12. *minino ~ menino*
13. *pidir ~ pedir*
14. *pidinte ~ pedinte*
15. *pitiçam ~ petiçam*
16. *priguiça ~ preguiça*
17. *priguiçoso ~ preguiçoso*
18. *Purtugal ~ Portugal*
19. *sintinela ~ sentinela*
20. *testimunho ~ testemunho*
21. *tuturia ~ tutoria*
22. *vindido ~ vendido*
23. *vistido ~ vistido*
24. *vistir ~ vestir*
25. *vistidura ~ vestidura*

ASM

1. *cilleyro ~ celleyro*
2. *cuberta ~ cubertamente (coberta)*
3. *cumiçou ~ começou*
4. *fugareyro ~ fogareyro*
5. *gimer ~ gemer*
6. *piqueno ~ pequeno*
7. *picado ~ pecado*
8. *pireyra ~ pereyra*
9. *pirfeito ~ perfeito*
10. *puderão ~ poderão*
11. *pumar ~ pomar*
12. *pumareyro ~ pomareyro*
13. *rindeiro ~ rendeiro*
14. *rigurosas ~ rigorosas*
15. *tisouro ~ tesouro*
16. *vinder ~ vender*

Embora HV continue na prevalência, em conformidade com o uso normal que vinha mostrando, vale notar o acréscimo da ocorrência de ASM que agora começa a apresentar-se com alguma coerência, como a preferência à vizinhança com consoante velar ou labial, embora ainda com muitas extrapolações. Todavia, esse aumento é o primeiro alerta da mudança que vem se delineando lentamente e que está a ponto de eclodir. HV e ASM, por terem o mesmo efeito, a substituição das vogais médias por altas, ao tenderem a andar *pari passu* do século XVII a meados do XVIII concorrem, ao lado de outros processos envolvidos, para a consecução do desfecho final, que é o desaparecimento das médias átonas no PE.

Do século XVIII, tomou-se por referência Madureira Feijó, consultado na edição original de *Orthografia ou arte de escrever e pronunciar com acerto a língua portuguesa*, um volumoso compêndio de palavras ditas erradas contrapostas a palavras ditas certas, também no estilo do *Appendix Probi*, "diga isso mas não aquilo", de onde foram extraídos e reclassificados como HV e ASM os casos em (7):

(7) HV

1. *aburrecer ~ aborrecer*
2. *abitumar ~ abetumar*
3. *acridito ~ acredito*
4. *acugular ~ acogolar*
5. *acustumo ~ acostumo*
6. *aconticido ~ acontecido*
7. *acuntecimento ~ acontecimento*
8. *advirsidade ~ adversidade*
9. *affucinhar ~ affocinhar*
10. *agunia ~ agonia*
11. *alicrim ~ alecrim*
12. *amufinar ~ amofinar*
13. *amulicido ~ amolecido*
14. *appilidar ~ appelidar*
15. *appitite ~ apetite*
16. *Aristino ~ Arestino*
17. *arripiar ~ arrepiar*
18. *assigurar ~ assegurar*
19. *atrevido ~ atrevido*
20. *bebidice ~ bebedice*
21. *belliguim ~ belleguim*
22. *benificencia ~ beneficência*
23. *benificiado ~ beneficiado*
24. *benifício ~ benefício*
25. *burrifar ~ borrifar*
26. *burseguim ~ borzeguim*
27. *buvino ~ bovino*

ASM

1. *algudão ~ algodão*
2. *almufada ~ almofada*
3. *almucreve ~ almocreve*
4. *alvijar ~ alvejar*
5. *arijar ~ arejar*
6. *arripender ~ arrepender*
7. *apedrijar ~ apedrejar*
8. *atriver-se ~ atrever-se*
9. *bandijar ~ bandejar*
10. *biber ~ beber*
11. *binzer ~ benzer*
12. *buceto ~ boceto*
13. *buquejar ~ boquejar*
14. *bustela ~ bostela*
15. *currer ~ correr*
16. *currente ~ corrente*
17. *corrumper ~ corromper*
18. *custela ~ costela*
19. *cabilleiro ~ cabelleiro*
20. *castilhano ~ castelhano*
21. *climente ~ clemente*
22. *culete ~ colete*
23. *cumedor ~ comedor*
24. *cumpitente ~ competente*
25. *conciber ~ conceber*
26. *concurrer ~ concorrer*
27. *convincer ~ convencer*
28. *curação ~ coração*
29. *cutuvelo ~ cotovelo*

28. *burbulhar ~ borbulhar*
29. *cubrir ~ cobrir*
30. *compilir ~ compelir*
31. *compitir ~ competir*
32. *concibido ~ concebido*
33. *conhicimento ~ conhecimento*
34. *consiguir ~ conseguir*
35. *consintido ~ consentido*
36. *convirtido ~ convertido*
37. *custume ~ costume*
38. *dicifrar ~ decifrar*
39. *dicidir ~ decidir*
40. *denigrido ~ denegrido*
41. *depinicar ~ depenicar*
42. *descubrir ~ descobrir*
43. *descutinar ~ descortinar*
44. *despidida ~ despedida*
45. *dissimilhança ~ dessemilhança*
46. *digirir ~ degerir*
47. *duçura ~ doçura*
48. *esfulinhar ~ esfolinhar*
49. *extirminar ~ exterminar*
50. *firir ~ ferir*
51. *gimido ~ gemido*
52. *gintiliza ~ gentileza*
53. *gingibre ~ gengibre*
54. *gingiva ~ gengiva*
55. *ginitivo ~ genitivo*
56. *lintilhas ~ lentilhas*
57. *liviandade ~ leviandade*
58. *liviano ~ leviano*
59. *livimento ~ levimento*
60. *midida ~ medida*
61. *milindre ~ melindre*
62. *miridiano ~ merediano*

30. *difender ~ defender*
31. *derriter ~ derreter*
32. *discurrer ~ descorrer*
33. *despijar ~ despejar*
34. *escurregar ~ escorregar*
35. *escurrer ~ escorrer*
36. *fichar ~ fechar*
37. *Fugaça ~ fogaça*
38. *gracijar ~ gracejar*
39. *gimer ~ gemer*
40. *lagrimijar ~ lagrimejar*
41. *lamintação ~ lamentação*
42. *mirenda ~ merenda*
43. *negrijar ~ negrejar*
44. *ordinação ~ ordenação*
45. *piccado ~ pecado*
46. *piccador ~ pecador*
47. *pedirneira ~ pederneira*
48. *pinhor ~ penhor*
49. *pireira ~ pereira*
50. *prinder ~ prender*
51. *tinente ~ tenente*

63. *mixericar, mixiricar ~ mexericar*
64. *misiricórdia ~ mesericórdia*
65. *muribundo ~ moribundo*
66. *mintira ~ mentira*
67. *nicissidade ~ necessidade*
68. *nigrigência ~ negligência*
69. *offericimento ~ offerecimento*
70. *pelingrino, pelingrinar ~ peregrino*
71. *refirir ~ referir*
72. *rigimento ~ regimento*
73. *rimir ~ remir*
74. *repintino ~ repentino*
75. *repitição ~ repetição*
76. *revistir ~ revestir*
77. *sigir ~ seguir*
78. *sigundar ~ segundar*
79. *sirvir ~ servir*
80. *siringa ~ seringa*
81. *sintir ~ sentir*
82. *sintido ~ sentido*
83. *sintinela ~ sentinela*
84. *sipulto ~ sepulto*
85. *temiridade ~ temeridade*
86. *tirnura ~ ternura*
87. *tussir ~ tossir*
88. *vistir ~ vestir*
89. *vistimenta ~ vestimenta*
90. *vistígio ~ vestígio*

Embora prepondere a HV (90 *versus* 51 ocorrências), é de notar-se o acréscimo de ASM em relação aos períodos precedentes, como se estivesse tentando entrar no ritmo de HV. As médias persistem nas alternâncias, mas correm grande risco. É a mudança em progresso na época da prosa portuguesa de grande elegância, segundo Cuesta e Luz (1980). A mudança está às portas. É o que se depreende dos documentos consultados, admitindo-se que a escrita antiga reflita fenômenos da fala.

> Em Portugal, não há, nem houve nunca ortografia oficial, uniforme. Só ortografias variadas, mais ou menos sensatamente regradas pelo costume e exemplo de bons autores, mais ou menos inçadas de erros, contradições, dislates, caprichos e idiossincrasias. Esse estado anormal foi tomando proporções de calamidade no último decênio do século passado... (Vasconcelos, 1912: 97)

O que foi calamidade para a língua escrita foi um benefício para a história da língua, pois esses escritos guardam memória da fala. E foi assim que um olhar para o passado permitiu acompanhar a presença da harmonia vocálica no português antigo até meados do século XVIII e constatar o seu papel na mudança que aflorou no século XIX.

Período crítico

Assim denomina-se o século XIX, pois nele se tornaram explícitos os efeitos da mudança, para a qual concorreram essencialmente três processos: a perda da distintividade das vogais médias, uma em relação à outra, assinalada por Nunes (1945); o papel de HV e de sua congênere, que fragilizaram a presença das médias no sistema, e a centralização vocálica, uma força inovadora que vinha simultaneamente fazendo o seu papel no âmbito das vogais [-post], conduzindo-as em direção ao centro do aparato fonador, o que lhes deu um som abafado ou escuro, cuja presença fora notada primeiramente por Fernão de Oliveira: "*dantre* e *pequeno e* e *grande soa na nossa língua hũa outra voz mais escura e não mais que hũa*". Diz Nunes:

> As vogais átonas compartilham da sorte das sílabas do mesmo nome; como estas, alteram-se e por vezes até desaparecem, mas quando persistem tomam um som fraco e por vezes tão sumido que mal se faz sentir. Desta circunstância resulta [...] que tanto o *é* como o *ó* se confundem com *ê* e *ô*, não se fazendo distinção entre essas vogais, senão quando a palavra é proferida com ênfase... (Nunes, 1945 [1930]: 53).

Depreende-se disso e das considerações apresentadas em páginas precedentes que a ambiguidade das médias átonas, decorrente da perda da função distintiva de uma em relação à outra, tendeu desde cedo a ser resolvida, no PE, pela centralização das vogais classificadas como [-post] e pela substituição das médias [+post] pela alta correspondente, o que foi motivado pelo papel da HV e sua congênere, que familiarizam a troca das médias pelas altas, sobretudo nos séculos XVII e XVIII, quando a sua ação conjunta se faz notar. No século XIX, os efeitos dos três processos tornam-se translúcidos, desaparecendo as médias átonas do sistema fonológico. Persistem apenas em exceções.

Vale observar que silencia no século XIX a voz dos ortógrafos no que diz respeito à alteração das médias pretônicas. Na obra de Candido Figueiredo (1903), intitulada *O que se não deve dizer*, que consta, sobretudo, de comentários gramaticais sobre frases, também equívocos em palavras foram considerados, mas a troca de vogais por harmonia, que proliferara no século XVIII, não é citada. Gramáticas sincrônicas não citam a harmonia a não ser como característica do PB. Soares Barbosa (1822) assim o faz: "*os brasileiros mudam o e pequeno, breve em i, dizendo filiz, binigno, mi dêo, tidêo si firio, lhi dêo*". Somente em termos de diacronia a HV é mencionada, entre outras assimilações:

> Deu-se assimilação entre outros no seguintes vocábulos: *mentir e mintir,* petir*e, pidir,* vestire*, vistir,* necare, *anagar* (a par de *anegar),* ferire*, firir*, litania*, ladainha,* bilancia*, balança,* avitarda*, batarda,* evangelio, *avangelho,* novac(u)la, *navalha,* tenace*, tanas (pop.),* consetudine, *custunme,* possidere, *poussuir*, etc.(Nunes, 1945 [1930]: 58).

Mas o que chama atenção são as palavras contundentes do filólogo Leite de Vasconcellos (1959 [1903]), sobre a ausência de certas vogais átonas no português de Lisboa. Para Vasconcellos, as vogais átonas são apenas três: [ɐ , ə, u].

> E sabido que nas sílabas átonas repugnam à nossa língua as vogais orais (ou abertas ou fechadas) *à, è, ê, ò , ô*, que por isso se pronunciam a fechado [ɐ] *e surdo* [ə], *u;* de *faca* fez-se *f[ɐ]cada* não *facada*; de *abérto* fez-s *ab[ə]rtura* e não *abertura*; de *rêde* fez-se *enrədar* e não *enredar*; de *pórta* fez-se *purteiro* (escreve-se *porteiro*), e não *pôrteiro*; de poço fez-se *pucinho* (escreve-se *pocinho*) e não *pôcinho.* As exceções a esta regra geral estão sujeitas a várias condições, que não posso aqui estudar desenvolvidamente. (1959 [1903]: 136)

A partir do século XIX, o PB com a harmonização vocálica e o PE sem ela, são dois dialetos da mesma língua. Diferenças que se estendem da fonologia à sintaxe não mudam o sistema básico. Neste ponto do capítulo, deixa-se a história para entrar na sincronia, isto é, na gramática de nossos dias.

O PORTUGUÊS CONTEMPORÂNEO

No século XX, quando os estudos sobre a língua tomam a feição da Linguística iniciada por Saussure, vários estudos sobre harmonia vocálica no PB foram realizados. O primeiro a mencioná-la foi Serafim Silva Neto (1970: 61), sucedendo-se os estudos de Houaiss (1959), Câmara Jr. (1970), Bisol (1981), Callou e Leite (1986), Maia (1986), Viegas (2001), Barbosa da Silva (1989), Schwindt (1995), Casagrande (2004), entre outros.

Exemplifiquemo-la com dados atuais, ao lado da elevação sem motivação aparente:

(8)	HV	ASM
	aligria ~ alegria	*buneca ~ boneca*
	bibida ~ bebida	*culégio ~ colégio*
	bunito ~ bonito	*guverno ~ governo*
	curuja ~ coruja	*cumer ~ comer*
	curtina ~ cortina	*cumpadre ~ compadre*
	filiz ~ feliz	*cumadre ~ comadre*
	gurdura ~ gordura	*cunhecer ~ conhecer*
	prucissão ~ procissão	*custela ~ costela*
	mintira ~ mentira	*muleque ~ moleque*
	perigrino > pirigrino, peregrino	*piqueno ~pequeno*

Os exemplos em (8) não são de escrita, mas de fala gravada que constituem a base da maioria dos estudos sobre variação em tempos atuais. O primeiro ponto a ser notado é que a harmonia faz parte natural do sistema do PB, com estatuto de regra de uso moderado, enquanto ASM, que vem tomando a feição de regra menor, tende a privilegiar grupos de palavras, sobretudo verbos, a exemplo de *comer* ~ *cumer, cumesse* e *poder* ~ *puder, pudemos, pudesse*. Em dados do sul do Brasil se faz mais rara, sobretudo, em nomes, mas acontece: *piquena* ~ *pequena* e demais exemplos em (8). Como não se dispõe de estudos em separado de ASM senão os do sul do país, qualquer tentativa de generalização é temerária.

Posta em termos gerais a situação da HV e sua congênere no PB, passa-se ao sistema fonológico do português contemporâneo, a fim de contemplar os efeitos da mudança e a decorrente distinção dos dois dialetos, português europeu contemporâneo (PEC) e português brasileiro contemporâneo (PBC).

O português é um sistema de sete vogais que se manifestam plenamente na posição tônica: /a, Ɛ, ɔ, e, o, i, u/.

(9) Sistema vocálico básico do português

abertura	i	e	ɛ	a	ɔ	o	u
aberto 1	-	-	-	+	-	-	-
aberto2	-	+	+	+	+	+	-
aberto 3	-	-	+	+	+	-	-
posterior	-	-	-	+	+	+	+
arred.	-	-	-	-	+	+	+

A divisão em dois dialetos pelas razões expostas tem a ver com a sílaba átona, pretônica. Ambos os dialetos têm três vogais na sílaba final, mas na pretônica, PBC tem cinco vogais e PEC, três. Por conseguinte, a matriz em (9) sofre a redução representada em (10a) no PBC e a redução representada em (10b) em PEC.

(10) Quadro da redução vocálica (ver Bisol e Magalhães, 2002)

a) PB contemporâneo

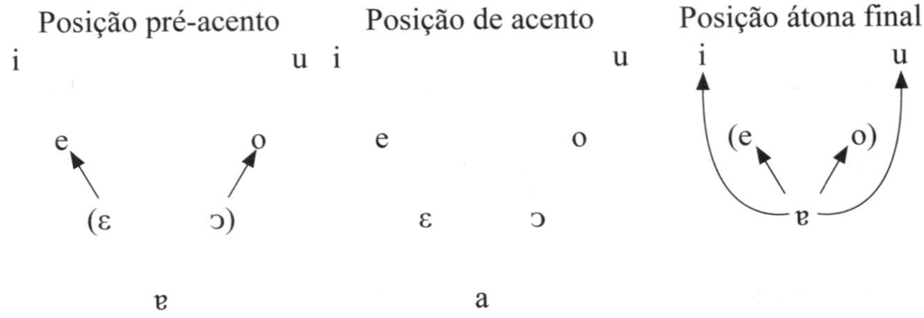

b) PE contemporâneo

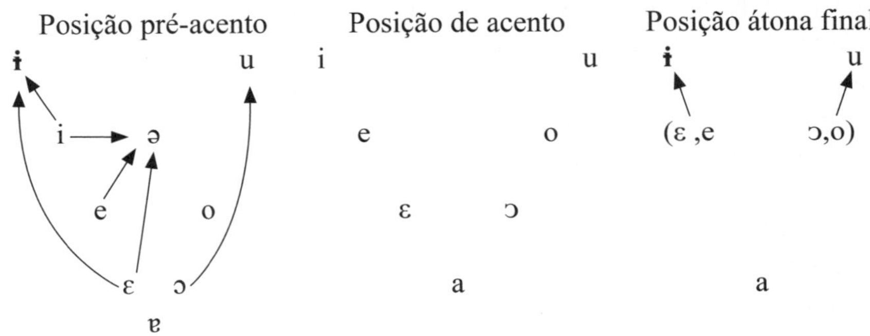

Observe-se (10) com vistas à neutralização vocálica, assim definida:

> a neutralização consiste na perda do traço que distingue dois fonemas, com a consequente perda de um deles a ser substituído pelo que permanece ou de ambos a serem substituídos por um som intermediário ou um terceiro som nem idêntico nem semelhante a um dos elementos do par opositivo. (Trubetzkoy, 1967: 82-85)

Em PBC, (10a), considerando-se dados do Sul/Sudeste do Brasil, o sistema de sete vogais acentuadas /i, u, e, o, ɛ, ɔ, a/ fica reduzido a cinco vogais átonas por efeito da neutralização das médias /ɛ, ɔ/ *versus* /e, o/, em que a oposição neutralizada é substituída por um som idêntico a um de seus membros, no caso, a média fechada /e, o/, com claras evidências na pretônica, a exemplo de *bɛlo > beleza, sɔl > solaço*. A redução de sete vogais a cinco na pretônica é o centro de nossa atenção; a redução a três na átona final é um pressuposto dado. Fazendo-se a relação entre a pauta acentual e a não acentual, essa é a visão geral do sistema fonológico do PBC desde Câmara Jr. (1970).[3]

Em PEC, (10b), não há simetria entre a redução das vogais da pauta [+post] e da pauta [-post], mas ambas são plenamente explicáveis por neutralização na linha de Trubetzkoy (1967). As vogais médias do tipo [-post], ao passarem da posição acentual para a não acentual, perdem a distinção que separa uma da outra como entidades fonológicas, isto é, são neutralizadas, passando a ser substituídas por um terceiro som, uma vogal centralizada, [ə] ou [ɨ], variação que dispensa explicações, pois "*Central vowels can be characterized as highly variable, unstable, ill-defined vocoids*" (Veloso, 2010: 199). Representam-na por [ə], a exemplo de *mɛl* > *məladu, selo* > *səladu*, Cuesta e Luz (1980), Mira Mateus (1982), Delgado Martins (1983), entre outros. Trabalhos mais recentes representam-na por [ɨ], *mɛl* > *mɨladu, selo* > *sɨladu*, como em Mateus e d'Andrade (2000), Vigário (2003) e Veloso (2010). Em vogais do tipo [+post], as médias / ɔ, o/ são neutralizadas em favor da vogal /u/, o terceiro segmento, a exemplo de *mɔda* > *mudelo, poço* > *puceiro*. Por conseguinte, a ambiguidade entre as médias referida por Nunes (1945) foi solucionada pela neutralização em favor de um terceiro som, alimentada pela centralização, em se tratando da vogal [-post], e pela vogal alta, em se tratando da vogal [+post].

Em suma, enquanto no PBC, a neutralização favorece um dos termos da oposição, em ambos os paradigmas [+post] e [-post], no PEC, favorece um terceiro som, as médias classificadas como [-post] neutralizam em favor de um segmento centralizado, enquanto as médias com o traço [+post] se neutralizam diretamente em favor da vogal alta. Tanto a neutralização em PEC quanto em PBC são casos previstos na proposta de neutralização de Trubetzkoy.

Para finalizar, apresentam-se em (11) exemplos de PEC e PBC, extraídos os primeiros de Mateus e d'Andrade (2000).

(11)	PE/PB	PEC	PBC
	mira	*mɨrar*	*mirar*
	selo	*sɨlar*	*selar*
	pɛga	*pɨgar*	*pegar*
	movo	*muver*	*mover*
	mɔra	*murar*	*morar*

Admite-se, porém, que a vogal [ə] registrada em Cuesta e Luz (1980), Mira Mateus (1982), Delgado Martins (1983) entre outros, ainda esteja presente na fala, por conseguinte, variantes do tipo *səlar* ~ *sɨlar, pəgar* ~ *pɨgar* são esperadas.

Enfim, o PBC preserva o sistema átono de cinco vogais pretônicas, enquanto PEC perde as médias átonas. Estão, de um lado, o PBC, com harmonia, de outro, o PEC sem ela, pois as vogais médias, seu alvo, desapareceram do sistema. Eis o efeito da mudança em foco, no sistema fonológico, da qual a HV é o divisor de águas.

CONSIDERAÇÕES FINAIS

O PB faz a sua história a partir do século XVI, herdando o sistema átono de cinco vogais com a harmonização vocálica na pretônica, enquanto o PE, dando abrigo à centralização das vogais átonas [-post], segue outra deriva, em virtude dos efeitos de três processos: centralização, harmonização e neutralização. Todavia, PE e PB são dialetos de uma língua só.

NOTAS

1 Este capítulo foi originalmente publicado em setembro de 2015 na revista *DELTA* e entra neste volume a convite de seus organizadores.

2 Conferir fonte do *Appendix Probi* no capítulo "Vogais pretônicas" deste volume.

3 Em variedades do Norte/Nordeste, as vogais médias são também neutralizadas, isto é, deixam de ser distintivas uma em relação à outra, mas, diferentemente, são resolvidas por assimilação com a vogal da sílaba seguinte: *sɔl→ sɔlaço, mɛl →mɛlado, bɛlo→beleza, mɔda→modelo*, resultando sete vogais na superfície, mas tão somente cinco fonológicas.

REFERÊNCIAS BIBLIOGRÁFICAS

Critérios de indexação:

(1) As entradas vêm pelo sobrenome, em sequência alfabética e cronológica, do texto mais antigo para o texto mais recente.
(2) Em caso de mais de um autor, um ponto e vírgula separa os nomes.
(3) A data de publicação aparece no final do verbete. Sempre que possível, indica-se entre colchetes a data da primeira edição.
(4) Nos textos publicados em coletâneas, remete-se apenas aos organizadores, data e páginas, entre parênteses. Para a obtenção dos dados bibliográficos completos, procure pelo sobrenome do organizador e data da publicação.

ABAURRE, M. B. M. Horizontes e limites de um programa de investigação sobre a aquisição da escrita. In: LAMPRECHT, R. (Org.). *Aquisição da linguagem*: questões e análises. Porto Alegre: Editora da Pontifícia Universidade Católica do Rio Grande do Sul, p. 167-186, 1999.

ABAURRE, M. B. M; RODRIGUES, A. C. S. (Orgs.). *Gramática do português falado*, v. 3. Campinas: Universidade Estadual de Campinas, 2002.

ABAURRE, M. B. M.; SANDALO, M. F. S. Fatos de nasalidade como evidência para a representação da vogal /a/ no português como segmento debucalizado. In: D. da Hora (Org. 2009: 11-28).

ABRAHAM, Werner (Ed.). *Ut videam*: Contributions to an Understanding of Linguistics. Liese (Netherlands): Peter de Ridder, 1975.

AGUILERA, V. A.; BARONAS, J. E. de A. (Orgs.). *Scripturae nas Villas de São Luiz de Goaratuba e Antonina*: manuscritos setecentistas e oitocentistas. Sertanópolis: GrafCel, 2007.

AGUILERA, V. de A.; VASCONCELOS, C. A. (Orgs.). *Scripturae na Villa de Pernagoa*: manuscritos Setecentistas. v. 1. Londrina: Editora da Universidade Estadual de Londrina, 2007.

AHLQVIST, A. (Ed.). *Diversions of Galway.* Papers on the History of Linguistics from ICHoLS V, Galway, Ireland. Amsterdam: John Benjamins, 1992.

ALBANO, E. C. *O gesto e suas bordas*. Campinas: Mercado de Letras, 2001.

ALDRIGUE, A. C. S.; NICOLAU, R. B. F. (Orgs.). *Quem o pretender comprar dirija-se a...* Coletânea de anúncios paraibanos do século XIX. João Pessoa: Editora da Universidade Federal da Paraíba, 2009.

ALI, M. S. *Gramática histórica da língua portuguesa*. São Paulo: Melhoramentos, 1964 [1921].

ALI, M. S. *Gramática histórica da língua portuguesa*. 5. ed. São Paulo: Edições Melhoramentos, p. 46-47, 1965.

ALI, M. S. *Gramática histórica da língua portuguesa*. 7. ed. Rio de Janeiro: Edições Melhoramentos, 1971.

ALMEIDA, E.; BARBOSA, A.; CALLOU, D. Reflexões metodológicas para a identificação social de redatores em *corpora*: percurso nos arquivos históricos. *Revista Internacional de Linguística Iberoamericana*, Madrid/Frankfurt, 24: 157-182, 2014.

ALMEIDA, F. S. C. *Micro atlas fonético do estado do Rio de Janeiro: uma contribuição para o conhecimento dos falares fluminenses*. Tese de Doutorado, 2 v. Rio de Janeiro: Universidade Federal do Rio de Janeiro, 2008.

ALVARENGA, D. *Variations ortographiques, temps d'identification et apprentissage de la langue écrite portugaise:* une approche phono-cognitive. Thèse de Doctorat Nouveau Régime. Paris: Université de Paris VIII, 1993.

ANDERSON, S. R. *Aspects of the Theory of Clitics*. Oxford: Oxford University Press, 2005.

AQUINO, M. F. Uso variável do ditongo em contexto sibilante. In: HORA, D. da (Org.). *Estudos sociolinguísticos:* perfil de uma comunidade. Santa Maria: Palloti, 2004, p. 45-54.

ASSIS, P. de et. al. Índice analítico do vocabulário de os Lusíadas. In: CUNHA, H. G. *Dicionário da língua portuguesa*: textos e vocabulários. Rio de Janeiro: Ministério da Educação e Cultura, Instituto Nacional do Livro, 1966.

ATAÍDE, C.; GOMES, V. S. *Cartas particulares - Recife,* PE. Recife: Projeto PHPB/PE, 2010.

ATAÍDE, C.; FORCIONI, D. *Cartas particulares do século XIX – Pernambuco*. Recife: Projeto PHPB/PE, 2010, CD-ROM.

ATAÍDE, C.; VIEIRA FILHO, M. P. *Cartas particulares do século XIX – Pernambuco*. Recife: Projeto PHPB/PE, 2010, CD-ROM.

AVERY, P.; RICE, K. On the Relationship between Laterality and Coronality. In: *Phonetics and Phonology:* The Special Status of Coronals. v. 2. Cambridge/Massachusetts: Academic Press. Inc., 1991.

AURÉLIO. *Século XXI*: o dicionário da língua portuguesa. 3. ed. Rio de Janeiro: Nova Fronteira, versão eletrônica 3.0, 1999.

BALDI, P.; WERTH, R. N. (Eds.). *Readings in Historical Phonology*. University Park/London: The Pennsylvania State University Press, 1978.

BARBOSA, A. *Para uma história do português colonial*: questões morfossintáticas em cartas de comércio. Tese de Doutorado. Rio de Janeiro: Universidade Federal do Rio de Janeiro, 1999.

BARBOSA, A. G. Tratamento dos *corpora* de sincronias passadas da língua portuguesa no Brasil: Recortes grafológicos e linguísticos. In: C. R. dos S. Lopes (2005: 25-42).

BARBOSA, J. S. *Gramática filosófica da língua portugueza*. Lisboa: Tipographia da Academia Real de Ciências, 1875 [1893].

BARBOSA, J. M. *Études de phonologie portugaise*. 2. ed. Évora: Universidade de Évora, Divisão de Línguas e Literaturas, 1983.

BARBOSA, J. M. *Introdução ao estudo da fonologia e morfologia do português*. Coimbra: Almedina, 1994.

BARBOSA DA SILVA, M. *As pretônicas no falar baiano*. Tese de doutorado. Rio de Janeiro: Universidade Federal do Rio de Janeiro, 1989.

BARCELOS, N. H. O ditongo /ei/ na fala de São Tomé. Painel apresentado ao *63º Seminário do GEL*, Campinas, 7-9 de julho de 2015.

BARROS, J. de. *Grammatica da lingua portuguesa*. Lisboa: Typographum, 1540.

BATTISTI, E. *A nasalização no português brasileiro e a redução dos ditongos nasais átonos*: uma abordagem baseada em restrições. Tese de doutorado. Porto Alegre: Pontifícia Universidade Católica do Rio Grande do Sul, 1997.

BATTISTI, E. A redução variável dos ditongos nasais átonos no português do sul do Brasil. *Letras de Hoje*, v. 35, n. 1, p. 255-274, 2000.

BATTISTI, E. Ditongos nasais em sílaba átona e fidelidade posicional. In: D. Hora; G. Collischonn (Orgs. 2003: 51-66).

BATTISTI, E. Clitic Prosodization in Brazilian Portuguese: Analysis of Documents from the Nineteenth Century. In: L. Bisol; C. R. Brescancini (Orgs. 2008: 110-122).

BATTISTI, E. A prosodização de clíticos no português brasileiro em documentos dos séculos XVIII e XIX. In: D. Hora; C. R. Silva (Orgs. 2010: 74-80).

BATTISTI, E. Aspectos prosódicos do português brasileiro: hipossegmentação de sequências com clíticos em documentos do século XIX. *Revista do GELNE*, v.15, n.1/2, p.13-30, 2013.

BAEHRENS, W. A. Appendix Probi, 1922. Disponível em: <http://www1.udel.edu/leipzig/403/ap.htm>. Acesso em: 25 nov. 2018.

BARROS, J. de. *Grammatica da língua portuguesa*. Olyssipone apud Lodouicum Rotorigiu[m], Typographum, 1540.

BECKMAN, J. *Positional Faithfulness*. Ph.D. Dissertation. University of Massachusetts, 1998.

BECKMAN, J.; DICKEY, L.W.; URBANCZYK, S. (Eds.). *Papers in Optimality Theory*. Amherst: GLSA, 1995.

BISOL, L. *Harmonização vocálica, uma regra variável*. Tese de doutorado. Rio de Janeiro: Universidade Federal do Rio de Janeiro, 1981.

BISOL, L. A Variação da pretônica na diacronia do português. *Letras de Hoje*. Porto Alegre. v. 17, n. 1, p. 80-97, 1983.

BISOL, L. O ditongo na perspectiva da fonologia atual. *D.E.L.T.A.*, São Paulo, v. 5, n. 2, p. 185-224, 1989.

BISOL, L. O acento e o pé métrico binário. *Cadernos de Estudos Linguísticos*, Campinas, n. 22, p. 69-80, 1992a.

BISOL, L. *O acento*: duas alternativas de análise. PUCRS, MS, 1992b.

BISOL, L. Ditongos derivados. *D.E.L.T.A.*, v. 10, n. Especial, 1994, p. 123-140, 1994.

BISOL, L. A sílaba e seus constituintes. In: M. H. de M. Neves (Org. 1999: 701-742).

BISOL, L. O clítico e seu *status* prosódico. *Revista de Estudos da Linguagem*, v. 9, n.1, p. 4-30, jan./jun., 2000.

BISOL, L. O clítico e seu hospedeiro. *Letras de Hoje*, v. 40, n. 3, p. 163-184, 2005.

BISOL, L. O alçamento da pretônica sem motivação aparente. In: L. Bisol; G. Collischonn (Orgs. 2010: 63-78).

BISOL, L. Ditongos derivados: Um adendo. In: S.-H. Lee (Org. 2012: 57-65).

BISOL, L. O acento: duas alternativas de análise. *Organon*, v. 28, p. 120-147, 2013.

BISOL, L.; BRESCANCINI, C. (Orgs.). *Fonologia e variação*: recortes do português brasileiro. Porto Alegre: Editora da Pontifícia Universidade Católica do Rio Grande do Sul, 2002.

BISOL, L.; BRESCANCINI, C. (Eds.). *Contemporary Phonology in Brazil*. Cambridge: Cambridge Scholars Publish, 2006.

BISOL, L.; BRESCANCINI, C. R. (Orgs.) *Contemporary Phonology in Brazil*. London: Cambridge, 2008.

BISOL, L.; COLLISCHONN, G. (Orgs.). *Português do sul do Brasil*: variação fonológica. Porto Alegre: Editora da Pontifícia Universidade Católica do Rio Grande do Sul, 2010.

BISOL, L.; MAGALHÃES, J. S. de. A redução vocálica no português brasileiro: avaliação via restrições. *Revista da Abralin*, v.3, n. 1 e 2, julho e dezembro, 2004.

BLOOMFIELD, Leonard. *Language*. New York: Holt, 1933.

BLECUA, J. M.; GUTIÉRREZ, J.; SALA, L. (Eds.). *Estudios de grafemática en el dominio hispánico*. Salamanca: Ed. Universidad de Salamanca; Inst. Caro y Cuervo, 1998.

BLEVINS, J. *Evolutionary Phonology*: The Emergence of Sound Patterns. Cambridge: Cambridge University Press, 2004.

BLEVINS, J.; GARRETT, A. The Evolution of Metathesis. In: B. Hayes; R. Kirschner; D. Steriade (Eds. 2004).

BLUTEAU, R. *Vocabulario Portuguez & Latino, aulico, anatomico, architectonico...* Coimbra, 1712-1728.

BORTONI-RICARDO, S. M.; MALVAR, C. A variação das vogais pretônicas em Brasília: um fenômeno neogramático ou de difusão lexical. *Estudos Linguísticos*, Belo Horizonte, p. 9-29, 1992.

BRADLEY, T. G. *Metathesis in Judeo-Spanish consonant clusters*. Somerville, MA: Cascadilla Proceedings Project, 2006, p. 79-90.

BRANDÃO, S. F. Nas trilhas do -R retroflexo. *SIGNUM: Estudos Linguísticos*, Londrina, n.10 (2): 265-283, dez. 2007.

BRANDÃO, S. F. *Estudo variacionista sobre a palatalização do S em coda silábica na fala fluminense*. *Anais do 8º Encontro do CELSUL*. Porto Alegre: Círculo de Estudos Linguísticos do Sul, v.1. p. 1-8, 2008.

BRANDÃO, S. F. Patterns of Plural Agreement within the Noun Phrase. *Journal of Portuguese Linguistics*, 12 (2), p. 51-100, 2013.

BRANDÃO, S. F. Concordância nominal em três variedades do português: resultados gerais, novas indagações. *Cuadernos de la ALFAL*, 7, p. 36-52, marzo 2015.

BRANDÃO, S. F. Variação e mudança no âmbito do vocalismo. In: M. A. Martins; J. Abraçado (Orgs. 2015: 11-38).

BRANDÃO, S. F; MOTA, M. A.; CUNHA, C. S. Um estudo contrastivo entre o português europeu e o português do Brasil: o -R final de vocábulo. In: S. F. Brandão; M. A. Mota (Orgs. 2003).

BRANDÃO, S. F.; MOTA, M. A. *Análise contrastiva de variedades do português*: primeiros estudos. Rio de Janeiro: In-Fólio, 2003.

BRASIL, Ministério da Cultura. 2012. Portaria n. 134, de 17 de outubro de 2012. *Diário Oficial da União*, Brasília, n. 202, quinta-feira, 18 de outubro de 2012, p. 10, col. a, Art. 1º, Seção 1, alínea IV, 2012.

BRESCANCINI, C. R. *A fricativa palato-alveolar e sua complexidade*: uma regra variável. Tese de doutorado. Porto Alegre: Pontifícia Universidade Católica do Rio Grande do Sul, 2002.

BYNON, T. *Historical linguistics*. Cambridge; Cambridge University Press, 1977.

CABREIRA, S. H. *A monotongação dos ditongos orais decrescentes em Curitiba, Florianópolis e Porto Alegre*. Dissertação de Mestrado. Porto Alegre: Pontifícia Universidade Católica do Rio Grande do Sul, 1996.

CAGLIARI, L. C. *Elementos de fonética do português brasileiro*. Tese de Livre Docência. Campinas: Universidade Estadual de Campinas, 1981.

CAGLIARI, L. C. *Fonologia do português:* análise pela geometria de traços, Parte I. 2. ed. revista. Campinas: Edição do autor, 1998.

CAGLIARI, L. C. *Acento em português*. Campinas: Edição do autor, 1999.

CALLOU, D. M. I. *Variação e distribuição da vibrante na fala urbana culta do Rio de Janeiro*. Tese de Doutorado. Rio de Janeiro: Universidade Federal do Rio de Janeiro, 1987.

CALLOU, D. M. I. Variação e mudança no âmbito do consonantismo. In: M. A. Martins; J. Abraçado (Orgs. 2015: 39-64).

CALLOU, D. M. I.; BARBOSA, A. G. (Orgs.). *A norma brasileira em construção*: cartas a Rui Barbosa (1866 a 1899). Rio de Janeiro: Fundação Casa de Rui Barbosa (Coleção FCRB Manuscritos; 2), p. 19-103, 2011.

CALLOU, D. M. I.; BARBOSA, A. G.; CARMO, L. do. Cartas pessoais a Rui Barbosa: edição diplomático-interpretativa". In: D. M. I. Callou; A. G. Barbosa (Orgs. 2011: 19-103).

CALLOU, D. M. I.; BARBOSA, A. G. (Orgs.) *A norma brasileira em construção*: cartas a Rui Barbosa (1866 a 1899). Rio de Janeiro: Fundação Casa de Rui Barbosa – (Coleção FCRB Manuscritos; 2), 2011.

CALLOU, D. M. I.; BRANDÃO, S. Caracterização de áreas dialetais no português do Brasil: análise de duas variáveis. *Anais do VIII Congresso Internacional da ABRALIN*. Natal, 2013.

CALLOU, D. M. I.; LEITE, Y. *As vogais pretônicas no falar carioca*. Salvador: Estudos Linguísticos, Universidade Federal da Bahia, 1986.

CALLOU, D. M. I.; LEITE, Y. *Iniciação à fonética e à fonologia*. Rio de Janeiro: Jorge Zahar, 1990.

CALLOU, D. M. I.; LEITE, Y.; MORAES, J. Processo(s) de enfraquecimento consonantal no falar português do Brasil. In: M. B. M. Abaurre; A. C. S. Rodrigues (Orgs. 2002: 534-555).

CALLOU, D.; MORAES, J. A. Condicionamentos sócio e geolinguísticos na realização do /R/ no português do Brasil. *Estudos Linguísticos e Literários,* n. 17, p. 69-78, 1995.

CALLOU, D.; MORAES, J. A. de; LEITE, Y. Consoantes em coda silábica: /s l r/. In: ABAURRE, M. B. M. A (Org.). *A construção fonológica da palavra*. São Paulo: Contexto, 2013, p.167-236.

CALVET, L.-J. *Tradição oral & tradição escrita*. São Paulo: Parábola, 2011 [1984].

CÂMARA Jr., J. M. *Para o estudo da fonêmica portuguesa*. Rio de Janeiro: Organização Simões, 1953.

CÂMARA Jr., J. M. *História e estrutura da língua portuguesa*. Rio de Janeiro: Padrão, 1975.

CÂMARA Jr., J. M. *Dicionário de linguística e gramática referente à língua portuguesa.* 11. ed. Petrópolis: Vozes, 1984a.

CÂMARA Jr., J. M. *Problemas de linguística descritiva.* Petrópolis: Vozes, 1969; 11. ed., 1984b.

CÂMARA Jr., J. M. *Estrutura da língua portuguesa*. Petrópolis: Vozes, [1970], 15. ed., 1985, 26. ed., 1997

CAMPBELL, L. *Historical Linguistics*: An Introduction. Edinburgh: Edinburgh University Press, 1998.

CANDIDO FIGUEIREDO, C. *O que se não deve dizer*. Lisboa: Livraria Clássica Editora, 1914 [1903].

CARDEIRA, Esperança Maria da Cruz Marreiros. *Entre o português antigo e o português clássico.* Lisboa: Imprensa Nacional – Casa da Moeda, 2005.

CARDEIRA, E. *História do português*. Lisboa: Caminho, 2006.

CARNEIRO, Z. de O. N. *Cartas brasileiras (1808-1904*): um estudo linguístico-filológico. Tese de Doutorado. Campinas: Universidade Estadual de Campinas, 2005.

CARNEIRO, Z. de O. N.; SANTIAGO, H. da S.; OLIVEIRA, K. *Cartas brasileiras (1809-2000):* coletânea de fontes para o estudo do português: 3 (1906-2000). Feira de Santana: Editora da Universidade Federal de Feira de Santana, 2011a.

CARNEIRO, Z. de O. N.; SANTIAGO, H. da S.; OLIVEIRA, K. (Org.). *Cartas em Sisal: Riachão do Jacuípe, Conceição do Coité e Ichu (1906-2000)*: fac-similada. 2011b. cd-rom 1.

CARVALHO, J. B. Phonological Conditions on Portuguese Clitic Placement: On Syntactic Evidence for Stress and Rhythmical Patterns. *Linguistics*, Berlin / New York, n. 27, p. 405-436, 1989.

CARVALHO, J. H. Nota sobre o vocalismo antigo português: valor dos grafemas *e* e *o* em sílaba átona. *Estudos linguísticos*, Coimbra: Atlântica, v. 2., p. 75-103, 1969.

CASAGRANDE, G. B. *Harmonização vocálica*: análise variacionista em tempo real. Dissertação de Mestrado. Porto Alegre: Pontifícia Universidade Católica do Rio Grande do Sul, 2004.

CATFORD, J. C. *Fundamental Problems in Phonetics*. Edinburgh: Edinburgh University Press, 1977.

CATFORD, J. C. *A Practical Introduction to Phonetics.* Oxford: Clarendon Press, 1988.

CINTRA, L. F. L. *Estudos de dialectologia portuguesa*. Lisboa: Sá da Costa, 1983.

CLEMENTS, G. N. The Role of the Sonority Cycle in Core Syllabification. In: KINGSTON, J., BECKMAN, M. E. (Eds.). *Papers in Laboratory Phonology I*: Between the Grammar and Physics of Speech. Cambridge: Cambridge University Press, p. 283-333, 1990.

CLEMENTS, G. N.; HUME, E. V. The Internal Organization of Speech Sounds. In: GOLDSMITH, J. (Ed.). *The Handbook of Phonological Theory*. London: Blackwell, 1995.

CHEN, M. Y.; WANG, W. S-Y. Sound Change: Actuation and Implementation. *Language 51* (2), p. 255-281, 1975.

CHOMSKY, N.; HALLE, M. *The Sound Pattern of English*. New York: Harper & Row, 1968.

COLLISCHONN, G. A epêntese vocálica no sul do Brasil. In: L. Bisol; C. Brescancini (Orgs. 2002: 205-230).

COLLISCHONN, G. Epêntese vocálica no português do sul do Brasil: variáveis extralinguísticas. *Revista Letras*, Curitiba, n. 61, p. 285-297, 2003.

COLLISCHONN, G. Epêntese vocálica e restrições de acento no português do sul do Brasil. *SIGNUM: Estudos Linguísticos*, Londrina, n. 7/1, p. 61-78, 2004.

CORPUS ELETRÔNICO DE DOCUMENTOS HISTÓRICOS DO SERTÃO. Disponível em: <http://www.tycho.iel.unicamp.br/cedohs/corpora/cdm/312-AFM-28-07-1898.xml>. Acesso em: 14 de janeiro de 2015.

COSERIU, E. 'Taal en functionaliteit' bei Fernão de Oliveira. In: W. Abraham (Ed. 1975: 67-90).

COSERIU, E. *Língua e funcionalidade em Fernão de Oliveira (1536)*. Rio de Janeiro: Presença Editora da Universidade Federal Fluminense, 1991.

COSERIU, E. Língua e funcionalidade em Fernão de Oliveira. In: F. de Oliveira (2000: 29-60).

COSTA, D. S. *Estudo do acento lexical em português arcaico por meio das cantigas de Santa Maria*. Dissertação de Mestrado. Araraquara: Universidade Estadual Paulista, 2006.

COSTA, D. S. *A interface música e linguística como instrumental metodológico para o estudo da prosódia do português arcaico*. Tese de Doutorado. Campinas: Universidade Estadual de Campinas, 2010.

COSTA, I. B. *O acento em português:* estudo de algumas mudanças no modelo da fonologia gerativa. Dissertação de Mestrado. Campinas: Universidade Estadual de Campinas, 1978.

COSTA, L. T. da. *Abordagem dinâmica do rotacismo.* Tese de Doutorado. Curitiba: Universidade Federal do Paraná, Curitiba, 2011.

COSTA, Luciane Trennephol da. *Estudo do rotacismo*: variação entre as consoantes líquidas. Dissertação de Mestrado. Porto Alegre: Universidade Federal do Rio Grande do Sul, 2006.

COUTINHO, I. L. *Pontos de gramática histórica.* 3. ed. revista e aumentada. Rio de Janeiro: Livraria Acadêmica, 1954.

COUTINHO, I. L. *Pontos de gramática histórica.* 6. ed. revista. Rio de Janeiro: Livraria Acadêmica, 1968 [1938].

COUTINHO, Ismael de Lima. *Gramática histórica.* 7. ed. ver. Rio de Janeiro: Ao Livro Técnico, 1976.

COUTO, H. H. As sequências *qu-* e *gu-* mais vogal. *Revista de Estudos da Linguagem*, Belo Horizonte, ano 5, n. 4, v. 2, jul./dez., p. 35-43, 1996.

CRISTÓFARO-SILVA, T.; ALMEIDA, L. On the Nature of Epenthetic Vowels. In: L. Bisol; C. Brescancini (Eds. 2006).

CRUZ, M. C. *Alçamento das vogais pretônicas sem motivação aparente em Porto Alegre-RS*: estudo de tendência. Dissertação de Mestrado. Porto Alegre: Pontifícia Universidade Católica do Rio Grande do Sul, 2009.

CRYSTAL, D. *Dicionário de linguística e fonética*. Rio de Janeiro: Jorge Zahar, 2000.

CUESTA, P. V.; LUZ, M. A. M. da. *Gramática da língua portuguesa.* Lisboa: Lexis Edições 70, 1980.

CUNHA, A. G. da. *Dicionário etimológico Nova Fronteira da língua portuguesa*. 2. ed. Rio de Janeiro: Nova Fronteira, 1996 [1994].

CUNHA, Celso. Conservação e inovação no português do Brasil. *O Eixo e a Roda*, v. 5, p. 199-230, 1986.

CYRINO, S. M. L.; BARRICHELO, J.; PAULA, F. F. de. *Cartas não-oficiais – Curitiba, Paraná.* Curitiba: Projeto PHPB/PR, cd-rom, 2004.

DELGADO MARTINS, M. R. *Sept études sur la perception.* Accent et Intonation. 2. ed. Lisboa: Laboratório de Fonética, Universidade de Letras de Lisboa, 1983.

DEMASI, M. do S. O -l pós-vocálico na fala culta do Rio de Janeiro. In: C. da C. Pereira; P. R. D. Pereira (Orgs. 1995: 115-143).

DESMET, P. Victor Henry et les lois phon(ét)iques. In: A. Ahlqvist (Ed. 1992).

DEVOTO, G. *Storia della lingua di Roma.* Seconda ristampa. Bologna: Licinio Cappelli Editore, 1944.

DIAS, A. P. V. P. A variação ou~oi em Portugal continental: delimitação das áreas geográficas com maior incidência do ditongo oi. *Diacrítica*, v. 28, n.1, p.51-72, 2014.

DONADEL, G. *Grupos consonantais impróprios estudo diacrônico com base em gramáticas*. Dissertação de Mestrado. Porto Alegre: Universidade Federal do Rio Grande do Sul, 2007.

DUARTE, L. F. *Crítica textual*: relatório apresentado a provas para obtenção do Título de Agregado em Estudos Portugueses, disciplina Crítica Textual. Lisboa: Universidade Nova de Lisboa. 1997.

DUARTE, Y. C. M. Á. *As regras de atribuição do acento primário em língua portuguesa*. Dissertação de Mestrado. Brasília: Universidade de Brasília, 1977.

EDWARDS, M. L.; SHRIBERG, L. D. *Phonology: Applications in Communicative Disorders*. San Diego: College-Hill, Inc., 1983.

ESPIGA, J. Alofonia de /l/ no sul do Rio Grande do Sul: aspectos fonéticos e fonológicos. In: D. Hora; G. Collischon (Orgs. 2003: 251-269).

FAIRBANKS, G. H. Sound change, analogy, and generative phonology. In: KACHRU, B. B. et al. (Eds.). *Issues in Linguistics:* Papers in Honor of Henry and Renée Kahane. Urbana/Chicago/London: University of Illinois Press, 1973, p. 199-109.

FARIA, E. *Fonética histórica do latim*. 2. ed. Rio de Janeiro: Livraria Acadêmica, 1970.

FARIA, M. I; PERICÃO, M. da G. *Dicionário do livro*: da escrita ao livro eletrônico. São Paulo: Editora da Universidade de São Paulo, 2008.

FEIJÓ, J. de M. M. *Ortographia ou arte de escrever, e pronunciar com acerto a lingua portugueza, para uso do Excelentissimo Duque de Lafoens.* Bahia: Typographia da Viúva Serva e Carvalho, 1820.

FEIJÓ, J. de M. M. *Orthographia ou arte de escrever, e pronunciar com acerto a lingua portuguesa para uso do excellentissimo Duque de Lafoens*. Lisboa Occidental: na Officina de Miguel Rodrigues, Impressor do Senhor Patriarcha, 1734. Disponível em: <http://catalogo.bnportugal.pt/ipac20/ipac.jsp?profile=bn&source>. Acesso em 13 de maio de 2015.

FLORÊNCIO, B; CUNHA, C. S. Estudo do -S em coda silábica: uma perspectiva funcionalista. *VOOS: Revista Polidisciplinar Eletrônica da Faculdade Guairacá*, n.1, p. 59-75, 2009.

FONSECA, M. C. de A. P. *Caracterização linguística de cartas oficiais da Paraíba dos séculos XVIII e XIX*. Recife: Universidade Federal de Pernambuco, 2003.

FONTE, J. S. *O sistema vocálico do português arcaico visto a partir das cantigas de Santa Maria.* Dissertação de Mestrado. Araraquara: Universidade Estadual Paulista, 2010.

GIMENO MENÉNDEZ, F. Hacia una sociolingüística histórica. *Estudios de Lingüística de la Universidad de Alicante*, n.1, p.181-226, 1983a.

GIMENO MENÉNDEZ, F. De sociolingüística histórica: tradición grafemática y variable fonológica. *Boletín de la Academia Puertorriquña de la lengua española*, Puerto Rico, v. 112, p. 71-86, 1983b.

GIMENO MENÉNDEZ, F. Grafemática y sociolinguística histórica. In: J. M. Blecua; J. Gutiérrez; L. Sala (Eds. 1998: 123-133).

GONÇALVES, M. F. *Madureira Feijó/Ortografista do século XVIII. Para uma História da Língua Portuguesa.* Lisboa: Ministério da Educação. Instituto de Cultura e Língua Portuguesa, 1992.

GRAMMONT, Maurice. *Traité pratique de prononciation française*. Paris: Librairie Delagrave, 1923.

GRAMMONT, Maurice. *Traité de Phonétique*. Paris: Librairie Delagrave, 1946.

GRANDGENT, C. H. *From Latin to Italian* – an Historical Outline of the Phonology and Morphology of the Italian Language. Cambridge: Harvard University Press, 1940.

GRIJZENHOUT, J.; KABAK, B (Eds.). *Phonological Domains*: Universals and Deviations. Berlin: Mouton de Gruyter, 2009.

GUIMARÃES, D. T. *Dicionário técnico jurídico*. 8. ed. São Paulo: Rideel, 2006.

GUY, G. R. Variationist approaches to phonological change. In: Brian D. Joseph; Richard D. Janda (2003: 343-368).

GUY, G. R. A questão da crioulização no português do Brasil. In: Ana M. S. Zilles (Org. 2005: 15-38).

GUZZO, N. B. *A prosodização de clíticos e compostos em português brasileiro.* Tese de Doutorado. Porto Alegre: Universidade Federal do Rio Grande do Sul, 2015.

Halle, M. Phonology in Generative Grammar. *Word* 18, p. 54-72, 1962.

Hale, M. Neogrammarian Sound. In: B. D. Joseph; R. D. Janda (2003: 343-368).

Halle, M.; Keyser, S. J. Les changements phonetiques concus comme changements de regies. *Languages* 8, p. 94-111, 1967.

Hart Jr., T. R. Notes on Sixteenth-Century Portuguese Pronunciation. *Word*, n. 11, p. 404-415, 1955.

Hart Jr., T. R. The Overseas Dialects as Sources for the History of Portuguese Pronunciation. *III Colóquio Internacional de Estudos Luso-Brasileiros*, Lisboa, 1957. *Actas*..., v. 1, Lisboa, p. 261-272, 1959.

Hayes, B. *Metrical Stress Theory*: Principles and Case Studies. Chicago/London: University of Chicago Press, 1995.

Hayes, B.; Kirschner, R.; Steriade, D. (Eds.). *Phonetically based Phonology*. Cambridge: Cambridge University Press, 2004.

Hinskens, F.; Hout, R. V.; Wetzels, L. W. *Variation, Change and phonological theory*. John Benjamins Publishing Company: Amsterdam/Philadelphia, 1997.

Hock, H. H. Regular metathesis. *Linguistics* 23, p.529-546, 1985.

Hock, H. H.; Joseph, B. D. *Language History, Language Change and Language Relationship*: An Introduction to Historical and Comparative Linguistics. 2. ed. Berlin/New York: Mouton de Gruyter, 2009.

Holt, D. E. *The Role of the Listener in the Historical Phonology of Spanish and Portuguese*: An Optimality-Theoretic Account, 1997. Rutgers Optimality Archive: Disponível em: <https://doi.org/doi:10.7282/T3HM579S>. Acesso em 16 de setembro de 2016.

Holt, D. E. Optimization of Syllable Contact Old Spanish via the Sporadic Sound Change Metathesis. *Probus* 16, p. 43-61, 2004.

Hora, D. Fricativas coronais: análise variacionista. In: C. Roncarati; J. Abraçado (Org. 2003).

Hora, D. Fricativas coronais: análise variacionista. In: C. Roncarati; J. Abraçado (Org. 2008).

Hora, D. da. (Org.). *Vogais*: no ponto mais oriental das Américas. João Pessoa: Ideia, 2009.

Hora, D. Variação fonológica: consoantes em coda silábica. In: L. C. Travaglia (Org. 2006).

Hora, D. da; Collischonn, G. (Orgs.). *Teoria linguística*: fonologia e outros temas. João Pessoa: Editora Universitária, 2003.

Hora, D.; Lucena, R. M. De. Conspiração e demoção: mecanismos de simplificação da estrutura silábica. *Alfa*: *Revista de Linguística* 52, v. 2, p. 351-368, 2008.

Hora, D.; Pedrosa, J. L. R. (Orgs.). *Projeto variação linguística no estado da Paraíba* – VALPB. João Pessoa: Ideia, 2001.

Hora, D.; Pedrosa, J. L. R. Reanálise da consoante em final de palavras: coda ou ataque de núcleo vazio? In: C. Roncarati; J. Abraçado (Org. 2008).

Hora, D.; Santiago, S. de M. (Orgs.). *Vozes do Amapá*. João Pessoa: Ideia, 2006.

Hora, D.; Silva, C. R. (Orgs.). *Para a história do português brasileiro*: abordagens e perspectivas. João Pessoa: Ideia, 2010.

Hora, D.; Telles, S.; Monaretto, V. N. de O. Português brasileiro: uma língua de metátese? *Letras de Hoje*, v. 42, n. 2, p.178-196, 2007.

Hornsby, David (Ed.). *Interfaces in Language 2*. Newcastle upon Tyne: Cambridge Scholars, 2011.

Houaiss, A. *Tentativa de descrição do português culto na área dita carioca*. Rio de Janeiro: Dep. da Imprensa Nacional, 1959.

Huber, J. *Gramática do português antigo*. Lisboa: Gulbenkian, 1986. Trad. Delille, M. M. G., do original *Altportugiesisches Elementarbuch* 1986 [1933].

Hulst, H.; Smith, N. (Eds.). *The Structure of Phonological Representations (Part II)*. Dordrecht: Foris, 1982.

Hume, E. Methatesis: Formal and Functional Considerations. In: Hume, E.; Smith, N.; Weijer, J. van de. (Eds.) *Surface Syllable Structure and Segment Sequencing*. The Hague: Holland Academic Graphics/ HIL Publications, 2001.

Hume, E. The Indeterminacy/Attestation Model of Metathesis. *Language*, v. 80, n. 2, p. 203-237, 2004.

Hume, E.; Johnson, K. A Model of the Interplay of Speech Perception and Phonology. In: Hume, E.; Johnson, K. (eds.). *The Role of Speech Perception in Phonology*. New York: Academic Press, 2001.

Ilari, R. Crioulos de base portuguesa. In: R. L. Trask (2004: 315-316).

Itô, J. *Syllable Theory in Prosodic Phonology*. PhD. Thesis. University of Massachusetts, Massachusetts, 1996.

Jakobson, R. *Selected Writings I*: Phonological Studies. The Hague: Mouton, 1971a.

Jakobson, R. *Selected Writings II*: Word and Language. The Hague: Mouton, 1971b.

JANSON, T. Sound Change in Perception and Production. *Language*. 59, p. 18-34, 1983.

JOSEPH, Brian D.; JANDA, Richard D. *The Handbook of Historical Linguistics*. Oxford: Blackwell Publishing Ltd., 2003.

JUN, J. Positional Effects in Consonantal Clusters. In: M. van Oostendorp; C. J. Ewen; E. Hume; K. Rice (Eds. 2010).

JUN, J. *Positional Effects in Consonantal Clusters*. New York: Routledge, 2011.

KAGER, R. *Optimality Theory*. Cambridge, MA: Cambridge University Press, 1999.

KENSTOWICZ, M. *Phonology in Generative Grammar*. Cambridge/Oxford: Blackwell, 1994.

KEWITZ, V. *Edição da correspondência passiva de Washington Luiz – Século XIX*. São Paulo: Projeto para a História do Português Brasileiro – Equipe São Paulo/USP, 2005-2006. In: J. da S. Simões; V. Kewitz (Eds. 2006).

KING, R. D. Functional Load and Sound Change. *Language* 43 (4), p. 831-852, 1967.

KING, R. D. *Historical Linguistics and Generative Grammar*. New Jersey: Prentice-Hall, Inc/Englewood Cliffs, 1969.

KIPARSKY, P. Linguistic Universals and Linguistic Change. In: BACH, E.; HARMS, R.T. (Eds.). *Universals in Linguistic Theory*. New York: Holt/Rinehart & Winston, 1968, p.170-202.

KIPARSKY, P. *Phonological Change*. Indiana University Linguistic Club, 1971.

KIPARSKY, P. *Phonological Change*. PhD. dissertation. Cambridge: Massachusetts Institute of Technology, 1975.

KIPARSKY, P. The Phonological Basis of Sound Change. In: JOSEPH, Brian D.; JANDA, Richard D. *The Handbook of Historical Linguistics*. Oxford: Blackwell, p. 343-368, 2003.

KIPARSKY, P. The Amphichronic Program vs. Evolutionary Phonology. Mimeo, s.d.

KLUNCK, P. *Alçamento da vogal média pretônica sem motivação aparente*. Dissertação de Mestrado em Letras. Porto Alegre: Pontifícia Universidade Católica do Rio Grande do Sul, 2006.

KOLOKONTE, M; JANKE, V. (Eds.). *Interfaces in Language 3*. Newcastle upon Tyne: Cambridge Scholars, 2013.

LABOV, W. *Sociolinguistic patterns*. Philadelphia: University of Pennsylvania Press, 1972.

LABOV, W. Resolving the neogrammarian controversy. *Language*, 57 (2), p. 267-308, 1981.

LABOV, W. *Principles of Linguistic Change*. Internal Factors. Cambridge, Massachusetts/Oxford: Blackwell Publishers, 1994.

LADEFOGED, P. *A Course in Phonetics*. Orlando: Harcourt Brace Jovanovich, 1982.

LASS, R. Vowel System Universals and Typology: Prologue to Theory. *Phonology Yearbook I*, p. 75-111, 1984.

LASS, R. *Historical Linguistics and Language Change*. Cambridge: Cambridge University Press, 1997.

LAUSBERG, H. *Linguística românica*. 2. ed. Lisboa: Fundação Calouste Gulbenkian, 1981.

LEE, S.-H. *Morfologia e fonologia lexical do português*. Tese de Doutorado. Campinas: Universidade Estadual de Campinas, 1995.

LEE, S.-H. O acento primário do português do Brasil. *Revista de Estudos da Linguagem*. Belo Horizonte: Faculdade de Letras da UFMG. v. 6, n. 2, jul./dez., p. 5-30, 1997.

LEHMANN, W. P. *Historical Linguistics*: An Introduction. London/New York: Routledge, 1992.

LEHMANN, W. P.; MALKIEL, Y. (Eds.). *Directions for Historical Linguistics*. Austin: University of Texas Press, 1968.

LEIRIA, L. L. A ditongação variável em sílabas tônicas finais travadas por /S/. *Organon*, v. 14, n. 28 e 29, 2000.

LEITE, Y. *Portuguese Stress and Related Rules*. Ph. Thesis. Austin: University of Texas at Austin, 1974.

LEITE, Y.; CALLOU, D.; MORAES, J. O /l/ em posição de coda silábica: contrastando variedades. XXII Encontro Nacional da Associação Portuguesa de Linguística, Coimbra, 2006, *Textos selecionados...*, Lisboa, Associação Portuguesa de Linguística, p. 423-430, 2007.

LEITE, Y.; CALLOU, D. M. I.; MORAES, J. Processos em curso no português do Brasil: a ditongação. In: D. Hora; G. Collischonn (Orgs. 2003: 232-250).

LEE, S.-H. (Org.). *Vogais além de Belo Horizonte*. Belo Horizonte: Universidade Federal de Minas Gerais (Edição eletrônica), 2012. Disponível em: <http://www.letras.ufmg.br/site/e-livros/VogaisAlemde-BH2012.pdf>. Acesso em 16 de setembro de 2016.

LEMARÉCHAL, A.; KOCH, P.; SWIGGERS, P. (Éds.). *Actes du XXVIIe Congrès International de Linguistique et Philologie Romanes*. Nancy: ATILF, 2014.

LEPSCHY, G. *History of Linguistics*. London/New York: Longman, 1998.

LIMA, J. A. de. *Análise do sistema ortográfico do português brasileiro em cartas do século XIX*. Dissertação de Mestrado. Recife: Universidade Federal de Pernambuco, 2009.

LINDSAY, W. M. *A Short Historical Latin Grammar*. 2.ed. Reprinted. Oxford: Claredon Press, 1937 [1895].

LLORET, M.-R. When Does Variability Become Relevant to Formal Linguistic Theory? In: F. Hinskens; R. V. Hourt; L. W. Wetzels (1997: 181-206).

LOBO, T. *Para uma sociolinguística histórica do português no Brasil*: edição filológica e análise linguística de cartas particulares do Recôncavo da Bahia, século *XIX*. Tese de Doutorado. São Paulo: Universidade de São Paulo, 2001.

LOBO, T. et al. (Orgs.). *Rosae*: linguística histórica, história das línguas e outras histórias. Salvador: Editora da Universidade Federal da Bahia, 2012.

LOPES, C. R. dos S. Lopes; MACHADO, A. C. M. (Orgs.). *Cartas da família Ottoni aos netos*: 1879-89 *corpora* diacrônicos PB (fac-símile). Rio de Janeiro: Universidade Federal do Rio de Janeiro, 2004 (versão eletrônica).

LOPES, C. R. dos S. *A Norma Brasileira em Construção*: fatos linguísticos em cartas pessoais do século 19, 2005.

LUFT, C. P. *A nova ortografia oficial explicada*. Acordo luso-brasileiro de 1943, oficializado pelo Decreto 2.623 de 1995 e alterado pela Lei 5.765 de 1971. Porto Alegre: Sulina, 1971.

MACEDO, N. Z. *Análise fonológica de nomes próprios de origem estrangeira e novas criações em português brasileiro*. Dissertação de Mestrado. Araraquara: Universidade Estadual Paulista, 2015.

MADRUGA, M. R.; ABAURRE, M. B. M. Restrições fonotáticas de *onset* e ditongos crescentes em português. *Revista da ABRALIN*, v. 14, p. 339-379, 2015.

MADUREIRA FEIJÓ, J. M. *Orthografia e arte de escrever e pronunciar com acerto a lingua portugueza*. Lisboa: Luiz Secco Ferreira, 1739.

MAGALHÃES, J. S. de. *O plano multidimensional do acento na teoria da otimidade*. Tese de Doutorado. Porto Alegre: Pontifícia Universidade Católica do Rio Grande do Sul, 2004.

MAGALHÃES, J. S. Revisitando o acento no português arcaico. *Lingua(gem)*, v. 2, p. 291-304, 2006.

MAGALHÃES, J. S. O acento dos não verbos no português brasileiro no plano multidimensional. *Alfa*: *Revista de Linguística* v. 52, p. 405-430, 2008a.

MAGALHÃES, J. S. The Stress of Non-Verbs in the Multidimensional Metrical Plane. In: L. Bisol; C. R. Brescancini (Orgs. 2008: 22-53), 2008b.

MAGALHÃES, J. S. de. A redução vocálica no português brasileiro por diferentes modelos fonológicos. In: D. Hora (Org. 2009: 65-88).

MAGALHÃES, J. S. O subsistema vocálico pretônico do português brasileiro: fotografia histórica (séc. XVIII e XIX). Em: *Encontro do PHPB: fonologia*. Uberlândia: Universidade Federal de Uberlândia, 2014.

MAGALHÃES, J. S. (Ed.). *Linguística in Focus*: Fonologia. Uberlândia: Editora da Universidade Federal de Uberlândia, 2014.

MAIA, C. Linguística histórica e filologia. In: T. Lobo et al (Orgs. 2012: 533-542).

MAIA, E. M. *Phonological and Lexical Processes in a Generative Grammar of Portuguese*. Ph.D. Thesis. Providence: Brown University, 1981.

MAIA, V. L. M. As pretônicas médias na fala de Natal. *Estudos Linguísticos e Literários*, Salvador, n. 5, p. 209-225, 1986.

MALER, B. *Orto do esposo*. v. I. Texto crítico. Rio de Janeiro: Instituto Nacional do Livro, 1964 [1956].

MARQUILHAS, R. Mãos inábeis nos arquivos da Inquisição: fontes para o estudo fonológico do português do século XVII. In: KREMER, D. (Ed.). *Homenaxe a Ramón Lorenzo*. Tomo II. Vigo: Galaxia, p. 761-767, 1998.

MARQUILHAS, M. R. *A faculdade das letras*: leitura e escrita em Portugal no século XVII. Lisboa: Imprensa Nacional/Casa da Moeda, 2000.

MARTINET, A. *Économie des changements phonétiques*: traité de phonologie diachronique. 2. ed. Berne: Éditions A. Francke S.A., 1955.

MARTINS, J. V. de P. Tratado de Confissom – fac-símile do exemplar único pertencente ao Dr. Miguel Gentil Quina, *v.1 de Portugaliae monumenta typographica*. Imprensa Nacional/Casa da Moeda, 1973 [1489].

MARTINS, M. A.; ABRAÇADO, J. (Orgs.). *Mapeamento sociolinguístico do português brasileiro*. São Paulo: Contexto, 2015.

MASSINI-CAGLIARI, Gladis. *Acento e ritmo*. São Paulo: Contexto, 1992.

MASSINI-CAGLIARI, Gladis. *Cantigas de amigo*: do ritmo poético ao linguístico. Um estudo do percurso histórico da acentuação em português. Tese de Doutorado. Campinas: Universidade Estadual de Campinas, 1995.

MASSINI-CAGLIARI, Gladis. Escrita do Cancioneiro da Biblioteca Nacional de Lisboa: fonética ou ortográfica? *Filologia e Linguística Portuguesa*, São Paulo, n. 2, p. 159-178, 1998.

MASSINI-CAGLIARI, G. *Do poético ao linguístico no ritmo dos trovadores*: três momentos da história do acento. Araraquara: Universidade Estadual Paulista/São Paulo: Cultura Acadêmica, 1999.

MASSINI-CAGLIARI, G. *A música da fala dos trovadores:* estudos de prosódia do português arcaico, a partir das cantigas profanas e religiosas. Tese de Livre-Docência. Araraquara: Universidade Estadual Paulista, 2005.

MASSINI-CAGLIARI, G. Discutindo questões de identidade a partir da (não) adaptação fonológica de nomes próprios de origem estrangeira no Brasil. In: M. H. de M. Neves (Org. 2010: 73-90).

MASSINI-CAGLIARI, G. Loans and foreign first names as clues to Phonological Identity in Brazilian Portuguese. In: David Hornsby (Ed. 2011: 53-67), 2011a.

MASSINI-CAGLIARI, G. Adaptação fonológica de nomes próprios de origem estrangeira: comparação entre português arcaico e português brasileiro. *Estudos Linguísticos* 40 (2), maio-ago., p. 795-807, 2011b.

MASSINI-CAGLIARI, G. A fonologia dos prenomes estrangeiros em uma abordagem histórica: comparação entre português arcaico e português contemporâneo (brasileiro e europeu). In: P. Petrov; Q. P. Sousa; R. López-Iglésias (Orgs. 2012: 457-474).

MASSINI-CAGLIARI, G. Changing Attitudes: Ways of Phonologically Adapting Proper Names in Archaic Brazilian and European Portuguese. In: M. Kolokonte; V. Janke (Eds. 2013: 159-178).

MASSINI-CAGLIARI, G. *A música da fala dos trovadores.* Desvendando a prosódia medieval. São Paulo: Editora da Universidade Estadual Paulista, 2015.

MASSINI-CAGLIARI, Gladis; CAGLIARI, L. C. Fonética. In: F. Mussalim; A. C. Bentes (Orgs. 2001: 105-146).

MATEUS, M. H. M. *Aspectos da fonologia portuguesa.* 2. ed. Lisboa: INIC, 1982 [1975].

MATEUS, M. H. M. O acento de palavra em português: uma nova proposta. *Boletim de Filologia*, Lisboa, Tomo XXVIII, p. 211-229, 1983.

MATEUS, M. H. ; D'ANDRADE, E. *The Phonology of Portuguese.* Oxford: Oxford University Press, 2000.

MATEUS, M. H. M.; RODRIGUES, C. A vibrante em coda no português europeu. In: D. Hora; G. Collischon (2003: 181-199).

MATTOS E SILVA, R. V. *Estruturas trecentistas:* para uma gramática do português arcaico. Lisboa: Imprensa Nacional-Casa da Moeda, 1989.

MATTOS E SILVA, R. V. *O português arcaico*: fonologia. São Paulo: Contexto, 1991.

MATTOS E SILVA, R. V. A sócio-história do Brasil e a heterogeneidade do português brasileiro: algumas reflexões. *Boletim ABRALIN*, n. 17, p.73-86, 1995.

MATTOS E SILVA, R. V. *O português arcaico*: fonologia. 2. ed. Contexto: São Paulo, 1996 [4.ed. 2001].

MATTOS E SILVA, R. V. *O português arcaico*: fonologia, morfologia e sintaxe. São Paulo: Contexto, 2006.

MAURER JR., Theodoro Henrique. *Gramática do latim vulgar.* Rio de Janeiro: Acadêmica, 1959.

MCKENZIE, D. F. *Bibliografía y sociología de los textos*. Tradução Fernando Bouza. Madrid: Akal, 2005 [1999].

MCMAHON, A. M. S. *Understanding Language Change*. Cambridge: Cambridge University Press, 1994.

MEDINA MORALES, F. Problemas metodológicos de la sociolingüística histórica. *Forma y función*, Bogotá, n. 18, ene.-dic., p. 115-137, 2005. Disponível em: <http://www.redalyc.org /219/21901805/pdf>. Acesso em: 8 de setembro de 2014.

MEILLET, A. *Esquisse d'une histoire de la langue latine*. Troisième édition revisée et augmentée. Paris: Librairie Hachette, 1933.

MELO, G. C. *A língua do Brasil*. Rio de janeiro: Agir, 1971 [1946].

MELO, G. C. *A língua do Brasil*. 3. ed. Rio de Janeiro: Fundação Getúlio Vargas, 1975.

MELLO, V. H. D. *Formação de ditongo em sílaba travada por /S/ na linguagem coloquial gaúcha*. Dissertação de Mestrado. Porto Alegre: Universidade Federal do Rio Grande do Sul, 1994.

MENEGHINI, F. M. O *fenômeno da monotongação em Ibiaçá*. Dissertação de Mestrado. Porto Alegre: Pontifícia Universidade Católica do Rio Grande do Sul, 1983.

MENÉNDEZ, F. De sociolingüística histórica: tradición grafemática y variable fonológica. *Boletín de la Academía Puertorriqueña de la lengua española*, v. 112, p. 71-86, 1983.

MIRET, F.S. Some Reflections on the Notion of Diphthong. *Papers and Studies in Contrastive Linguistics* 34, p. 27-51, 1998.

MONARETTO, V. N. de O. O apagamento da vibrante pós-vocálica nas capitais do sul do Brasil. *Letras de Hoje*, Porto Alegre, v. 35, n. 1, p. 275-284, 2000.

MONARETTO, V. N. de O. O apagamento da vibrante pós-vocálica em Porto Alegre. In: L. Bisol; C. Brescancini (Orgs. 2002).

Monaretto, V. N. de O. O estudo da mudança de som no registro escrito: fonte para o estudo da fonologia diacrônica. *Letras de Hoje,* v.40, n.3, set. p.117-135, 2005.

Monaretto, V. N. de O. Sequência de obstruintes no Interior das palavras: retrato em duas modalidades. *Revista Estudos Linguísticos e Literários*. Universidade Federal da Bahia, n. 52, ago.-dez, Salvador, p. 205-230, 2015.

Monteiro, R. C. Neves. *A produção palato-alveolar de /S/ nas vozes do Amapá*. Dissertação de Mestrado. João Pessoa: Universidade Federal da Paraíba, 2009.

Monteverdi, A. *Manuale di avviamento agli studi romanzi:* le lingue romanze. Milano: Francesco Vallardi, 1952.

Montgomery, M. Variation and Historical Linguistics. In: Bayley, R.; Lucas, C. (Eds.). *Sociolinguistic Variation*: Theories, Methods and Applications. Cambridge: Cambridge University Press, p. 110-132, 2007.

Morris, R. E. *Coda Obstruents and Local Constriant Conjuction in North-Central Peninsular Spanish*. Disponível em: <roa.rutgers.edu/files/383-03000/roa-491-03000-MORRIS-00-pdf>. Acesso em: 19 de setembro de 2013.

Mota, J. A. *Vogais antes de acento em Ribeirópolis – se*. Dissertação de Mestrado. Salvador: Universidade Federal da Bahia, 1979.

Mota, J. A. Variação entre **ei** e **e** em Sergipe. In: Ferreira, C. et al. (Orgs.). *Diversidade do português do Brasil:* estudos de dialetologia rural e outros. Salvador: Centro Editorial e Didático da Universidade Federal da Bahia, p. 141-146, 1994.

Murray, R.; Venemann, T. Sound Change and Syllable Structure in Germanic Phonology. *Language*, [S.l.], v. 59, n. 3, p. 514-528, 1983.

Mussalim, F.; Bentes, A. C. (Orgs.). *Introdução à linguística*: domínios e fronteiras. Volume 1. São Paulo: Cortez, 2001.

Naro, A. J. A História do *e* e do *o* em português: um estudo de deriva linguística. In: A. J. Naro (1973: 9-51).

Naro, A. J. *Estudos diacrônicos*. Petrópolis: Vozes, 1973.

Nascentes, A. *O linguajar carioca.* 2. ed. Rio de Janeiro: Organizações Simões, 1953.

Nascentes, A. *O idioma nacional*. 3. ed. Rio de Janeiro: Ed. Livraria Acadêmica, 1960.

Nasi, R. *Variáveis fonológicas em jornais gaúchos do século xix*. Dissertação de Mestrado. Porto Alegre: Universidade Federal do Rio Grande do Sul, 2012.

Nespor, M.; Vogel, I. *Prosodic Phonology.* Dordrechet: Foris Publications, 1986.

Neves, M. H. de M. (Org). *Gramática do português falado V*: novos estudos. Campinas: Editora da Unicamp, 1999.

Neves, M. H. de M. (Org.). *As interfaces da gramática*. São Paulo: Cultura Acadêmica / Araraquara: Universidade Estadual Paulista, 2010.

Nevins, A. I. Review of Natalie Operstein's 'Consonant Structure and Prevocalization'. *Phonology* , v. 32, n. 2, p. 307-317, 2015.

Niedermann, M. *Précis de Phonétique historique du Latin.* 4`eme. éd. revue et augmentée. Paris: Klincksieck, 1953.

Nogueira, J. *Programa do português*: gramática. 6. ed. São Paulo: Companhia da Editora Nacional, 1948.

Noll, V. *O português brasileiro:* formação e contrastes. São Paulo: Globo, 2008.

Nuñez Contreras, L. *Manual de paleografía*: fundamentos e história de la escritura latina hasta el siglo viii. Madrid: Catedra, 1994.

Nunes, J. J. *Compêndio de gramática histórica portuguesa: f*onética e morfologia, 4ª. ed. Porto: Imprensa Portuguesa, 1912 [1906]. Lisboa: Livraria Clássica, 1945; 6. ed., 1960; 8. ed., 1975.

Nunes, J. J. *Cantigas d'amigo dos trovadores galego-portugueses*. Lisboa: Centro do Livro Brasileiro, 1973 [1926, 1929].

Oliveira, F. de. *Gramática da linguagem portuguesa*. Lisboa: mm, 1936.

Oliveira, F. de. *Gramática da linguagem portuguesa.* Edição crítica, semidiplomática e anastática por Amadeu Torres e Carlos Assunção. Lisboa: Academia das Ciências de Lisboa, 2000 [1536].

Oliveira, K. *Negros e escrita no Brasil no século xix: sócio-história, edição filológica de documentos e estudo linguístico.* Tese de Doutorado. Salvador: Universidade Federal da Bahia, 2006.

Oliveira, K. O verso e o reverso: redução de ditongos e ditongação em textos escritos por negros no Brasil Oitocentista. *signum: Estudos Linguísticos*, n. 11/2 p. 155-175, 2008.

Oliveira, K. Textos de escravos no Brasil oitocentista: os tempos de uma edição filológica e de uma antologia comentada de alguns fatos linguísticos. *Filologia e Linguística Portuguesa*, v. 10/11, p. 189-220, 2009a.

OLIVEIRA, K. Cartas e bilhetes de Virgulino Ferreira da Silva, o Lampião: sócio-história, funções e um pouquinho de descrição linguística. In: K. Oliveira; H. F. C. Souza; L. Gomes (Orgs. 2009: 117-128), 2009b.

OLIVEIRA, K.; SOUZA, H. F. C.; GOMES, L. (Orgs.). *Novos tons de Rosa... para Rosa Virgínia Mattos e Silva.* Salvador: Editora da Universidade Federal da Bahia, 2009.

OOSTENDORP, M. van; EWEN, C. J.; HUME, E.; RICE, K. (Eds.).*The Blackwell Companion to Phonology*. Cambridge/Oxford: Wiley-Blackwell, 2010.

OSTHOFF, H.; BRUGMANN, K. Morphologische Untersuchungen auf den Gebiete der indogermanischen Sprachen, I. Lepipzig. (Translated in Lehmann, 1967), 1978.

OUSHIRO, L. *Identidade na pluralidade: avaliação, produção e percepção linguística na cidade de São Paulo*. Tese de Doutorado. São Paulo: Universidade de São Paulo, 2014.

PAIVA, M. da C. de. Supressão das semivogais nos ditongos decrescentes. In: M. M. P. Scherre; G. M. Oliveira e Silva (Orgs. 1996).

PARA UMA HISTÓRIA DO PORTUGUÊS DO BRASIL. Disponível em: <http://www.letras.UFRJ.br/phpb-rj/>. Acesso em: 14 de jan. 2015.

PEDROSA, J. L. R. *Análise do /S/ pós-vocálico no português brasileiro*: coda ou onset com núcleo foneticamente vazio? 2009. 149f. Tese (Doutorado em Linguística) - UFPB, João Pessoa. 2009.

PEREIRA, M. I. Acento latino e acento em português: que parentesco? In: ARAÚJO, G. A. de (Org.). *O acento em português*: abordagens fonológicas. São Paulo: Parábola, 2007.

PEREIRA, C. da C.; PEREIRA, P. R. D. (Orgs.) *Miscelânea de estudos linguísticos, filológicos e literários in memoriam Celso Cunha.* Rio de Janeiro: Nova Fronteira, 1995.

PEREYRA, B. *Tesovro da lingoa portvgvesa*. Lisboa: Oficina de Paulo Graesbeeck, 1647.

PEREYRA, B. *Regras gerays breves & comprehensivas da melhor ortografia com que se podem evitar erros no escrever da lingua Latina & Portugueza, para se ajuntar à prosódia.* Lisboa: Domingos Carneiro, 1666.

PETROV, P.; SOUSA, Q. P.; LÓPEZ-IGLÉSIAS, R. (Orgs.). *Avanços em ciências da linguagem.* Santiago de Compostela: Através, v. 1, 2012.

PETRUCCI, A. *La ciencia de la escritura*: primera lección de paleografía. Buenos Aires: Fondo de Cultura Económica de Argentina, 2003 [2002].

PICCHIO, L. S. O método filológico (Comportamentos críticos e atitude filológica na interpretação de textos literários). In: L. S. Picchio (1979: 209-2359).

PICCHIO, L. S. *A lição do texto, filologia e literatura:* I – Idade Média. Lisboa: Edições 70, 1979.

PIÑEROS, C.-E. *Segment-to-Syllable Alignment Vocalization in Chilean Spanish.* Disponível em: <roa.rutgers.edu/files/408-0800/roa-408-pineros-1.pdf>. Acesso em: 19 de setembro de 2013.

PINHO, A. J. de; MARGOTTI, F. W. A variação da lateral pós-vocálica /l/ no português do Brasil. *WorkingPapers em Linguística*, n. 2, p. 67-88, 2010.

PORTA, F. *Dicionário de artes gráficas*. Rio de Janeiro: Porto Alegre/São Paulo: Globo, 1958.

POSTAL, P. M. *Aspects of Phonological Theory.* New York: Harper & Row Publishers, 1968.

PRINCE, A.; SMOLENSKY, P. *Optimality Theory: Constraint Interaction in Generative Grammar.* [Relatório técnico]. Rutgers University e University of Colorado em Boulder, 1993. Versão revista publicada pela Blackwell em 2004. Disponível no Rutgers Optimality Archive, 537.

QUEDNAU, L. *A lateral posvocálica no português gaúcho:* análise variacionista e representação não linear. Dissertação de Mestrado. Porto Alegre: Universidade Federal do Rio Grande do Sul, 1993.

RAGUCCI, R. *Letras Castelhanas. História Literária Espanhola.* Buenos Ayres: Sociedad Editora Internacional, 1944.

RAMOS, J. M.; VENÂNCIO, R. P. Por uma cronologia do português escrito no Brasil. In: LOBO, T. et al. (Org. 2006: vol. 2, p. 575-584), 2006.

REINHARDT, K. J. Intrusive [i] before /s/ in Brazilian Portuguese. *Word* 26, n. 2. p. 101-106, 1970.

RÉVAH, I. S. L'évolution de la prononciation au Portugal et au Brésil du XVIe siècle à nos jours. *Anais do Primeiro Congresso Brasileiro de Língua Falada no Teatro*, Salvador, 1956. Rio de Janeiro: Ministério da Educação e Cultura, p.387-399, 1958.

RÉVAH, I. S. Commentet jusqu'à quel point les parlers brésiliens permettent-ils de reconstituer le système phonétique des parlers portugais des XVIe.-XVIIe. siècles? III Colóquio Internacional de Estudos Luso-brasileiros, Lisboa, 1957. *Actas...*, v. I. Lisboa, p. 271-291, 1959.

RIBEIRO, S. R. *Apagamento da sibilante final em lexemas*: uma análise variacionista do falar pessoense. Dissertação de Mestrado. João Pessoa: Universidade Federal da Paraíba, 2006.

RIVAROLA, J. L. *Documentos lingüísticos del Perú, siglos XVI y XVII*: edición y comentario. Madrid: Consejo Superior de Investigaciones Científicas, 2009.

RODRIGUES, M. C. M. *Lisboa e Braga*: fonologia e variação. Lisboa: Fundação Calouste Gulbenkian/Fundação para a Ciência e a Tecnologia, Ministério da Ciência e do Ensino Superior, 2003.

RONCARATI, C.; ABRAÇADO, J. (Orgs.). *Português brasileiro*: contato linguístico, heterogeneidade e história. Rio de Janeiro: Viveiro de Castro, 2003.

RONCARATI, C.; ABRAÇADO, J. (Orgs.). *Português brasileiro II*: contato linguístico, heterogeneidade e história. Rio de Janeiro: Letras, 2008.

ROSSI, N. *Atlas prévio dos falares baianos*. Rio de Janeiro: Instituto Nacional do Livro; Ministério de Educação e Cultura, 1963.

RUCH, H. Investigating a gradual metathesis: Phonetic and lexical factors on /s/-aspiration in Andalusian Spanish. *U. Penn Working Papers in Linguistics*. 19.2, 2013.

RUMEU, M. C. de B. *A implementação do 'você' no português brasileiro oitocentista e novecentista: um estudo de painel*. Tese de Doutorado. Rio de Janeiro: Universidade Federal do Rio de Janeiro, 2008.

SÁ NOGUEIRA, R. de. *Tentativa de explicação dos fenômenos fonéticos em português*. 2. ed. Lisboa: Livraria Clássica, 1958.

SACK, N. P. *The Latinity of Dated Documents in the Portuguese Territory*: Romance Languages and Literatures. Philadelphia: University of Pennsylvania Press, 1941.

SAID ALI, Manuel. *Gramática histórica da língua portuguesa*. São Paulo: Melhoramentos, 1964 [1921].

SANTIAGO, H. S. *Um estudo do português popular brasileiro em cartas pessoais de mãos "cândidas" do sertão baiano*. Dissertação de Mestrado em Letras. Feira de Santana: Universidade Estadual de Feira de Santana, 2012.

SAUSSURE, F. de. *Curso de linguística geral*. 27. ed. São Paulo: Cultrix, 2006 [1917].

SCHERRE, M. M. P.; OLIVEIRA E SILVA, G. M. (Orgs.). *Padrões sociolinguísticos*: análise de fenômenos variáveis do português falado na cidade do Rio de Janeiro. Rio de Janeiro: Tempo Brasileiro, 1996.

SCHUCHARDT, H. On Sound Laws: Against the Neogrammarians. In: T. Vennemann; T. H. Wilburg (Eds. 1972 [1885]).

SCHWINDT, L.C. *A harmonização vocálica em dialetos do sul do país*: uma análise variacionista. Dissertação de Mestrado. Porto Alegre: Pontifícia Universidade Católica do Rio Grande do Sul, 1995.

SEGALA, A. (Ed.). *Littérature latino-américaine et des Caraïbes du XXe siècle*: théorie et pratique de l'édition critique. Roma: Bulzoni, 1988.

SEGURA, L. Variação dialetal no território português: conexões com o português do Brasil. In: S. F. Brandão; M. A. Mota (2003: 181-196).

SELKIRK, E. The Syllable. In: H. Hulst; N. Smith (Eds. 1982: 337-383).

SELKIRK, E. The Prosodic Structure of Function Words. In.: J. Beckman; L.W. Dickey; S. Urbanczyk (Eds. 1995: 439-469).

SILVA, A. do N. *As pretônicas no falar teresinense*. Tese de Doutorado. Porto Alegre, Pontifícia Universidade Católica do Rio Grande do Sul, 2009.

SILVA, A. de M. *Diccionario da Língua Portugueza composto pelo padre D. Raphael Bluteau, reformado e accrescentado por Antonio de Moraes Silva, natural do Rio de Janeiro*. Lisboa: Of. De Simão Thaddeo Ferreira, 1789.

SILVA, T. C. *Fonética e fonologia do português*: roteiro de estudos e guia de exercícios. 4. ed. São Paulo: Contexto, 2001.

SILVA, E. V. A monotongação de [ej] e [aj] nos falares fluminenses. *Graphos*, v. 2, n. 1, p. 49-53, 1997.

SILVA, F. S. *O processo de monotongação em João Pessoa*. Dissertação de Mestrado. João Pessoa: Universidade Federal da Paraíba, 1997.

SILVA, M. B. da. *As pretônicas no falar baiano*: a variedade culta de Salvador. Tese de Doutorado. Rio de Janeiro: Universidade Federal do Rio de Janeiro, 1989.

SILVA NETO, S. da S. *Fontes do latim vulgar: O Appendix Probi*. Rio de Janeiro: Nacional, 1946; 3. ed. revista e melhorada. Rio de Janeiro: Livraria Acadêmica, 1956.

SILVA NETO, S. da. *A língua portuguesa no Brasil:* problemas. Rio de Janeiro: Livraria Acadêmica, 1960.

SILVA NETO, S. da. *Introdução ao estudo da língua portuguesa no Brasil*. 2. ed. Rio de Janeiro: Instituto Nacional do Livro; Ministério da Educação e Cultura, 1963.

SILVA NETO, S. da. *História da língua portuguesa*. Petrópolis: Vozes, 1956; 2. ed. Rio de Janeiro: Livros de Portugal, Coleção de Filologia Portuguesa, 1970.

SILVEIRA BUENO, F. *A formação histórica da língua portuguesa*. Rio de Janeiro: Acadêmica. 1958.

SILVEIRA, F. *Vogal epentética no português brasileiro*: um estudo acústico em encontros consonantais. Dissertação de Mestrado. Florianópolis, Universidade Federal de Santa Catarina, 2007.

SIMÕES, J. da S.; KEWITZ, V. (Orgs.) *Cartas paulistas dos séculos XVIII e XIX*: uma contribuição para os *corpora* do PHPB. São Paulo: Humanitas, 2006. cd-rom.

SIMÕES, J. S.; KEWITZ, V. Edição das cartas da capitania de São Paulo – aldeamento de índios. São Paulo: Projeto para o Estudo do Português Brasileiro – Equipe São Paulo/USP, 2004-2006. In: SIMÕES, J. S.; KEWITZ, V. (Orgs. 2006), CD-ROM.

SIMÕES, J. S; MODOLO, M. e ROMERO, N. Edições das cartas paulistas da BNRJ. São Paulo: Projeto para o Estudo do Português Brasileiro – Equipe São Paulo/USP, 2004-2006. In: SIMÕES e KEWITZ, V. (Orgs. 2006). CD-ROM.

SOARES BARBOSA, J. *Gramática filosófica da língua portuguesa.* Edição fac-similada. Lisboa: Academia das Ciências de Lisboa, 2004 [1822].

SOUZA, S. M. L. S. *Antropônimos de origem inglesa*: adaptações ortográficas e fonético-fonológicas realizadas por falantes do português brasileiro de São Luís-MA. Tese de Doutorado. Araraquara: Universidade Estadual Paulista, 2011.

TAGLIAVINI, C. *Le Origini delle lingue neolatine:* introduzione alla filologia romanza. 6. ed., Bologna: Patròn, 1998.

TARALLO, F. *Fotografias sociolinguísticas*. Campinas: Pontes, 1989.

TASCA, M. *A lateral em coda silábica no sul do Brasil*. Tese de Doutorado. Porto Alegre: Pontifícia Universidade Católica do Rio Grande do Sul, 1999.

TASCA, M. *Interferência da língua falada na escrita das séries iniciais*: o papel dos fatores linguísticos e sociais. Porto Alegre: Editora da Pontifícia Universidade Católica do Rio Grande do Sul, 2002.

TASCA, M. A inserção de glide em sílaba travada por /S/. *Letras de Hoje*, v. 40, n. 3, p. 137-162, 2005.

TAVANI, G. Le texte: son importance, son intangibilité. In: A. Segala (Ed. 1988: 25-34).

TELLES, C. M. Fontes primárias para a sócio-história da Bahia: o *Livro Velho do Tombo* do Mosteiro de São Bento da Bahia. *Scripta Philologica*, Feira de Santana, n. 4, p. 102-118, 2008.

TELLES, C. M. A chamada lição conservadora na edição de textos. *Scripta Philologica*, Feira de Santana (BA), n. 5, p. 253-266, jun. 2009.

TELLES, C. M. Variantes lexicais ou *lapsus calami*? Congresso Internacional de Estudos do Léxico 1. Salvador: Universidade Federal da Bahia, 2011.

TELLES, C. M. T. Português escrito no Brasil Colônia. 10º Seminário do Centro de Estudos Linguísticos do Sul. Cascavel: Universidade Estadual do Oeste do Paraná, na mesa-redonda *Descrição do Português do Brasil: olhares sobre o mesmo Objeto,* 2012.

TELLES, C. M. Vogais pretônicas nos *Livros do Tombo*: Relações entre escrita e fala. *Sis Vogais*, 4. Recife, 2013.

TELLES, C. M. Escrita e fala no Brasil Colônia: o que revelam as relações grafemático-fonéticas. In: A. Lemaréchal; P. Koch; P. Swiggers (Éds. 2014), 2014a.

TELLES, C. M. Do *Livro Velho do Tombo* ao *Livro III do Tombo*: mudança ortográfica e mudança fonética. In: *Encontro do PHPB: Fonologia*. Uberlândia: Universidade Federal de Uberlândia, 2014b.

TELLES, C. M. Perspectivas da linguística histórica. In: 15º Congresso Brasileiro de Língua Portuguesa / 6º Congresso Internacional de Lusofonia. São Paulo: Pontifícia Universidade Católica de São Paulo, mesa redonda *Estudos Históricos e Historiográficos*, 2014c.

TELLES, C. M. Reflexos de fala na escrita no *Livro Velho do Tombo*. In: J. S. Magalhães (Ed. 2014: 91-116), 2014d.

TELLES, H. M. Carta de Henrique Moniz Telles, escrita na Bahia de Todos os Santos, em 5 de Junho de 1638. Manuscrito do Fundo Geral da Biblioteca de Lisboa, número 1555, folhas 292 a 298, s/d.

TENANI, L. A grafia dos erros de segmentação não convencional de palavras. *Cadernos de Educação*. Pelotas, n. 35, jan./abr., p. 247-270, 2010.

TEYSSIER, P. La prononciation des voyelles portugaises au XVIe. siècle d'après le système orthografique de João de Barros. *Annali dell'Istituto Orientale*, Sezione Romanza, Napoli, v. VIII, p. 27-198, 1966.

TEYSSIER, P. *História da língua portuguesa*. Lisboa: Sá da Costa, 1980. (Outras edições: São Paulo: Martins Fontes, 2001, 2007.)

TRASK, R. L. *Historical Linguistics*. London/New York: Arnold, 1996.

TRASK, R. L. *Dicionário de linguagem e linguística*. São Paulo: Contexto, 2004.

TRAVAGLIA, L. C. (Org.). *Encontro na linguagem*: estudos linguísticos e literários. Uberlândia: EDUFU, 2006.

TRAVASSOS, T.; GOMES, V. S. *Cartas pessoais* – Recife, PE. Recife: Projeto PHPB/PE, 2010.

TRUBETZKOY, N. S. La phonologie actuelle. *Journal de psychologie normale et pathologique*, 30, p. 120-125, 1933.

TRUBETZKOY, N. S. *Principes de phonologie*. Paris: Klincksieck. 1960, 1970 [1939, 1949].

VALADA, F. M. Os lemas em 'acção' e a base do Acordo Ortográfico da Língua Portuguesa de 1990. *Diacrítica*. 24/1, Série Ciências da Humanidade. Braga (Portugal): Universidade do Minho, 2010.

VASCONCELOS, C. de M. *Lições de filologia portuguesa*. 2. ed. Revista de Portugal, série A. Língua Portuguesa, Lisboa, [1903] 1912; 3. ed. Rio de Janeiro: Livros de Portugal, 1959.

VASCONCELOS, J. L. de. *Esquisse d'une dialectologie portugaise*. 2. ed. Lisboa: Centro de Estudos Filológicos, 1970.

VELOSO, J. Central, Epenthetic, Unmarked Vowels and Schwas: A Brief Outline of Some Essencial Differences. *Revista de estudos linguísticos da Universidade do Porto*, v. 5, p.193-213, 2010.

VENNEMANN, T.; WILBUR, T. (Eds.). *Schuchardt, the Neogrammarians and the Transformational Theory of Phonological Change*. Frankfurt: Athenaüm, 1972 [1885].

VERA, A. F. de. *Orthographia ou modo para escrever certo na língua portuguesa*. São Paulo: Paulistana, 2009 [1631].

VERLEYEN, S. *Fonction, forme et variation*: analyse métathéorique de trois modèles du changement phonique ao XX siècle (1929-1982). Leuven: Peeters, 2005.

VERNEY, Luiz Antonio. *Verdadeiro metodo de estudar, para ser util à Republica, e à Igreja*: Proporcionado ao Estilo, e Necesidade de Portugal. Valensa: Antonio Balle, 1746.

VIANA, A. R. Gonçalves. *Ortografia nacional*. Simplificação e uniformização sistemática das ortografias portuguesa. Lisboa: Livraria Editora Viúva Tavares Cardoso, 1904.

VIANA, A. R. Gonçalves. *Estudos de fonética portuguesa*. Lisboa: Imprensa Nacional/Casa da Moeda, 1973.

VICENTE, F. D. C. *Além e aquém de Sergipe do Conde e de Tatuapara no Livro Velho do Tombo*. Dissertação de Mestrado. Salvador: Universidade Federal da Bahia, 2013.

VIEGAS, M. C. *O alçamento das médias pretônicas e os itens lexicais*. Tese de Doutorado. Belo Horizonte: Universidade Federal de Minas Gerais, 2001.

VIGÁRIO, M. C. *The Prosodic Word in European Portuguese*. Tese de Doutorado. Lisboa: Universidade de Lisboa, 2001. [Publicado com o mesmo título em Nova York: Mouton de Gruyter, 2003.]

VOGEL, I. The Morphology-Phonology Interface: Isolating to Polysynthetic Languages. *Acta Linguistica Hungarica*, v. 55, p. 205-226, 2008.

VOGEL, I. The Status of the Clitic Group. In: J. Grijzenhout; B. Kabak (Eds. 2009: 15-45).

VOGEL, I. The Phonology of Compounds. In: I. Vogel; S. Scalise (2010: 145-164).

VOGEL, I.; SCALISE, S. *Crossdisciplinary Issues in Compounding*. Amsterdam: John Benjamins, 2010.

WANG, W. S-Y. Competing Sound Changes as a Cause of Residue. *Language*, n. 45, p. 9-25, 1969.

WANG, W. S.-Y. (Ed.). *The Lexicon in Phonological Change*. The Hague: Mouton, 1977.

WANG, W. S.-Y.; CHENG, C.-C. Implementation of Phonological Change: The Shuang-Feng Chinese Case. In: W. S.-Y. Wang (Ed. 1977: 148-158).

WEINREICH, U.; LABOV, W.; HERZOG, M. I. Empirical Foundations for a Theory of Language Change. In: W. P. Lehmann; Y. Malkiel (Eds. 1968).

WETZELS, W. L. Mid Vowel Neutralization in Brazilian Portuguese. *Cadernos de Estudos Linguísticos*, Campinas, n. 23, jul./dez., p. 19-55, 1992.

WETZELS, W. L. On the Weight Issue in Portuguese: A Typological Investigation. *Letras de Hoje*, Porto Alegre, v. 38, n. 4, dezembro, p.107-133, 2003.

WILLIAMS, E. B. *Do latim ao português:* fonologia e morfologia históricas da língua portuguesa. 3. ed. Rio de Janeiro: Tempo Brasileiro, 1961, 1975 [1938].

WRIGHT, R. Cambios linguísticos y cambios textuales. In: J. M. Blecua; J. Gutiérrez; L. Sala (Eds. 1998: 303-308).

ZAMUDIO MESA, C. M. *Las consecuencias de la escritura alfabética en la teoría lingüística*. México: El Colegio de México, 2010.

ZILLES, Ana M. S. (Org.). *Estudos de variação linguística no Brasil e no Cone Sul*. Porto Alegre: Editora da Universidade Federal do Rio Grande do Sul, 2005.

OS AUTORES

Célia Marques Telles é professora titular da Universidade Federal da Bahia. Possui doutorado em Filologia e Língua Portuguesa pela Universidade de São Paulo (1988). Desde setembro de 2012 é docente do Programa de Pós-Graduação em Língua e Cultura da Universidade Federal da Bahia, dentro do Propap. Tem experiência na área de Linguística Histórica, com ênfase em Linguística Românica e Filologia Textual, atuando principalmente nos seguintes temas: manuscritos, resgate da memória cultural, crítica textual moderna, literatura de viagens (século XVI) e análise de fatos linguísticos românicos.

Dermeval da Hora é professor titular da Universidade Federal da Paraíba. Possui doutorado em Linguística pela Pontifícia Universidade Católica do Rio Grande do Sul e estágio pós-doutoral e estágio sênior pela Vrije Universiteit – Amsterdã, Holanda. É bolsista de produtividade 1B do CNPq desde 1993. Atua na área de Sociolinguística e Fonologia no Programa de Pós-Graduação em Linguística da UFPB e, na graduação, na área de Língua Portuguesa. Coordena o Projeto Variação Linguística no Estado da Paraíba, já em sua quarta fase, explorando temas como estilo, percepção, atitude e acomodação.

Dinah Callou é professora titular/emérita da Universidade Federal do Rio de Janeiro. Bolsista de produtividade 1A do CNPq. Docente do Programa de Pós-Graduação em Letras Vernáculas da UFRJ. Atua nas áreas de Fonética, Fonologia e Sintaxe, com ênfase em Sociolinguística e Linguística Histórica. Seus temas de pesquisa são: variação e mudança, português do Brasil e fala culta carioca.

Elisa Battisti é professora associada da Universidade Federal do Rio Grande do Sul. Possui doutorado em Linguística pela Pontifícia Universidade Católica do Rio Grande do Sul, estágio pós-doutoral na Vrije Universiteit – Amsterdã e Meertens Instituut, Holanda. É bolsista de produtividade 1D do CNPq desde 2006. Atua nas linhas de Fonologia e Morfologia e de Sociolinguística no Programa de Pós-Graduação em Letras, área de Estudos da Linguagem, da UFRGS. Na graduação, ministra disciplinas na área de Linguística. Coordena o Projeto Variação fonético-fonológica e classe social na comunidade de fala de Porto Alegre (LínguaPOA), em que realiza análise fonológica e investiga variação linguística e práticas sociais.

Gladis Massini-Cagliari é professora titular da Universidade Estadual Paulista Júlio de Mesquita Filho (Unesp). Possui doutorado em Linguística pela Universidade Estadual de Campinas (Unicamp) e estágio pós-doutoral na Universidade de Oxford. É bolsista de produtividade 1C do CNPq. Tem como focos de interesse Linguística Histórica, Fonologia do Português, Teoria Fonológica, Filologia. Atua na área de Linguística Histórica e Fonologia no Programa de Pós-Graduação em Linguística e Língua Portuguesa da Faculdade de Ciências e Letras da Unesp, *campus* de Araraquara, e, na graduação, atua na área de Linguística e Língua Portuguesa, especialmente em Fonética e Fonologia.

José Magalhães é professor associado da Universidade Federal de Uberlândia (UFU). Possui doutorado em Letras pela Pontifícia Universidade Católica do Rio Grande do Sul, com estágio na Tilburg University – Holanda. Atua na área de Fonologia – Teoria e Análise – e Variação Fonológica no Programa de Pós-Graduação em Estudos Linguísticos da UFU; Fonologia, Variação e Ensino no ProfLetras. Faz parte do projeto Para a História do Português Brasileiro (PHPB) e coordenada o Gefono (Grupo de Estudos em Fonologia). Ainda na UFU, é tutor do Programa de Educação Tutorial dos cursos de Letras.

Juliene Lopes Pedrosa é professora adjunta da Universidade Federal da Paraíba, atuando no Mestrado Profissional em Linguística, no Programa de Pós-Graduação em Linguística e na Graduação. Graduada em Letras pela Universidade Federal da Paraíba (UFPB) (1998), mestre em Língua Portuguesa pelo Programa de Pós-Graduação em Letras – UFPB (2000) e doutora em Linguística pelo Programa de Pós-Graduação em Linguística – UFPB (2009). Tem experiência na área de Letras, com ênfase em Língua Portuguesa, atuando principalmente nos seguintes temas: variação, teoria fonológica, leitura, produção textual e ensino de língua portuguesa.

Leda Bisol é professora colaboradora da Universidade Federal do Rio Grande do Sul. É bolsista de Produtividade nível A1 do CNPq. Tem experiência na área de Linguística, com ênfase em Fonologia, área em que vem desenvolvendo suas pesquisas. Possui graduação em Letras pela Universidade Federal do Rio Grande do Sul (1954), mestrado em Linguística pela Universidade Federal do Rio de Janeiro (1972) e doutorado em Linguística pela Universidade Federal do Rio de Janeiro (1981). Fez estágios no exterior em nível de doutorado na Universidade de Edinburgo, Escócia (1979) e pós-doutorado na Stanford Univerity, Califórnia (1989).

Maria Bernadete Abaurre é professora titular aposentada e colaboradora no Departamento de Linguística, Instituto de Estudos da Linguagem, Unicamp. Tem doutorado em Linguística pela State University of New York/ Buffalo e estágio pós-doutoral na Universidade de Viena. É bolsista de produtividade 1A do CNPq. Seus tópicos de pesquisa são Teoria Fonológica, Fonologia do Português, Fonologia de Laboratório e Aquisição da Escrita.

Rubens M. Lucena é professor adjunto da Universidade Federal da Paraíba. Possui doutorado em Linguística pela UFPB, com área de concentração em Teoria e Análise Linguística. Atua no Departamento de Letras Estrangeiras Modernas (DLEM) e no Programa de Pós-Graduação em Linguística da UFPB. Suas áreas de interesse em pesquisa são Sociolinguística e Fonologia.

Silvia Figueiredo Brandão é professora titular de Língua Portuguesa da Universidade Federal do Rio de Janeiro e doutora em Letras Vernáculas pela mesma universidade. Possui estágio pós-doutoral na Universidade de Lisboa. Bolsista de produtividade do CNPq e cientista do estado pela Faperj. Tem como focos de interesse a morfossintaxe, a fonética e a fonologia do português numa perspectiva sociolinguística. Atua na UFRJ tanto no Programa de Pós-Graduação em Letras Vernáculas quanto na graduação, na área de língua portuguesa.

Stella Telles é professora Associada da Universidade Federal de Pernambuco e bolsista de produtividade 2 do CNPq. Bacharel em Letras pela Universidade Federal de Pernambuco, mestre em Linguística pela Universidade Federal de Pernambuco (1995) e doutora em Linguistica pela Vrije Universiteit Amsterdam (2002). Professora da Universidade Federal de Pernambuco desde 1995. Leciona na graduação e pós-graduação em Letras da UFPE. Desenvolve pesquisa linguística, com enfoque na descrição e análise de línguas indígenas (família nambikwára e língua umutína) e na fonologia do português.

Valéria Oliveira Monaretto é professora titular do Departamento de Linguística, Filologia e Teoria Literária da Universidade Federal do Rio Grande do Sul. Possui mestrado em Letras pela Universidade Federal do Rio Grande do Sul; doutorado em Linguística e Letras pela Pontifícia Universidade Católica do Rio Grande do Sul e fez pós-doutorado na UFRJ. Tem experiência na área de Linguística, com ênfase em Fonologia, Sociolinguística e Linguística Histórica, atuando principalmente nos seguintes temas: variação e mudança, sob perspectiva sincrônica e diacrônica; teorias fonológicas modernas, na graduação e na pós-graduação.

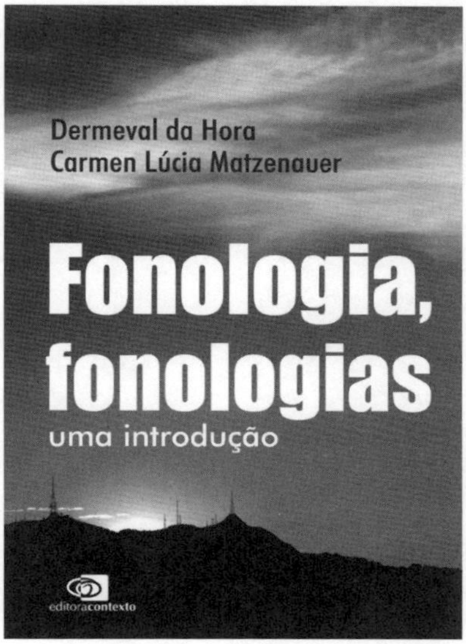

FONOLOGIA, FONOLOGIAS

UMA INTRODUÇÃO

Dermeval da Hora e *Carmen Lúcia Matzenauer (orgs.)*

A Fonologia é um dos ramos mais produtivos da Linguística. Ao longo do seu desenvolvimento, ela foi mudando de feição a cada avanço, o que levou ao surgimento de visões e reflexões teóricas diferenciadas na busca de se compreender e se explicar, por meio dos sons, uma parte do mundo da linguagem. Os onze capítulos que compõem este livro oferecem subsídios teóricos para reflexão sobre o componente fonológico do português e de outras línguas, apresentando a Fonologia sob diferentes prismas. O livro, voltado ao estudante de graduação em Letras e Linguística e áreas afins, bem como aos interessados no intrincado mundo da linguagem, possibilita ao leitor o contato com conceitos básicos dos estudos fonológicos e fornece fundamentos para estabelecer comparação entre modelos teóricos.

GRÁFICA PAYM
Tel. [11] 4392-3344
paym@graficapaym.com.br